为中华崛起传播智慧

To disseminate intelligence for the rise of China

机工传媒
China Machine Media

国家出版基金项目

中国战略性新兴产业
研究与发展

R&D of China's Strategic New Industries

数控系统

Numerical Control System

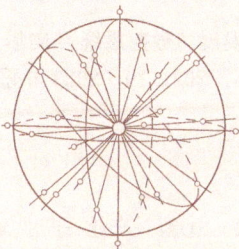

襄阳华中科技大学先进制造工程研究院 组编

向华 主编

机械工业出版社
China Machine Press

本书从数控系统的发展及特征出发，概述了数控系统的发展趋势，分析了国内数控系统的发展和需求；通过对国内外产业发展的比较分析，指出了国产数控系统的发展瓶颈，明确了国家科技重大专项对数控系统发展的积极意义；对我国数控系统产业发展进行了战略思考，提出了我国数控系统产业振兴的目标和路径；分析了我国数控系统产业链技术路线图，并从关键技术角度提出了数控系统产业关键技术发展路径及技术路线图；最后提出了总体发展规划和构想及具体的产业实施建议。

本书适合从事数控系统产业相关工作或对数控机床及相关领域感兴趣的政府、企事业单位、教育和研究机构等的各界人士阅读。

图书在版编目（CIP）数据

中国战略性新兴产业研究与发展. 数控系统 / 向华
主编 . —北京 ： 机械工业出版社， 2021.10（2023.6 重印）
国家出版基金项目
ISBN 978-7-111-69213-3

Ⅰ . ①中… Ⅱ . ①向… Ⅲ . ①新兴产业－产业发展－研究－中国②数字控制系统－产业发展－研究－中国
Ⅳ . ① F269.24 ② TP273

中国版本图书馆 CIP 数据核字（2021）第 198213 号

机械工业出版社（北京市百万庄大街 22 号　邮政编码 100037）
策划编辑：袁士华　责任编辑：张珂玲　王　良　刘世博
责任校对：李　伟　责任印制：常天培
固安县铭成印刷有限公司印刷
2023 年 6 月第 1 版第 2 次印刷
170mm×242mm · 18 印张 · 323 千字
标准书号：ISBN 978-7-111-69213-3
定价：108.00 元

电话服务　　　　　　　　　网络服务
服务咨询电话：(010)88361066　年　鉴　网 :http://www.cmiy.com
读者购书热线：(010)88379838　机工官网 :http://www.cmpbook.com
　　　　　　　(010)68326294　机工官博 :http://weibo.com/cmp1952
封底无防伪标均为盗版

《中国战略性新兴产业研究与发展·数控系统》
编撰人员

主　　编　向　华

副 主 编　李　波

撰 稿 人　（排名不分先后）

　　　　　向　华　李　波　陈国华　刘宏伟

　　　　　陈　庚　田助新　陈　雷　周　浩

　　　　　肖　明　顾　刚　张幼龙

中国战略性新兴产业研究与发展
编委会办公室

主　　任　石　勇（兼）

副 主 任　刘成忠　田付新

成　　员　赵　敏　刘世博　曹　军　任智惠　张珂玲

全球金融危机和经济衰退发生以来，美欧日俄等为应对危机、复苏经济、抢占未来发展的先机和制高点，都在重新审视发展战略，不断加快推进"再工业化"，培育发展以新能源、节能环保低碳、生物医药、新材料与高端制造、新一代信息网络、智能电网、海洋空天等技术为支撑的战略性新兴产业，在全球范围内构建以战略性新兴产业为主导的新产业体系。力图通过新一轮技术革命的引领，重新回归实体经济，创造新的经济增长点。这已成为很多国家摆脱危机、实现增长、提升综合国力的根本出路。可以预计，未来的二三十年将是世界大创新、大变革、大调整的历史时期，人类将进入一个以绿色、智能、可持续发展为特征的知识文明时代。那些更多掌握绿色、智能技术，主导战略性新兴产业发展方向的国家和民族将在未来全球竞争合作中占据主导地位，赢得全球竞争合作，共享持续繁荣进程中的主动权和优势地位。

为应对金融危机和全球性经济衰退以及日趋强化的能源、资源和生态环境约束，以实现中国经济社会的科学发展、和谐发展、持续发展，党中央、国务院提出加快调整产业结构、转变经济发展方式，加快培育和促进战略性新兴产业发展的方针，出台了《国务院关于加快培育和发展战略性新兴产业的决定》以及相关政策举措。可以肯定，未来5～10年将是我国结构调整与改革创新发展的一个新的战略机遇期，将通过继续深化改革，扩大开放，提升自主创新能力，建设创新型国家，实现我国科技、产业、经济由大变强的历史性跨越，我国经济社会发展将走出一条依靠创新驱动，绿色智能，科学发展、和谐发展、持续发展之路，实现中华民族的伟大复兴。

展望未来，高端装备制造、新能源汽车、节能环保、新一代信息技术、生物医药、新能源、新材料、绿色运载工具、海洋空天、公共安全等全球战略性新兴产业将形成十几万亿美元规模的宏大产业，成为发展速度最快，采用高新技术最为密集，最具持续增长潜力的产业群落。战略性新兴产业的发展需求也将拉动技术的创新突破和产业的结构调整，为包括我国在内的全球经济发展注入新的强大动力。

在世界各国高度重视培育和发展战略性新兴产业的新形势下，编写一套"中国战略性新兴产业研究与发展"图书，借鉴国外相关产业发展的成功经验，对行业发展思路、发展目标、发展战略、发展重点、投资方向、政策建议等方面进行全面、系统研究，凝聚对战略性新兴产业内涵和发展重点的认识，为国家战略性新兴产业发展规划的顺利实施，以及政府和有关部门制定促进战略性新兴产业发展的相关政策和法规提供参考，具有十分重要的现实意义。

"中国战略性新兴产业研究与发展"系列图书对相应产业的阐述、分析均注重强调战略性新兴产业的六个主要特点：

一是**绿色**。战略性新兴产业属于能耗低、排放少、零部件可再生循环的"环保型""绿色型"产业，无论从产品的设计、制造、使用，还是回收、再利用等整个生命周期的各个环节，对资源的利用效率与对环境的承载压力均要求达到最理想水平。

二是**智能**。新型工业化要求坚持以信息化带动工业化、以工业化促进信息化，即要实现"两化融合"。而"两化融合"决定了智能是未来产业尤其是战略性新兴产业的发展方向。所谓智能，是指制造过程的智能化、产品本身的智能化、服务方式的智能化。这些均是智能的最基本层次，它还具有其他更为丰富的内涵。例如：智能电网，通过先进的传感和测量技术、先进的设备技术、先进的控制方法以及先进的决策支持系统技术的应用，可实现电网的可靠、安全、经济、高效、环境友好和系统安全等方面的智能；智能汽车不只是安全智能，还包括节能、减排、故障预警等方面的智能。

三是**全球制造**。随着全球化趋势不断深化，战略性新兴产业的发展成果也必将是由全人类共创共享。新产品的研制开发，不再由一个企业独自完成，需要集成各方面优势资源共同解决。例如，iPhone 在中国完成装配，但它的设计、研发以及许多零部件的供应都是在美国、日本和欧洲实现的，其本身就是一个全球化的产品。因而，未来的制造必然是全球化制造、网络化制造。

四是**满足个性化需求与为更多人分享相结合**。目前中国有14亿人口，印度有13亿人口，还有巴西、印度尼西亚等新兴国家、发展中国家也都要实现现代化。在全球如此规模庞大的人群中，既存在富裕阶层、高消费阶层，他们的消费需求是个性化、多样化的；又有占比较大的中产阶层、贫困人口，他们的消费需求是基本层次的，但也不能被忽视。两种类型的消费需求必须同时被满足，这不仅是构建和谐社会的需要，而且是构建和谐世界的需要。因此，我国发展战略性新兴产业，应该既要满足中高端个性化的需求，同时又要满足我国与其他发展中国家广大普通消费者的需求。要把个性化的设计、个性化的产品生产，与规模化、工业化的传统生产结合起来，不能完全抛弃传统的规模化生产方式。

五是**可持续**。要使有限的自然资源得以有效、可持续利用，发展利用可再生资源、能源，强调发展再制造、循环经济。无论是原材料使用，还是零部件制造，从研发、设计之初就考虑到了生产中的废料、使用后的残骸的回收处置，使其能够重新得到循环利用。

六是**增值服务**。培育发展战略性新兴产业需要注意在设计制造过程中与产品售后、使用过程中提供相关增值服务。不应再局限于传统的观念，只注重制造本身，而不注重服务的价值。例如，发展电动汽车产业，必须首先解决好商业模式问题，包括充电桩建设、电池更换、废旧电池回收等服务，否则将无法广泛推广。

"中国战略性新兴产业研究与发展"系列图书内容丰富、资料翔实、观点鲜明、立意高远，并力求充分体现出"四性"，即科学性、前瞻性、指导性和基础性。

第一，体现**科学性**。所谓科学性，就是指以科学发展观为指导。科学发展观的核心是以人为本，基本要求是全面、协调、可持续，根本方法是统筹兼顾，符合客观规律。"中国战略性新兴产业研究与发展"系列图书既要能够为党中央、国务院提出的加快发展战略性新兴产业的总体战略服务，又不应受到行业、部门的局限，更不能写成规划或某些部门规划的解读材料，而应能够立足于事物客观规律、立足于全局。各分册编写组同志重视调查、研究，力求对国情、科技、产业及全球相关产业的发展态势有比较准确的把握，努力为我国战略性新兴产业的发展提供一本基于科学基础的好素材。这套图书立足基于我国国情，而不是简单地把发达国家的相关产业信息进行综合、编译，照搬照抄。当然，我国发展战略性新兴产业不能"闭门造车"，而是要坚持开放性，积极参与国际分工合作，充分利用全球优势资源，提高发展的起点和水平。因而，有必要参照国际成功经验与最新发展趋势，但一定要以我国国情和产业特点为根本出发点，加快培育和发展有中国特色的、竞争能力强的战略性新兴产业。

第二，体现**前瞻性**。一是能够前瞻战略性新兴产业的发展，因为这套图书是战略性新兴产业的发展指导书。二是能够前瞻战略性新兴产业技术的发展。为了做好这两个前瞻，必须要适当地前瞻全球经济、我国经济与战略性新兴产业发展的趋势。只讲发展现状是不够的，因为关于现状的资料很多，通过简单的网络搜索即可查到；也不能只罗列国外的某些规划和发展战略。"中国战略性新兴产业研究与发展"系列图书的编写注重有深度的科学分析与前瞻性的研究。

第三，体现**指导性**。"中国战略性新兴产业研究与发展"系列图书本身就是指导书，能够对产业、对技术、对国家制定政策，甚至在未来国家发展战略与规划的制定等方面发挥一定的引导作用与影响。虽然不能说这套图书可以指导国家战略与规划的制定，但是应该努力发挥其积极的引导作用。

第四，体现**基础性**。所谓基础性，就是指要能够提供战略性新兴产业的基础信息、基础知识，以及我国和有关国家在相关产业发展方面的基本战略，主要的法规、政策和举措，并尽可能提供一些基本的技术路线图。比如，在轴承分册，就描述了一个轴承产业发展的路线图。唯有如此，"中国战略性新兴产业研究与发展"系列图书才能满足原来立项的宗旨 —— 不仅要为工程技术界、大学教师、大学生与研究生提供学习参考书，为产业界的技术人员、管理人员提供决策参照，而且要为政府部门的政策法规制定者提供参考。

机械工业出版社是具有 60 多年历史的专业性综合型出版机构，改革开放后，随着市场经济的发展，机械工业出版社不断改革转型，不但形成了完善的编辑出版工作流程和质量保证体系，而且编辑人员作风严谨，工作创新。

"中国战略性新兴产业研究与发展"系列图书不仅是一套科技普及书，更是一套产业发展参考书，必须既要介绍国内外战略性新兴产业的发展情况，又要阐述相关政策、法规、扶植措施等内容。因此，这套图书的组编单位、编写负责人和编写工作人员必须要有相关积累和优势。"中国战略性新兴产业研究与发展"系列图书所选的分册主编和作者主要是精力充沛的业内中青年专家，并由资深专家负责相应的编审、校审工作。现在看来大多数工作由中青年同志担当，是完全符合实际的。此外，这套图书的编著还充分发挥了有关科研院所、行业学会和协会的作用，他们的优势在于对行业比较熟悉，并掌握了较为丰富的资料。

最后，特别感谢国家出版基金对"中国战略性新兴产业研究与发展"系列图书的大力支持！感谢全体编写出版人员的辛勤劳动！

期望"中国战略性新兴产业研究与发展"为社会各界了解战略性新兴产业提供帮助，期待中国战略性新兴产业培育和发展尽快取得重大突破，祝愿我国在不久的将来实现由经济大国向经济强国的历史性跨越！

是为序。

前 言

　　数控机床是以数控系统为代表的新技术对传统机械制造产业的渗透而形成的机电一体化产品，其显著提高了零件加工的精度、速度和效率，是国家工业现代化的重要物质基础之一，为制造业的"工业母机"，其技术水平代表着一个国家的综合竞争力，是国际装备制造业竞争的热点领域。

　　数控系统综合了电子元件技术、计算机软件技术、伺服技术、自动编程技术、传感器技术、开放体系架构技术等多项当今世界上许多领域最新的技术成果。数控系统产业是我国基础性、战略性产业之一，数控系统的自主化体现了国家综合国力和工业水平，更关系到国家战略地位。随着工业化的不断发展，我国政府已充分认识到发展数控技术的重要性，正积极出台各种有效政策，大力发展我国的数控系统产业，将高档数控系统列为振兴民族机械工业的重点发展方向。

　　随着我国现代化工业的不断发展，国外对我国科技领域进行技术封锁，特别是国防工业急需的高速、高精度、多轴联动高档数控机床和高档数控系统等重要国际战略物资，受到西方国家的严格技术封锁。基础薄弱、"缺心少脑"一直是"中国制造"的短板，要实现《中国制造2025》的目标，形成"中国智造"的核心竞争力，离不开数控系统等关键技术的自主创新和自主可控。

　　我国数控系统产业经历了"六五"到"八五"期间的技术引进、消化吸收和自主开发，及"九五"到"十三五"期间的中、低档数控技术产业化和高档数控系统与国外产品缩小差距的艰难发展过程，经过几十年的发展，现已形成具有一定技术水平和生产规模的产业体系，建立了华中数控、沈阳数控、航天数控、广州数控和北京精雕数控等一批国产数控系统产业基地。在"04专项"的大力支持下，国内数控系统研发单位共同努力，国产高档数控系统在关键技术研发和示范应用验证等方面成效显著，在高速、高精度控制技术，多轴联动、多通道控制技术，复合控制技术，高可靠性、成套化技术，智能化技术的研制和应用方面取得了巨大突破。但仍然亟待进一步提高高档数控系统应用水平，逐步提高市场占有率，更好地满足机床行业发展需要。

　　2006年，针对我国在高档数控系统方面与国外仍存在较大差距的现状，我国发布了《国务院关于加快振兴装备制造业的若干意见》，将发展"高档数控机床与基础制造装备"列为我国16个重大科技专项之一，在工业和信息化部具体领导下，对高档数控系统的关键技术和共性技术组织产学研合作研究，为发展我国高档数控系统产业构建良好的技术平台。

因此，作为战略性新兴产业之一的以数控系统为代表的高端装备制造业，特别是高档数控系统的发展，不仅可整体提升我国数控系统产业的市场竞争力，而且将密切切入国内其他战略性新兴产业的需求，为当前产业结构调整和深化技术改造提供适用的数控系统。

《中国战略性新兴产业研究与发展·数控系统》一书共8章。从数控系统的特点、工作原理、基本构成、分类分别阐述数控系统的发展历程，并概要地分析数控系统在各个发展阶段用以表征其高端水平的先进技术，因此数控系统必然具有沿着系统智能化和可靠性两个方向并行发展的特点。通过对比国内外数控系统的发展趋势，剖析出我国中低端数控系统完全具备生产能力而高档数控系统仍依赖进口的原因。同时，根据我国战略性新兴产业的需求，分析了研发适用于航空航天、航空发动机、汽车零部件、消费电子等行业所需的高档数控系统产品类型。阐述了国内外数控系统技术水平、发展模式等，明确了国内数控系统的发展方向。分析了我国数控系统的产业政策，包括国家重大科技专项"高档数控机床与基础制造装备"、《国务院关于加快振兴装备制造业的若干意见》和数控系统行业"十三五"发展规划等所制定的技术政策、发展目标、技术路线和实施方案，对数控系统产业的振兴所具有的重大指导意义。基于此，结合实践过程中所取得的经验，进一步归纳出行业发展值得注意的若干倾向性问题及战略思考，并提出数控系统的产业发展路线图。

本书是在武汉华中数控股份有限公司、华中科技大学国家数控系统工程中心、襄阳华中科技大学先进制造工程研究院等单位的大力支持下，根据国家重大科技专项"高档数控机床与基础制造装备"总体组与项目组要求，并参考相关文献编写而成。

本书借鉴了国内外同行的现有成果及有益经验，谨此对相关人员表示诚挚的谢意。限于作者水平，本书内容不免有疏漏或错误，欢迎读者批评指正。

向华

2021年2月

编写说明

《国务院关于加快培育和发展战略性新兴产业的决定》确定了我国未来经济社会发展的战略重点和方向是战略性新兴产业，并且根据我国国情和科技、产业基础，又进一步明确为现阶段重点发展节能环保、新一代信息技术、生物、高端装备制造、新能源、新材料、新能源汽车、数字创意和相关服务业九大新兴产业。可见，九大战略性新兴产业将是国家重点支持、大力推广的产业。

为了使大家全面理解、准确把握、深刻领会国家这一战略决定的精神实质，了解其发展内涵，推动产业结构升级和经济发展方式转变，增强国际竞争优势，抢占新一轮经济和科技制高点，机械工业出版社在国家出版基金的支持下，组织各领域权威专家编写了一套"中国战略性新兴产业研究与发展"（以下简称"研究与发展"）图书。

"研究与发展"以国家相关发展政策和规划为基础，借鉴国外相关产业发展的成功经验，对产业发展思路、发展目标、发展战略、发展重点、投资方向、政策建议等方面进行了全面、系统的研究；对前瞻性、基础性和目前产业上有瓶颈限制的问题提出了有针对性的对策。

"研究与发展"采用分期分批的出版方式陆续出版发行，第一期 12 个分册、第二期 13 个分册分别于 2013 年 6 月和 2018 年 2 月完成出版，第一期包括：太阳能、风能、生物质能、智能电网、新能源汽车、轨道交通、工程机械、水电设备、农业机械、数控机床、轴承和齿轮；第二期包括：功能材料、物流仓储装备、紧固件、模具、内燃机、塑料机械、塑木复合材料、物联网、制冷空调、智能制造装备、非常规油气、中压开关和数据中心。本次出版的第三期 29 个分册图书包括：智慧工业、生物基材料、数据与企业治理、智慧经济、智能注塑机、数据赋能、高端轴承、冷链物流、智能汽车、通用航空、远程设备智能维护、智能供应链、智能化立体车库、气体分离设备、焊接材料与装备、高端液气密元件、高端链传动系统、风电齿轮箱、海洋油气装备、燃气轮机、变频调速设备、电子信息功能材料、智能制造、数控系统、工业机器人、核电、智慧交通、增材制造以及内燃机再制造产业发展与技术路线。今后根据国家产业政策要求及各行业的发展情况还将陆续推出其他分册。

为了出版好"研究与发展",机械工业出版社成立了"中国战略性新兴产业研究与发展"编委会,全国人大常委会原副委员长路甬祥担任编委会主任。路甬祥副委员长对该套图书的编写高度重视,亲自参加编委研讨会,多次提出重要指导意见。他从图书的定位、内容选材、作者队伍建设和运作流程等方面都给予了全面和具体的指导,并提出了"六个特点"和"四性"的具体要求。

机械工业出版社还建立了完善的项目管理、编写组织、出版规范和网络支撑四个方面的工作体系来保证图书质量,投入了大量的精力组织行业权威专家规划内容结构、研讨内容特色。参与图书编写的主创人员自觉自愿地把自己的聪明才智和研究成果奉献给社会,奉献给国家。他们都担负着繁重的科研、教学、行业管理或生产任务,为了使此书能够早日与大家见面,他们不辞辛苦、加班加点,因为他们都有一个共同心愿 —— 帮助企业快速成长,使中国由大变强。

在此,衷心地感谢为此项工作付出大量心血的组编单位、各位专家、各位撰稿人、编辑出版及工作人员!

尽管我们做了大量工作,付出了巨大努力,但仍难免有疏漏或不足之处,敬请读者批评指正!

中国战略性新兴产业研究与发展　编辑部
2021 年 2 月

目录 CONTENTS

XV

第 1 章

数控系统发展历程

1.1 数控系统技术演进

数控机床是以数控系统为代表的新技术对传统机械制造产业渗透而形成的机电一体化产品,它显著提高了零件加工的精度、速度和效率,是国家工业现代化的重要物质基础之一,也是制造业的"工业母机",其技术水平代表着一个国家的综合竞争力,是国际装备制造业竞争的热点领域。

数控系统作为数控机床的控制核心,是机械制造和控制技术相结合的产物,为当今高端装备制造业的核心产品之一。作为控制机床的大脑,数控系统的功能、控制精度和可靠性直接影响着机床整体性能、性价比和市场竞争力。

1952 年,美国麻省理工学院与帕森斯公司进行合作,发明了世界上第一台三坐标数控铣床。该数控铣床的控制装置由 2 000 多个电子管组成,约一个普通实验室大小。其伺服机构采用一台小伺服电动机改变液压马达斜盘角度以控制液压马达速度,插补装置采用脉冲乘法器。该台数控铣床的研制成功标志着数控技术的创立和机械制造开始进入数控时代。

经过近 70 年的发展,数控系统技术得到了显著提升。最初由 2 000 多个电子管起步,经历了分立式晶体管式、小规模集成电路式、大规模集成电路式、小型计算机式、微型计算机式数控系统等阶段。数控系统技术正向着高速化和高精度化、多轴联动与功能复合化、自动化与柔性化、开放化与平台化、网络化和智能化等方向发展。数控系统技术发展历程见表 1-1。

表 1-1 数控系统技术发展历程

时间	发展阶段
1952 年	电子管数控系统:美国麻省理工学院研发了基于继电器与电子管的机床数控系统
20 世纪五六十年代	晶体管数控系统:固定布线的晶体管元器件电路取代电子管控制电路,体积缩小,成本降低
20 世纪 60 年代中期	集成电路数控系统:开始大规模使用集成电路,解决了分立器件可靠性不高、布线复杂、维修困难等问题

时间	发展阶段
20世纪70年代初期	小型计算机数控系统：小型计算机代替专用硬件装置，以控制软件实现部分或者全部数控功能
20世纪70年代中期	微型计算机控制系统：大规模集成电路技术发展，微型计算机取代小型计算机，成为数控系统的核心部件
20世纪90年代	开放式数控系统：利用计算机丰富的软硬件资源，数控系统朝着开放式体系结构方向发展，具有更好的通用性、适应性和扩展性
21世纪	智能化数控系统：基于机床状态大数据采集，实现数字化、网络化、智能化技术与数控系统不断融合，提高数控加工的精度及效率

数控技术是在多学科交叉、多领域技术融合基础上发展起来的，关键技术主要如下：

1）电子元件技术。微电子技术的发展对数控技术发展起着极大的推动作用。日本发那科公司于1963年采用硅晶体管研制出FS220、FS240等系统，1969年又采用中小规模集成电路（IC）更新了FS220、FS240等系统，20世纪70年代开始采用3SI，推出了FS5、FS7、FS3、FS6、FS0、FS18、FS16、FS20、FS21、FS15等一系列计算机数控（CNC）系统，从4位位片机（FS7）到16位8086微处理器（FS6）和32位80486微处理器（FS0）。1996年采用专用芯片微处理器，推出了小型化、高性能的i系列数控系统，大小为原系统的1/4，系统的性能及可靠性显著提升。

2）计算机应用软件技术。1970年芝加哥国际机床展览会上首次展出由小型机组成的数控系统，其采用半导体存储器存储零件加工程序，代替打孔的零件纸带程序进行加工，程序便于显示、检查、修改和编辑。译码、刀具补偿、速度处理、插补、位置控制等控制功能由软件实现，可减少系统的硬件配置，提高系统可靠性及柔性，降低了制造成本。

3）数控标准。在数控技术发展中，形成了国际标准化组织（ISO）标准、国际电工委员会（IEC）标准和美国电子工业协会（EIA）标准等多个国际通用标准体系，规定了数控机床的坐标轴和运动方向、编码字符、程序段格式、准备功能和辅助功能、数控纸带的尺寸、数控的名词术语等，行业标准对数控技术的发展起到了规范和推动作用。

4）伺服技术。伺服装置是数控系统的重要组成部分。20世纪50年代初，世界第一台数控（NC）机床的进给驱动采用液压驱动。液压系统单位面积产生的力大于电气系统所产生的力，惯性小、反应快；20世纪70年代初期，由于石油危机，加上液压系统对环境造成污染以及系统笨重、效率低等原因，美国GETTYS公司开发出了直流大惯量伺服电动机，静力矩和起动力矩大，性能良好，日本发那科公司于1974年引进并应用于数控机床上。随着伺服技术的发展，开环控制系统被闭环控制系统取代，液压伺服系统逐渐被电气伺服系统取代。同时交流驱动取代直流驱动，数字控制取代模拟控制，软件控制取代硬件控制。

5）自动编程技术。据统计分析，采用手工编程，一个零件编程时间与机床加工时间之比，平均约为30：1。20世纪70年代出现的图像数控编程技术有效地解决了几何造型、零件几何形状的显示、交互设计、修改及刀具轨迹生成、走刀过程的仿真显示、验证等，推动了自动编程技术的发展。

6）分布式数控（DNC）。机械加工从单机自动化扩展到柔性生产线及计算机集成制造系统。从通信功能而言，在数控系统中增加DNC接口，可形成制造通信网络。网络最大特点为资源共享，通过DNC功能形成的网络可以实现零件加工程序的上传或下传，读、写CNC数据，可编程序控制器（PLC）数据传送，存储器操作控制，系统状态采集和远程控制等。

7）可编程序控制器（PLC）。在20世纪70年代以前，数控系统与机床强电顺序控制主要靠继电器进行。1969年，美国DEC公司研制出世界上第一台PLC，具有诸多优点，可直接应用在数控机床上。使用PLC减少了数控系统的占用空间，提高了系统的快速性和可靠性。

8）传感器技术。在数控系统控制下，零件加工的几何精度除受机械因素影响外，主要取决于所采用的位置和速度传感器。当前测量直线位移和旋转角度的传感器包括直线感应同步器和圆感应同步器、直线和圆光栅、磁尺、利用磁阻的传感器等，一般分辨率为0.01～0.001mm，测量精度为±（0.02～0.002）mm/m。随着机床精度的不断提高，对传感器的分辨率和精度也提出了更高的要求。

9）开放体系架构。当前市场上的数控系统开放体系架构主要有两种：① CNC+计算机（PC）主板。将PC主板插入传统的CNC机器中，PC主板主要进行非实时控制，CNC主要进行以坐标轴运动为主的实时控制。② PC+运动控制板。开放体系架构工作可靠，界面开放，越来越受到机床制造商的欢迎，成为数控技术发展趋势之一。

1.2 数控系统通信方式演进

数控系统控制方式经历了由模拟式、脉冲式向全数字现场总线发展的历程。

模拟式、脉冲式和全数字现场总线是数控系统内部组成部分之间传递信号的三种方式。

模拟式是用模拟信号的形式传递运动指令，容易受干扰，可靠性低（就像早期的电视机，采用的是模拟信号，容易出现雪花点）。

脉冲式是用脉冲串传递运动的位移量和速度，脉冲的个数表示位移量，要实现高速运动就需要在单位时间内发送／接收更多脉冲，脉冲频率太高也容易受干扰；模拟式和脉冲式都不能满足更高的高速高精度控制要求。

全数字式是将运动指令按协议编码成数字量，数控装置、伺服驱动之间的输入输出信号都用数字量的方式表示并相互通信，该种数字技术和原来的脉冲和模拟相比，就相当于高速公路和羊肠小道，使原来难以实现的高速高精容易实现。

1.3 数控系统的工作原理及基本构成

数控系统主要包括数控装置、伺服驱动系统、伺服电动机以及输入/输出（I/O）单元。数控装置相当于人的"大脑"，伺服驱动系统相当于"手、脚上的神经单元"，伺服电动机相当于"肌肉"，机床上可移动的工作台相当于"手、脚"。加工时，数控装置作为"大脑"，要计算各个工作台的运动位置和速度，通过现场总线传递给伺服驱动系统，伺服驱动系统把运动的位置和速度指令进行功率放大并根据反馈实时调节，以保证执行得不折不扣。

伺服驱动系统负责执行位置和速度都有很高要求的运动指令，而数控装置中的 I/O 单元负责执行开关类的动作，如换刀、切削液的开关等。

数控装置可以看作是一个专门的计算机，有 CPU、操作系统，还有复杂的如五轴联动插补算法、多轴多通道控制算法数控软件，一个高档的通用数控系统有近 2 000 项功能。

1.3.1 数控系统的工作原理

1. 数控加工与传统加工的比较

在普通机床上加工零件的过程，是机床操作者根据工序卡及零件要求，在加工过程中不断改变刀具与工件的相对运动轨迹和加工参数（如位置、速度等），使刀具对工件进行切削加工，从而得到所需要的合格零件的过程。

在数控机床上，传统加工过程中人工操作均被数控系统自动控制所取代。其工作过程如下：首先将被加工零件图样上的几何信息和工艺信息数字化，即将刀具与工件的相对运动轨迹、加工过程中主轴速度和进给速度的变换、切削液的开关、工件和刀具的交换等信息，按规定的代码和格式编成加工程序，接着将该程序送入数控系统；数控系统按照程序的要求，先进行相应的运算、处理，然后发出控制命令，使各坐标轴、主轴动作及辅助动作相互协调，实现刀具与工件的相对运动，自动完成零件加工。

2. 数控加工中的数据转换过程

数控系统的主要任务就是将由零件加工程序表达的加工信息（含几何信息和工艺信息）转换成各进给轴的位移指令、主轴转速指令和辅助动作指令，控制加工轨迹和逻辑动作，加工出符合要求的零件。数控系统工作原理如图 1-1 所示。

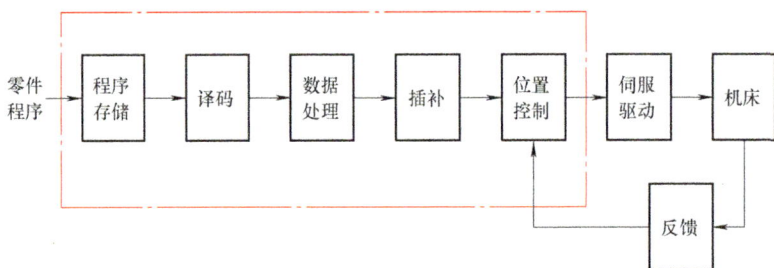

图 1-1　数控系统工作原理

1）译码（解释）。译码部分的主要功能是以程序段为单位，将用文本格式（通常是 ASCII 码）表达的零件加工程序转换成刀补处理程序所要求的数据结构。该数据结构可用于描述一个程序段解释后的数据信息，主要包括 X、Y、Z 等坐标值，进给速度，主轴转速，G 代码，M 代码，刀具号，子程序处理和循环调用处理等数据或标志的存放顺序和格式。

2）刀补处理（计算刀具中心轨迹）。零件加工程序通常是按零件轮廓编制的，而数控机床在加工过程中控制的是刀具中心的轨迹，因此在加工前必须将零件轮廓变换成刀具中心的轨迹。刀补处理部分的功能就是完成上述转换。

3）插补计算。零件加工程序以数控系统规定的插补周期 Δt 定时运行，它将由各种直曲线（如直线、圆弧等）组成的零件轮廓，按程序给定的进给速度 f，实时计算出各个进给轴在 Δt 内位移（如 $\Delta X1$、$\Delta Y1$……），并将该信息送给进给伺服系统，实现成形运动，插补计算部分的作用就是实现上述功能。

4）PLC 控制。数控系统对机床的控制分为两类：一类是对各坐标轴的速度和位置的轨迹控制；另一类是对机床动作的顺序控制，或称逻辑控制。后者是指在数控机床运行过程中，以数控系统内部和数控机床各行程开关、传感器、按钮、继电器等开关量信号状态为条件，并按预先规定的逻辑关系对诸如主轴的起/停、换向，刀具的更换，工件的夹紧、松开，液压、冷却、润滑系统的运行等进行的控制。PLC 部分就是实现上述功能的模块。

数控系统的工作原理是通过利用数字、文字和符号组成的数字指令来实现一台或多台机械设备的动作控制，包括位置、角度、速度、压力、温度等的控制。数控系统的主要任务就是将由零件加工程序表达的加工信息转换成各进给轴的位移指令、主轴转速指令和辅助动作指令，控制加工轨迹和逻辑动作，加工出符合要求的零件。

1.3.2　数控系统的基本构成

数控系统各构成如下：

1）数控装置主要由总线、CPU、电源、存储器、操作面板和显示屏、位控单元、可编程序控制器逻辑控制单元、数据输入/输出接口、通信单元等组成，按加工工件程序进行插补运算，发出控制指令到伺服驱动系统。

2）伺服驱动系统主要包括主轴、进给轴伺服驱动装置和电动机，可将控制指令放大，由伺服电动机驱动机械按要求运动。

3）I/O 单元主要包括开关量输入、输出模块，模拟量输入、输出模块，实现数控机床、辅助设备、前后设备和环境设备的控制。

上述三部分有机结合，组成完整的闭环控制数控系统。数控装置是系统的核心，通过控制软件配合系统硬件，合理地组织、管理数控系统的输入、数据处理、插补和输出信息；控制执行部件，使数控机床按照要求进行自动加工。数控系统硬件的基本构成如图 1-2 所示。

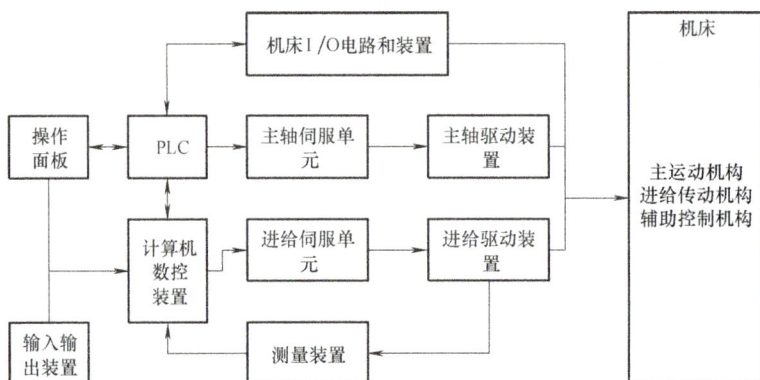

图 1-2　数控系统硬件的基本构成

1. 数控系统硬件

（1）数控系统　HNC8 型数控系统是武汉华中数控股份有限公司自主研发的新一代基于多处理器总线型数控系统，其基本型号包括 HNC808、HNC818、HNC848。其中 HNC808、HNC818 采用一体化结构，HNC848 采用上下位机结构，如图 1-13 所示。基于 HNC848 数控系统，研制了龙门、五轴加工中心等高档数控机床。

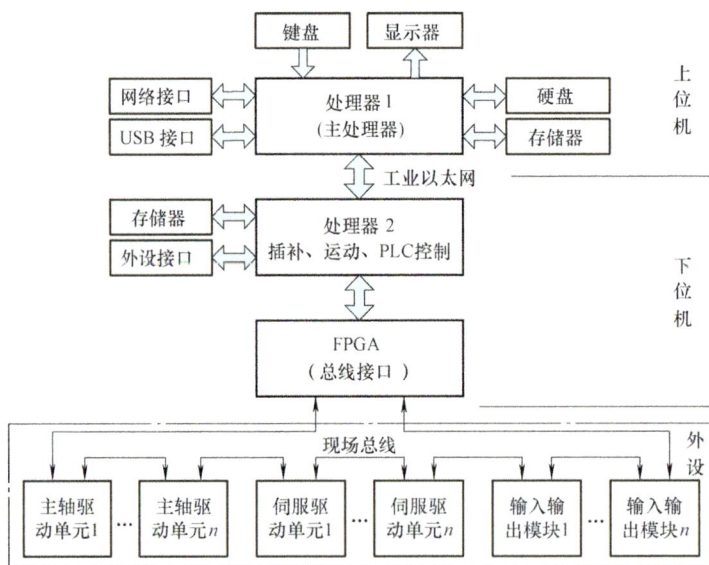

图 1-3　HNC848 型高性能数控装置硬件结构

1）处理器 1 采用 X86 系列通用工业微处理器，系统可运行 Linux、WinCE 和 Windows 操作系统，负责人机交互、图形和图像处理、文件管理、网络通信等功能。可继承和利用通用计算机的开发平台、丰富的软件资源和标准外设接口，有利于系统升级换代。

2）处理器 2 采用高性能 X86 系列处理器或高性能 DSP（数字信号处理器）、ARM（Advanced RISC Machines）等嵌入式微处理器，可运行 Linux 或嵌入式操作系统。承担数控程序解释、插补、位置控制和 PLC 控制等强实时性任务。处理器 1 和处理器 2 之间的数据传输采用工业以太网进行数据通信。

3）FPGA 的任务是实现现场总线的通信，通过现场总线将处理器 2 的插补命令及 PLC 处理结果输出到伺服和主轴驱动器、PLC 等外设，同时输入这些外设的数据。另外，数控装置通过现场总线实现伺服驱动等外设的参数设置、参数辨识、参数自整定等工作，从而减少伺服驱动系统的调试时间，提高伺服驱动系统的性能。

4）现场总线采用通用标准高速工业以太网（100 Mbit/s 及以上）的物理层网络接口，协议采用底层硬件语言实现，保证通信的实时性和可靠性。除支持自主研发的高速实时现场总线 NCUC 外，还支持 EtherCAT 等其他标准总线。

HNC848 数控装置连接示意图如图 1-4 所示。

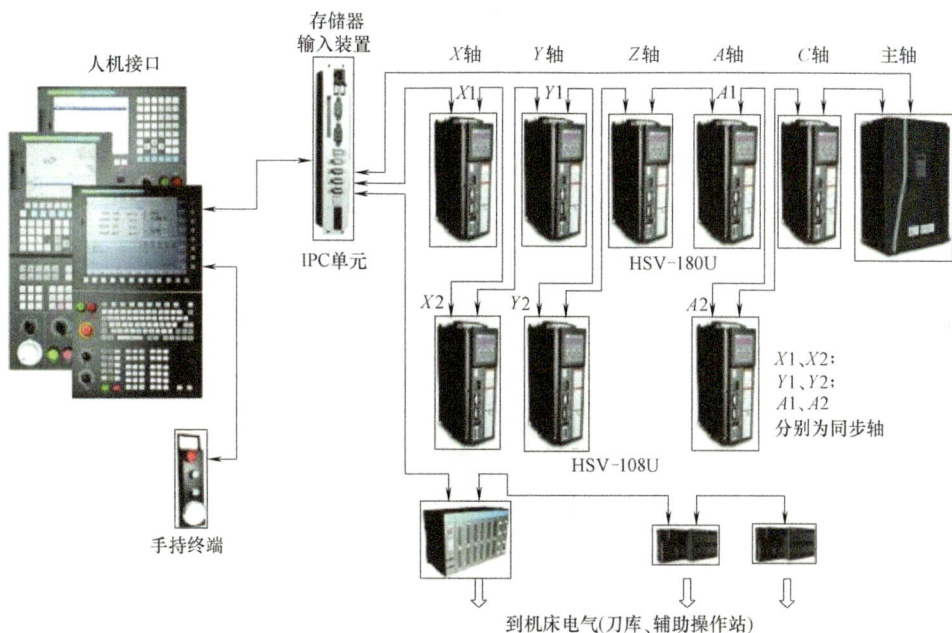

图 1-4 HNC848 数控装置连接示意图

9

（2）接口

1）人机界面接口。数控系统人机界面包括以下四个部分：键盘（Manual Data Input，MDI）用于加工程序的编制以及参数的输入等（见图1-5）；显示器（CRT）用于显示程序、数据以及加工信息等；操作面板（OPERATOR PANEL）用于对机床进行操作；手摇脉冲发生器（MPG）用于手动控制机床坐标轴运动，类似普通机床摇手柄（图1-6）。

图 1-5　键盘

图 1-6　手摇脉冲发生器

键盘在数控系统中称为 MDI 面板或数控面板，由英文字母键、功能键、数字键等组成，用于编制加工程序、修改参数等。键盘的接口比较简单，与通用的计算机一样，大多采用扫描矩阵原理。数控系统处于不同的操作功能时，显示器所显示的内容是不同的。在编程时，其显示的是被编辑的加工程序，加工时则显示当前各坐标轴的坐标位置和机床的状态信息。数控系统还具有图形模拟功能，可显示模拟加工过程的刀具走刀路径，用于检查加工程序的对错。现代数控系统已大量采用高分辨率彩色显示器或液晶显示器，显示的图形也由二维平面图形变为三维动态图形。

　　操作面板又称机床操作面板。不同的数控机床由于其所需的动作不同，所配的操作面板也不同。操作面板主要用于手动方式下对机床的操作以及自动方式下对运动的控制。HNC8 型数控系统操作面板如图 1-7 所示。

图 1-7　HNC8 型数控系统操作面板

　　2）通信接口。通常数控系统具有标准的 RS232 串行通信接口，因此与外设以及上级计算机的连接很方便。高档数控系统还具有 RS485、MAP 以及其他网络接口，从而能够实现柔性系统（FMS）以及计算机集成制造系统（CIMS）新架构。

　　3）进给轴的位置控制接口。进给轴的位置控制包括三个方面的内容：一是进给速度的控制，二是插补运算，三是位置闭环控制。插补方法包括基准脉冲法与采样数据法。基准脉冲法是 CNC 系统每次插补以脉冲的形式提供给位置控制单元，此插补方法的进给速度与控制精度较低，主要用于开环数控系统。采样数据法是计算出给定时间间隔内各坐标轴的位置增量，同时接收机床的实际位置反馈,根据插补所得到的命令位置与反馈位置的差来控制机床运动。因此,采样数据法可以根据进给速度的大小来计算一个时间间隔内的位置增量,只要 CPU 的运算速度较快,给定时间间隔选择得较小,就可实现高速、高精度的位置控制。

进给轴位置控制接口包括模拟量输出接口和位置反馈计数接口。模拟量输出接口采用数－模转换器(DAC,一般为 12～16 位),输出模拟电压的范围为 -10～10V,用以控制速度伺服单元。模拟电压的正负和大小分别决定了电动机的转动方向和转速。位置反馈计数接口能检测并记录位置反馈元件(如光电编码器)所发回的信号,从而得到进给轴的实际位置。

另外,接口还具有失线检测功能,任意一根反馈信号线断掉都会引起失线报警。在进行位置控制的同时,数控系统还可进行自动升降速处理,即当机床起动、停止或在加工过程中改变进给速度时,数控系统自动进行线性规律或指数规律的速度升降处理。对于一般机床,可采用较为简单的线性升降速处理;对于重型机床,则需使用指数升降速处理,以便使速度变化平滑。

4)MST 控制接口。数控系统的 MST(M 表示辅助功能、S 表示主轴转速控制功能、T 表示加工刀具选择功能)功能是通过开关量输入／输出接口(除 S 模拟量输出外)完成的。数控系统所要执行的 MST 功能,通过开关量输出接口送至强电箱,而机床与强电箱的信号则通过开关量输入接口送至数控系统。MST 功能的开关量控制逻辑关系复杂,在数控机床中一般采用可编程序控制器(PLC)来实现 MST 功能。

5)主轴控制接口。主轴 S 功能可分为无级变速、有级变速和分段无级变速三大类。当数控机床配有主轴驱动装置时,可利用系统的主轴控制接口输出模拟量进行无级变速,否则需要 S、M、T 接口实现有级变速。为提高低速输出转矩,现代数控机床多采用分段无级变速,可利用辅助功能 M41～M44 和主轴模拟量控制配合完成。主轴的位置反馈主要用于螺纹切削、主轴准停以及主轴转速监控等。HNC8 型系列数控系统各组成单元的构成如图 1-8 所示。

2. HNC8 型数控系统软件部分

为实现高速高精度加工控制、五轴联动控制、多轴多通道控制、双轴同步控制及误差补偿等高档数控系统功能,为满足不同行业用户在不同层次的二次开发、个性化定制以及深度创新研究的需求,设计跨平台的、全方位多层次开放的HNC8 型高性能数控装置软件体系结构,如图 1-9 所示。

NCUC 总线实现数控装置与伺服驱动和外部 I/O 之间的高速数据交换，同时支持轴及 I/O 的串行扩展；HNC8 型系列数控系统可互换硬件平台，提供 64 位运算支持，满足插补和轨迹拟合等运算的高精度要求；在 Linux 操作系统层面实现基于优先级的可抢占、强实时、多任务调度机制，满足数控系统任务调度中强实时周期任务、弱实时定时任务和实时循环任务的复杂调度需求。

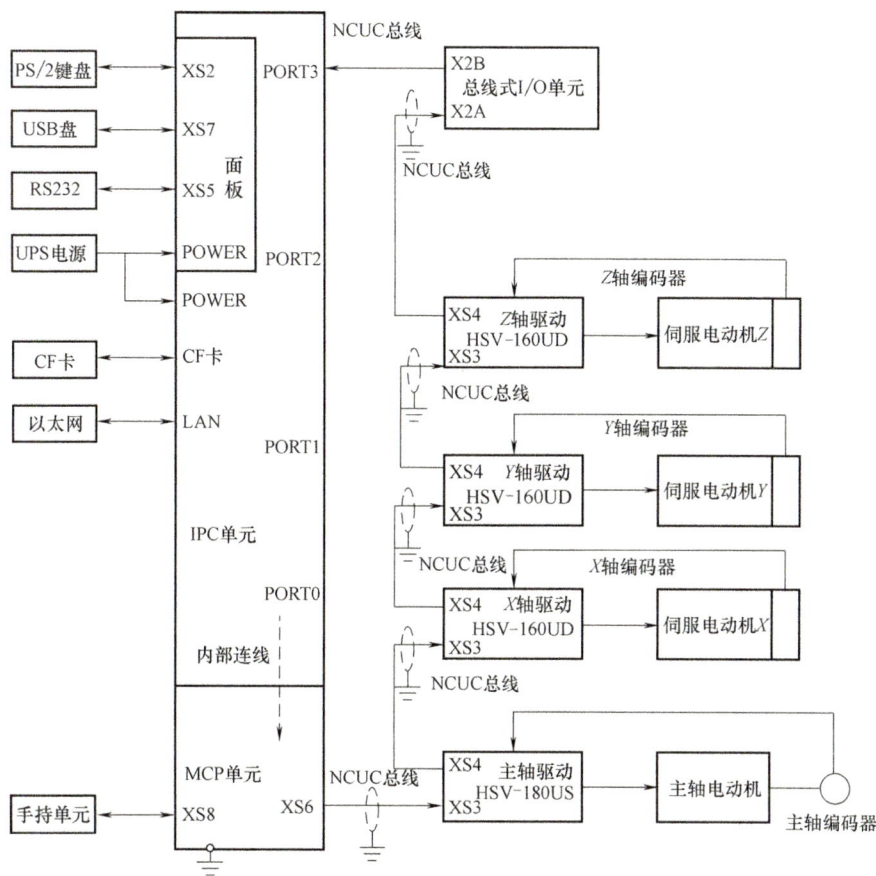

图 1-8　HNC8 型系列数控系统各组成单元的构成

数控系统现场总线主站的驱动程序设计在操作系统内核层，保证核心控制软件与现场总线主站间高速数据交换的精准周期。针对数控软件中计算和控制任务对实时调度的需求，选择 Linux 作为系统的基本操作系统，改造操作系统的内核，缩短中断响应时间，保证周期性的任务准时执行。对轴运动控制任务、轨迹插补及通道控制任务、高速程序段前瞻及运动规划任务、数控程序解释任务等按不同优先级进行统一调度。

以上硬件平台的高速高精度数值运算能力、总线层面的高速数据交换能力和操作系统层面的强实时任务调度能力是数控系统的基础。

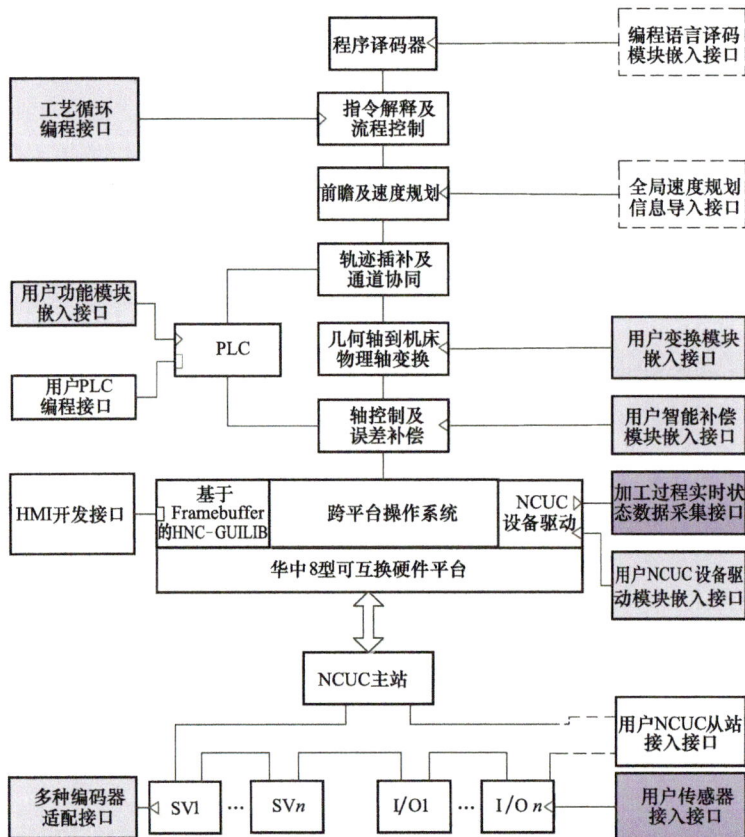

图 1-9　HNC8 型跨平台开放式数控系统软件平台架构

在此基础上,开发程序译码模块、指令解释及流程控制模块、前瞻及速度规划模块、轨迹插补及通道控制模块、坐标变换模块、PLC 模块、多轴耦合及误差补偿模块,构建 HNC8 型数控系统软件核心框架。

HNC8 型数控系统软件核心框架的各模块以及基于此开发的标准车床数控系统、标准铣床数控系统、五轴数控系统全部采用标准 C 语言实现。HNC8 型数控系统软件可兼容不同的操作系统平台,而 Linux 操作系统也可以兼容多种不同处理器的硬件平台,从而保证软件具有很好的跨平台特性。

在 HNC8 型数控系统软件的各模块中,设计了三种开放接口,具体如下:

（1）API 应用程序二次开发接口　应用程序开发接口是把数控程序解释和前瞻运动规划等插补前的处理功能封装，与图形化人机界面的控件以及配置系统的通道、轴、I/O 模块的工具一起来对外提供的访问接口，提供 HNC-API 应用程序开发接口。用户可以在该接口开发自己的数控系统，适合专机开发。也可以由该接口开发专门的监控界面、集成自有的工艺控制流程。

（2）用户自定义模块嵌入接口　不同于一般的界面定制和流程编写等标准二次开发功能的开放，HNC8 型数控系统软件平台在核心功能模块提供了用户定义模块的可嵌入接口。例如：并联机床用户可以在插补之后嵌入自定义的并联机床变换模块，把自己的变换算法嵌入系统之中。在轴的位置控制层面，用户可开发自己的热变形补偿模块，开发多温度传感器多元补偿算法，实现对特定机床的高精度补偿功能。

（3）实时数据采集接口　HNC8 型数控系统提供了加工过程实时数据采集接口，用户可从硬件层面接入第三方传感器，传感器信号与加工过程的内部状态数据同步采集，内部状态数据中包括即时的程序行号信息。用户通过加工过程中获得的实时状态数据和加工效果对加工过程进行深度的时域、频域和指令域分析，开展加工质量和效率优化、机床健康保障、高级误差补偿等方面的创造性研究和开发工作。

以上三种开放接口，实现了 HNC8 型数控系统软件平台的全方位、多层次开放。

另外，HNC8 型数控系统采用开放式 Linux 操作系统。Linux 操作系统是支持多 CPU、多线程的开源操作系统，是嵌入式领域的主要系统之一，但通用 Linux 系统并不能满足数控软件需求，特别是实时性方面的需求。HNC8 型数控系统针对 Linux 系统做了深度优化与定制。

1.4　数控系统的分类

一般来说，数控装置适用于车、钻、镗、铣、磨、冲压、电火花切割等不同类型的加工设备。不同的数控装置，其性能高低差别很大，控制轴数有单轴、2 轴、3 轴、4 轴、5 轴及以上；联动轴有 2 轴或 3 轴以上；最高速度有 48m/min、60m/min、100m/min 及以上；分辨率有 0.01mm、0.001mm、0.000 1mm 等。数控系统类别较多，可根据运动方式、伺服系统、制造方式以及功能水平进行分类，见表 1-2。

表 1-2　数控系统分类表

分类方式	数控系统类型		
按运动方式分类	点位控制系统	直线控制系统	轮廓控制系统
按伺服系统分类	开环控制系统	半闭环控制系统	闭环控制系统
按制造方式分类	通用型数控系统	专用型数控系统	
按功能水平分类	高档型数控系统	普及型数控系统	经济型数控系统

1.4.1　按运动方式分类

1. 点位控制系统

仅控制机床运动部件从一点到另一点的准确定位,在移动过程中无须加工(图1-10)。点位控制系统主要用于加工平面内的孔系,适用于数控钻床(图1-11)、印制电路板钻孔机、数控冲床等设备。

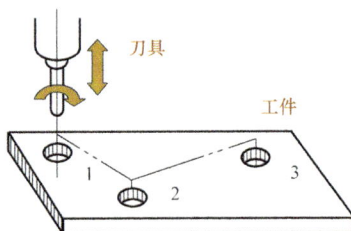

图 1-10　点位控制系统

图 1-11　数控钻床

2. 直线控制系统

除了控制机床运动部件从一点到另一点的准确定位外,还要控制两点之间的刀具移动轨迹在一条直线上,且在移动中刀具以设定进给速度进行加工,其辅助功能也比点位控制数控系统多,需要具有主轴转速控制、进给速度控制和刀具自动交换等功能(图1-12)。该类控制方式的设备主要包括简易数控车床(图1-13)、数控铣床等。

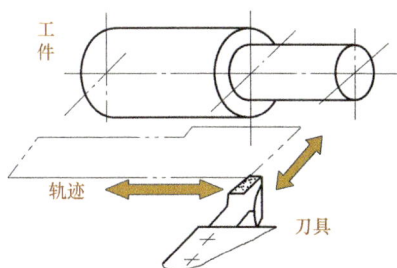

图 1-12　直线控制系统

图 1-13　直线控制数控车床

3. 轮廓控制系统

数控系统能控制刀具或工作台在两个或两个以上坐标方向运动，不仅控制刀具或工作台在每个坐标方向的行程位置，同时控制刀具或工作台在每个坐标方向的运动速度。各坐标方向的刀具或工作台运动按规定的比例关系相互配合，精确地协调起来进行连续加工，以形成所需要的直线、斜线或曲线、曲面（图1-14）。采用此类控制方式的设备主要包括车削中心、加工中心、五轴机床等设备（图1-15）。

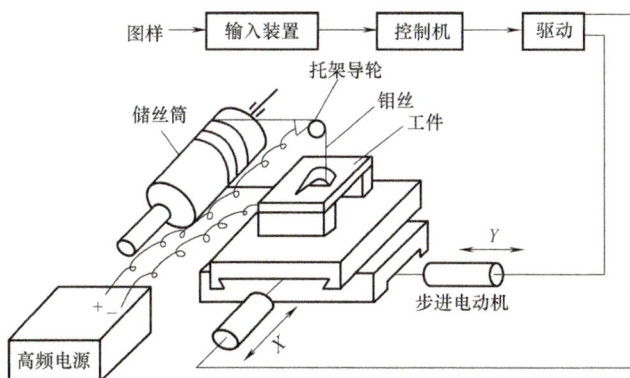

图 1-14　轮廓控制系统

图 1-15　金属切削机床

1.4.2　按伺服系统分类

按数控系统的进给伺服系统有无位置测量装置，数控系统可分为开环数控系统和闭环数控系统两种。闭环数控系统根据位置测量装置安装的位置又可分为全闭环数控系统和半闭环数控系统两种。

1. 开环控制系统

开环控制系统的进给伺服系统无位置测量装置，通常采用步进电动机作为执行机构。信号流是单向的，输入的数据经过数控系统的运算，发出指令脉冲，通过环形分配器和驱动电路，使步进电动机转过一个步距角，再经过传动机构带动工作台移动一个脉冲当量的距离。移动部件的移动速度和位移是由输入脉冲的频率和脉冲个数决定的，故系统的稳定性好。但由于无位置反馈，精度相对较差，其精度主要取决于伺服驱动系统和机械传动机构的性能和精度。该类数控系统不带检测装置，也无反馈电路，以步进电动机为驱动元件（图 1-16）。

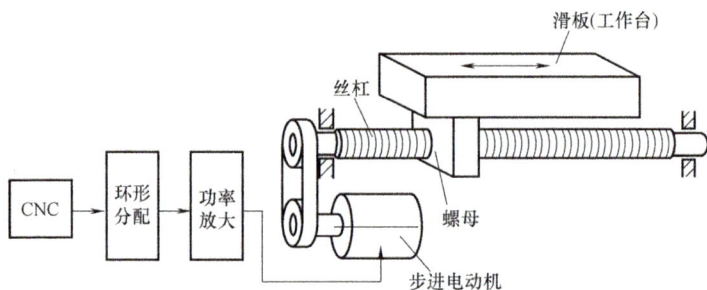

图 1-16　开环控制系统

该类系统具有结构简单、工作稳定、调试方便、维修简单、价格低廉等优点，在精度和速度要求不高、驱动力矩不大的场合得到了广泛应用，一般用于经济型数控机床和旧机床的数控化改造。

2. 半闭环控制系统

位置检测元件被安装在电动机轴端或丝杠轴端，通过对角位移的测量，间接计算出机床工作台的实际运行位置（直线位移），然后反馈到数控系统中。半闭环控制系统采用了反馈装置，可获得比开环系统更高的精度，但位移精度比闭环系统的低。与闭环系统相比，半闭环控制系统易于实现系统的稳定性（图 1-17）。

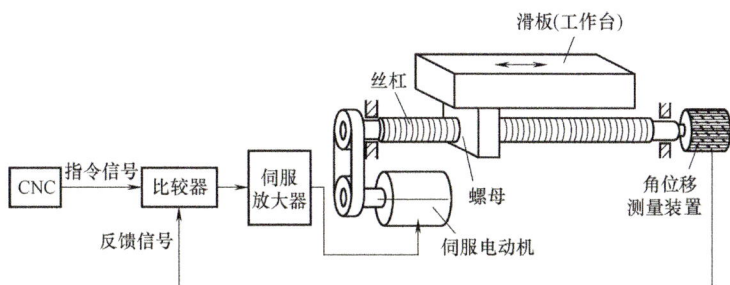

图 1-17　半闭环控制系统

3. 闭环控制系统

闭环控制系统的位置检测装置安装在机床工作台上，用以检测机床工作台的实际运行位置（直线位移），并将其与数控装置计算出的指令位置（或位移）相比较，用差值进行调节控制（图 1-18）。这类控制方式的位置控制精度很高，但由于它将丝杠、螺母及机床工作台这些连接环节放在闭环内，导致整个系统连接刚度变差，因此调试时系统较难达到高增益，即容易产生振荡。该类数控系统对其组成环节的精度、刚度和动态特性等有较高的要求，价格昂贵，主要用于精度要求很高的镗铣床、超精车床、超精磨床及较大型的数控机床等装置。

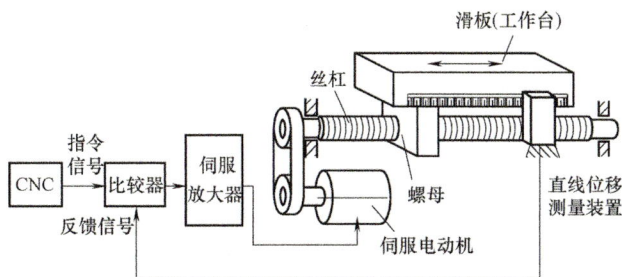

图 1-18　闭环控制系统

1.4.3 按制造方式分类

通用型数控系统是所有数控机床和基础制造装备的控制平台和指挥"大脑"。专用型数控系统主要是面向不同行业领域应用需求而推出的控制系统的成套解决方案。专用型数控系统的控制功能、性能要与行业工艺知识深度融合。通用型数控系统往往无法满足特殊工艺需求和应用背景，需要在通用型数控系统基础上进行个性化、专业化的深度开发。

1. 通用型数控系统

通用型数控系统以 PC 作为数控系统的支撑平台，各数控机床制造厂家根据用户需求，有针对性地开发数控软件和控制卡等，PC 及软件共同构成相应的数控系统，如华中数控的 HNC8 型系列数控系统、日本发那科公司的 0i 系列数控系统等。

2. 专用型数控系统

专用型数控系统是各制造厂家为特定机床专门研制、开发制造的数控系统，其专用性强、结构合理、硬件通用性差，但其控制功能齐全、稳定性好，包括电加工数控系统，数控磨床、齿轮机床数控系统等，如外圆磨床、凸轮轴磨床专用数控系统等（图 1-19）。

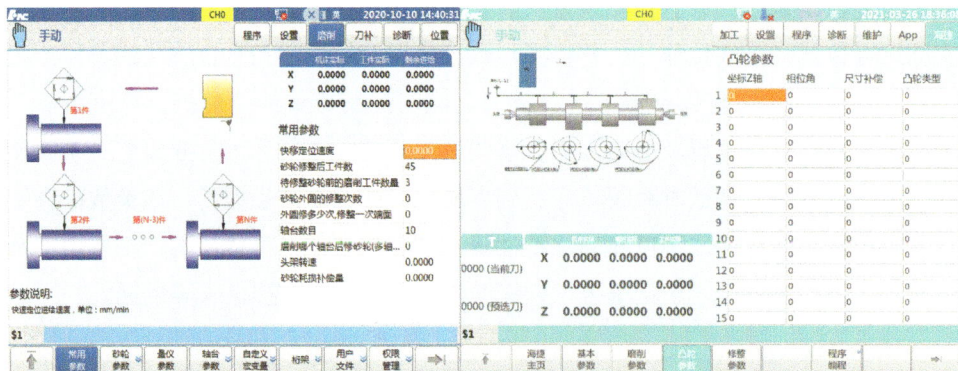

图 1-19 外圆磨床及凸轮轴磨床数控系统界面

1.4.4 按功能水平分类

按功能水平，数控系统可分为高档型、普及型、经济型三类。通常可用下述指标作为评价数控系统等级的参考条件：主 CPU 等级、分辨率和进给速度、联动轴数、伺服水平、通信功能及人机界面等。

1. 高档型数控系统

根据中华人民共和国机械行业标准 JB/T 11989—2014《机床数控系统　术语与定义》，高性能型（高档型）数控系统是指具有多种功能或复合功能的机床数控系统。

高档型数控系统软硬件具有较宽适用度，一般为闭环控制，通常具有多通道、同步控制、五轴及以上联动插补功能、斜面加工、样条插补、双向螺距误差补偿功能、直线度和垂直度误差补偿、刀具管理及刀具长度和半径补偿功能、高静态精度和高动态精度、高速及完备的 PLC 控制功能等（图 1-20）。高档型数控系统一般用于高性能数控机床，即通常具有五轴联动插补功能，可实施高速、高精、柔性、复合加工的机床，定位精度一般不大于 0.005mm/m。除具有人机对话、通信、联网、监控等功能外，还具有专用高级编程软件及后置处理平台，可进行多维曲面加工。

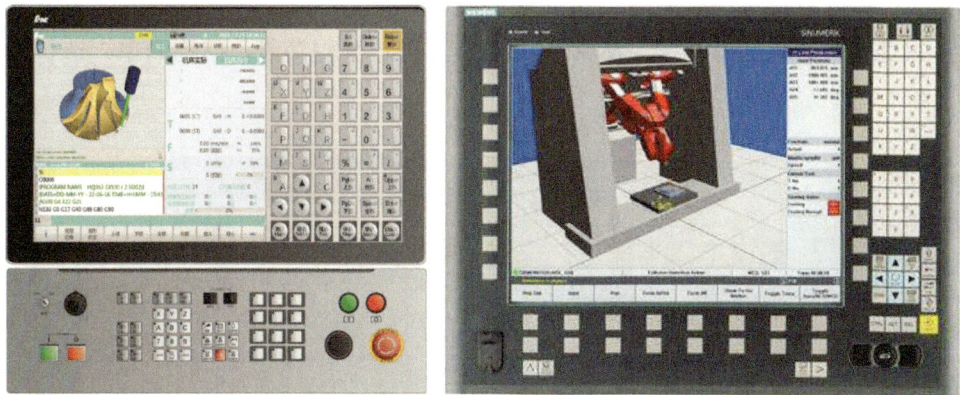

图 1-20　高档型数控系统

2. 普及型数控系统

普及型数控系统一般是指功能、性能指标水平介于高档型数控系统与经济型数控系统之间的数控系统（图 1-21）。

图 1-21　普及型数控系统

3. 经济型数控系统

经济型数控系统软硬件适用度较窄，一般为开环或者半闭环控制，具有基本的直线和圆弧插补功能，通常不具有 PLC 用户编程功能，结构简单，造价低（图 1-22）。

图 1-22　经济型数控系统

第 2 章

数控系统核心技术

数控系统技术门槛极高,主要特点如下:

1)技术复杂度高。现代数控机床涵盖了机械、电气、液压、气动、控制等多种复杂技术,其要求数控系统具有机、电、液、控多学科交叉、多领域技术融合的能力。

2)关键技术众多。围绕数控机床高速、高精、多轴、复合、多通道等控制需求,数控系统有上千个控制模块和功能。

3)应用需求众多。数控系统不但要满足车、铣、钻、镗、磨、刨、拉、齿轮、螺纹、组合等金属切削类机床需求,而且要满足高速高精度、五轴联动、复合加工、多通道控制等机床功能需求,有数千个应用场景。

4)成套性、系列化要求高。数控系统需要与数千种机床配套,满足不同的应用场景需求,数控装置、伺服驱动系统和伺服电动机存在数千种规格和型号。

5)可靠性要求高。数控系统的工作环境复杂,应具有在振动、高温、潮湿、粉尘、盐雾以及各种工业干扰源的环境下稳定、可靠地工作的能力。目前,数控系统可靠性指标(MTBF)一般在 20 000h 以上。

2.1　高速高精度控制技术

为满足现代航空、汽车以及模具制造业等行业对零件形状、加工精度、表面质量和加工效率等不断提高的要求,高速高精度数控加工已成为主流切削加工方式,相应的高速高精度数控机床也得到日益重视。我国《国家中长期科学和技术发展规划纲要(2006—2020 年)》把高档数控机床与基础制造装备作为 16 个国家科技重大专项之一,明确提出了发展我国高档数控机床的目标。高档数控机床的发展与应用对数控系统提出了更高要求,其中高速高精度运动控制成为现代数控系统的关键技术,已得到国内外普遍关注,并从理论方法到实际应用进行了大量的研究和实践,有效推动了高档数控机床的技术进步。

相比传统加工,数控高速加工具有多个优势:高速加工切削速度、进给速度高,切削力与热变形小,工件变形及加工噪声小,工件质量稳定性高,最终加工精度高,表面粗糙度值较小;高速加工时间短,生产效益高。随着控制理论、测量技术、误差补偿技术的不断提高,对数控加工精度的要求越来越高,尤其在光学器件、惯性导航器件等领域，都有精密、超精密加工系统的迫切需要。

加工速度和精度是衡量数控系统性能的主要指标。随着现代微电子技术的发展，当今先进的数控系统正在由 32 位处理器向 64 位微处理器过渡，相应地也提高了数控系统的数据处理能力和程序执行速度，为高速高精度加工控制指标的实现创造了必要条件，使得高速进给运动控制中的自适应平滑升降速控制、自由曲线加工的内部矢量精插补等复杂算法得以实现。FANUC FS 15 系列等数控系统已开发出采用 64 位精简指令集的微处理器（RISC）系统，并通过配置多微处理器结构实现分散处理，采用实时多任务操作系统进行并行处理等措施，进一步提高系统的数据处理速度。

2.1.1　高档数控系统体系结构

随着数控技术的进一步发展，高端开放式数控系统对处理器计算带宽需求也在不断提高。高速高精度、多通道多轴联动、五次样条插补、曲线插补、CAD/CAM/CAPP 等高级功能模块对数控系统上的处理器计算能力提出了更高要求。国外高档数控系统普遍采用多 CPU 分布式结构，以保证系统的实时性、并行性及信息吞吐率。

目前高档数控系统大多采用多微处理器结构来实现高速、高精度、网络化、智能化等高端功能，其目的在于将各项任务分配给多个微处理器，由多个微处理器并行处理，协调完成各项任务。多微处理器数控系统按照互联方式一般分为以下两种形式：

1）共享总线式。以一条工业标准（STD、VME、EISA、Multibus）或专用系统总线为中心，将各个主控模块和从模块有效地连接起来，按照预定标准交换控制信息和数据。

2）共享存储器式。采用多端口存储器，实现各微处理器间的互联和通信，由多端口控制逻辑电路解决访问的冲突问题。

上述方式中，各处理器之间数据交换是整个数控系统工作性能降低的根本原因。数控系统的实时性和大量的复杂数据处理是一对矛盾，对现有的各种数控系统来说，若加入实时自动监控功能和故障在线检测功能，系统将无法在规定的系统控制周期内完成所有的实时任务，因此现有的单 CPU 数控系统一般难以实现这些功能。上述功能的实现关键在于解决系统实时性与数据流高速处理之间的矛盾。

多核并行多任务数控系统可解决上述矛盾。并行处理是指计算机在同一时刻或同一时间间隔内完成两种或两种以上的操作任务，其显著优点是提高了运算速度和计算机内资源的利用率。单 CPU 计算机系统的并行处理技术是建立在时间重叠和资源共享之上的，而多核处理器集成了多个同类型处理器，在操作系统环境下共享同一个存储器。如图 2-1 所示，共享存储器采用芯片内部的高速接口互联，大大提高了数据交换的效率；同时可使用核内多个协处理器来执行多个线程的任务，提高系统的工作效率。

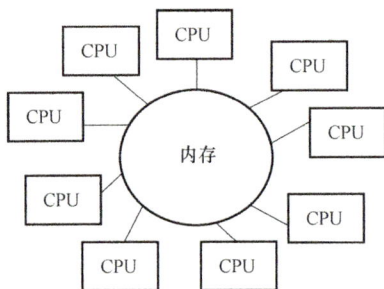

图 2-1　多处理器系统

在多核处理器的数控系统体系架构（图 2-2）中，中央 CPU 作为控制中枢，主要控制整个加工过程，发送指令信息到插补 CPU、PLC-CPU 等对应的共享存储器。插补 CPU 读取存储器中的加工数据（即有限坐标点），根据加工轨迹的特征（直线、圆弧、椭圆等），运用一定的算法，自动地在有限的坐标点之间生成一系列坐标数据，从而自动地在各坐标轴进行脉冲分配。在加工过程中，当需要多根轴完成精密轮廓绘制时，可增加插补 CPU 与扩大内存。三维状态显示 CPU 负责监测加工轴的运行状态信息与轮廓的三维显示，实现人机交互。网络服务 CPU 作为 Web 服务器，接受网络中其他 CPU 的访问，同时负责防止加工信息未经保护而泄露。CAD/CAM 编程 CPU 绘制加工曲线图；PLC-CPU 读取内存中的指令信息，控制 I/O 单元的输出。数控系统所有功能固化在 EPROM 中，通过程序控制完成。

在单 CPU 数控系统中，资源"分时共享"可使多个任务按时间顺序使用同一套设备。如当数控系统工作时，其数据转换过程由零件程序输入解释、插补预处理（包括刀具补偿和速度处理）、插补、位置控制四个子任务组成。若每个子任务的处理时间分别为 Δt_1、Δt_2、Δt_3、Δt_4，那么一个零件程序段数据转换时间 $t=\Delta t_1+\Delta t_2+\Delta t_3+\Delta t_4$。若以顺序方式处理每个零件程序段，即第一个零件程序段处

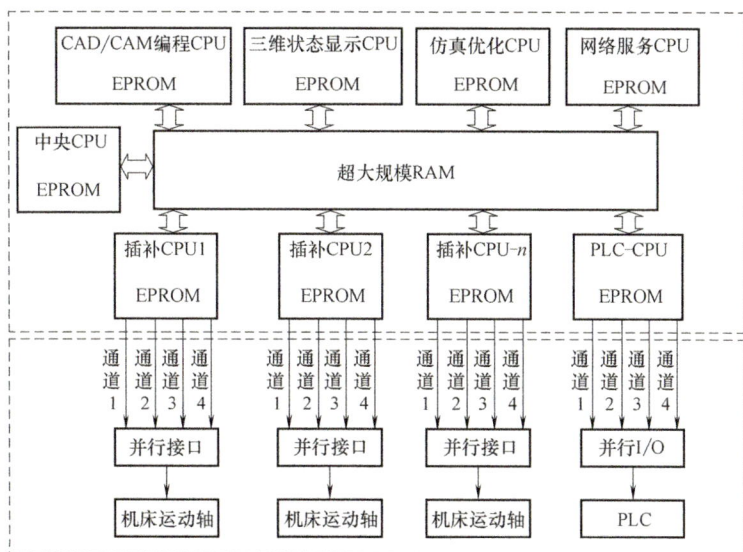

图 2-2　多核高档数控系统体系架构图

理完以后，再处理第二个零件程序段，则在两个程序段输出之间将有一个时间长度为 t 的间隔，其时间 – 空间关系如图 2-3 所示。上述时间间隔反映在电动机上，使电动机时转时停；反映在刀具上，使刀具时走时停。不管时间间隔多么小，这种时走时停在加工工艺上都是不允许的。消除时间间隔的方法是用并行处理技术。并行处理的关键是时间重叠，即在一段时间间隔内处理两个或更多的子任务，其时间 – 空间关系如图 2-4 所示。

子过程的完成不一定是在一个完整的连续时间段内，而可能是由多个 CPU 空闲的时间碎片组成。从图 2-4 中可以看出，经过并行处理后，每个程序段的输出之间不再有时间间隔，从而保证了电动机转动和刀具移动的连续性。

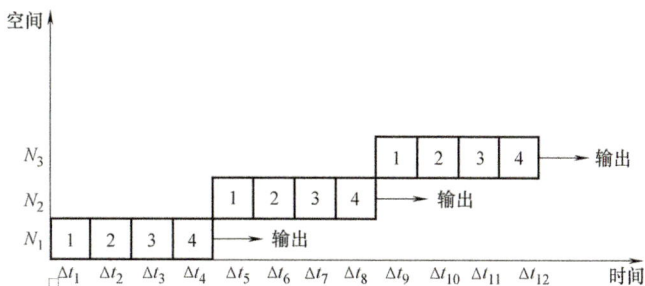

图 2-3　顺序处理

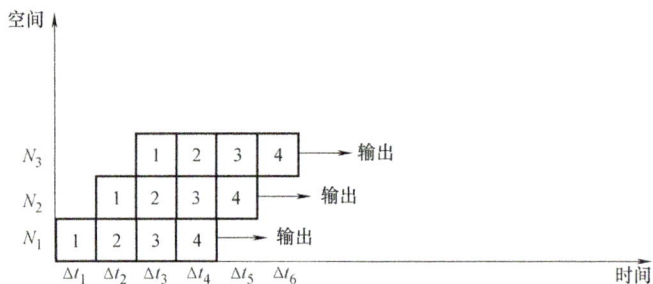

图 2-4　并行处理

对于多核并行数控系统来说，可将不同子任务绑定在不同内核上，各子任务可实现完全的并行处理，只需考虑子任务间的数据交换和因果关系，实时性更好，更能有效保证程序段输出的连续性。

考虑到高档数控系统功能复杂，包括人机界面交互、三维状态显示、仿真优化、CAD/CAM 编程、PLC 控制、插补计算、网络服务、内存管理、任务间通信等多个功能模块，其中 PLC 控制、插补计算、内存管理、任务间通信都需要严格的实时约束，必须在实时操作支持下才能完成。多核高档数控系统为使各项任务做到并发执行，需要使用实时操作系统，为此设计了多核高档数控系统实时操作系统，以便真正并发执行。基于 Linux 的多核数控系统实时操作系统整体架构如图 2-5 所示。

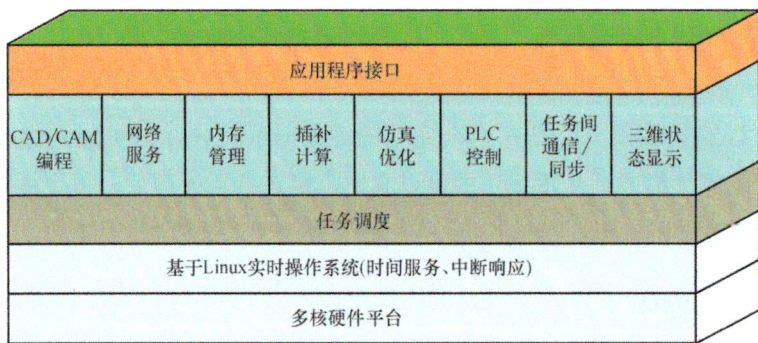

图 2-5　基于 Linux 的多核数控系统实时操作系统整体架构

在数控系统中，根据各功能在加工过程中的地位和作用，可将其任务分为以下几类：

1）实时突发任务，如错误处理等。这类任务一旦发生，系统应无条件优先执行。

2）实时周期任务。这类任务是按照精确的时间间隔周期执行的任务，如加工过程中的插补、位置控制等，是数控加工中的关键任务，必须保证其优先处理，一般采用定时中断实现，其执行过程一般不允许被其他任务中断。

3）非实时任务。这类任务一般为条件任务，如加工程序解释、插补预处理等。它们虽不像实时周期任务那样不允许中断，但对加工过程的及时正确完成来说也是必不可少的，也应保证其及时执行。

4）辅助性任务。这类任务包括人机交互、动态显示等，其执行并无严格的时间要求，显示刷新的时间间隔对系统的性能并无影响。

对于多核 CPU，优化操作系统任务调度算法是保证效率的关键。一般任务调度算法有全局队列调度和局部队列调度两种。前者是指操作系统维护一个全局的任务等待队列，当系统中有一个 CPU 内核空闲时，操作系统就从全局任务等待队列中选取就绪任务开始在此核心上执行。这种方法的优点是 CPU 内核利用率较高。后者是指操作系统为每个 CPU 内核维护一个局部的任务等待队列。当系统中有一个 CPU 内核空闲时，便从核心任务等待队列中选取恰当的任务执行。这种方法的优点是任务基本上无须在多个 CPU 内核间切换，有利于提高 CPU 核心的局部 Cache（缓存）命中率。目前多数多核 CPU 操作系统采用的是基于全局队列的任务调度算法。

1）实时突发任务的调度。实时突发任务在系统中的优先级高于其他任务。系统实时记录任务发生的先后次序，并中断现行任务的运行，优先处理优先级高的突发任务。

2）实时周期任务的调度。实时周期任务创建以后，经过固定的时间间隔循环执行。它们在系统中的优先级低于实时突发任务，而高于其他任务。在多核系统中，每个实时任务可独占一个 CPU 线程，因此系统能同时运行的最大实时任务数取决于所包含的处理器线程的数量。

3）非实时任务的调度。非实时任务在系统中的优先级低于实时周期任务而高于辅助性任务。对同一代码段而言，存在执行顺序问题，只有当译码、插补预处理这样的非实时任务完成后，实时周期任务插补、位置控制才能执行。因此，对实时周期任务与非实时任务调度的主要工作，就是对它们执行的先后次序进行控制。可采用基于优先级的抢占式调度来实现这一目的。

4）辅助性任务的调度。这类任务在系统中的优先级最低，必须保证 CPU 的时间优先满足关键任务的执行。

某一多 CPU 数控系统硬件平台选用基于 4 核处理器，结构如图 2-6 所示。

图 2-6　4 核 CPU 高性能数控系统硬件平台

硬件平台中的 4 个 64 位高性能核心处理器配备了 128 位的 DDR3 访存通道和 PCI-EI/O 接口，基于多核 CPU 的工业计算机模块的逻辑框图如图 2-7 所示。

CPU 采用主频为 1GHz 的 4 核处理器，主存采用 9 个 DDR3 SDRAM 存储器，支持 ECC 校验。由于系统的 I/O 性能要求不高，采用 PCIe-to-PCI 桥芯片连接 CPU 的 PCI-E 系统接口，为系统提供 PCI 总线。所有 I/O 设备挂接在 PCI 总线上，包括显卡、南桥、网卡。南桥为计算机模块提供 PS/2 键盘、鼠标接口、CF 卡 /IDE 固态盘接口、USB2.0 接口，并在扩展总线上挂接了非易失性 RAM。基于工业计算机模块遵循业界 EBX 规范的惯例，主板尺寸为 146mm×203mm，提供 PCI104 扩展接口。外设连接的逻辑框图如图 2-8 所示。

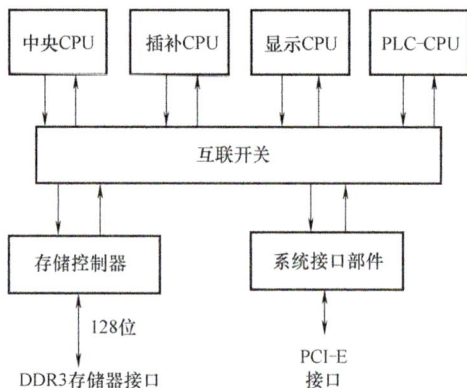

图 2-7　工业计算机模块的逻辑框图

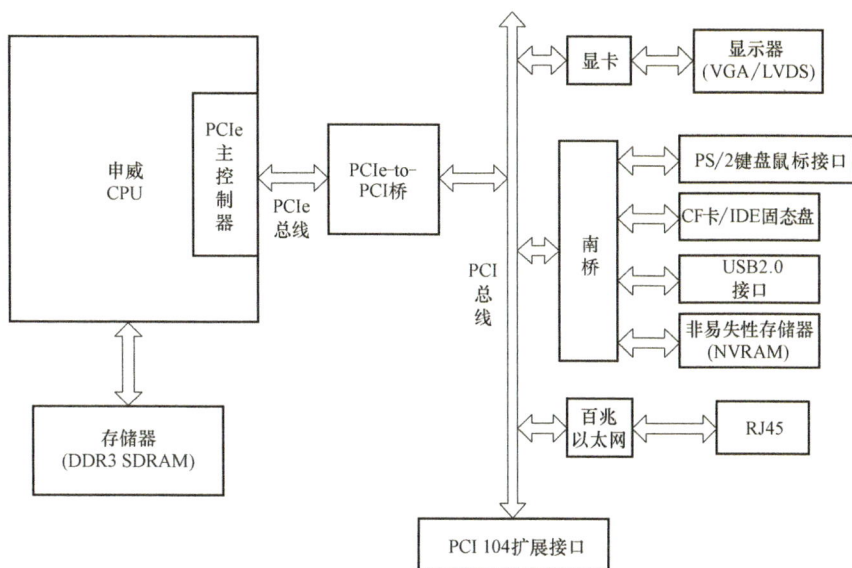

图 2-8　外设连接的逻辑框图

2.1.2　现场总线通信技术

基于实时工业以太网的高速实时现场总线 NCUC-Bus，采用 PHY+FPGA 结构模式，由 FPGA 硬件实现整个协议，满足全数字高档数控系统的强实时、高可靠性和强同步的通信要求。NCUC-Bus 采用主 - 从通信方式，网络中拥有一个主站设备（主站）和多个从站设备（从站）。主站与从站依次连接，可形成双环形、线形或星形网络拓扑结构。

NCUC-Bus 设计了一种全新的环形网络结构的节点时间同步方法，采用硬件全局时钟同步技术，实现环形网络中各站点的精确时间同步，且只占用极小的通信带宽，保证了现场总线的强实时性要求，为实现高速高精度运动控制提供高速信息通道。

NCUC-Bus 采用链路冗余、数据重传、动态 CRC 校验等机制保证通信的正确性和可靠性。当系统采用环形网络拓扑结构时，环形中的两条链路同时进行数据传输，其中一条链路为冗余数据链路，当一条链路上的数据传输出错时，可以直接采用另外一条链路上的冗余数据。

NCUC-Bus 采用"飞读"方式。当网络数据传输时，不需要从站接收完整个数据包，而是在数据报文通过本站点时，根据站点的地址信息，动态读取本站点的数据报文，同时将需要发送的数据在线插入至数据报文中，并发送至下一个节点。整个数据包的接收和发送是一个动态过程，数据包可以不停留地依次经过各个从站，从而实现较小的通信周期。

NCUC-Bus 总线采用时钟同步矫正技术，时钟同步精度可保证在 100ns 以内；最短通信周期可达 50μs（8 节点）；单台设备最多可连接 128 个网络节点，网络架构如图 2-9 所示。

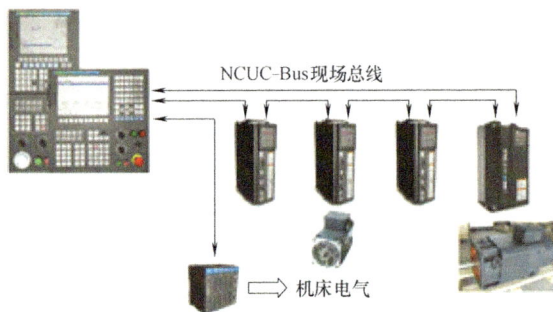

图 2-9　NCUC-Bus 现场总线网络架构

NCUC-Bus 现场总线通信模块用于为数控系统与伺服驱动单元之间提供一条畅通的数据通道。现场总线通信模块用于与远程计算机进行交互。两个模块通过一个协议转换模块连接起来，实现 NCUC-Bus 现场总线与其他现场总线互相通信。拓扑结构模块用于识别网络拓扑结构，支持多种网络拓扑连接。故障诊断模块用于发现和修复装置的通信故障。协议转换模块、拓扑结构模块和故障诊断模块共同构成了 MCU（微控制器）模块，架构如图 2-10 所示。

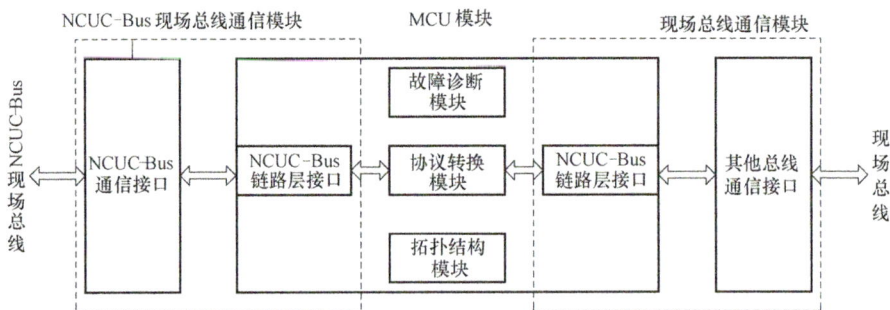

图 2-10　NCUC-Bus 协议转换拓扑架构

硬件结构采用 DSP+FPGA+PHY 结构，DSP 和 FPGA 是控制核心，PHY 是网络物理层数据收发器。DSP 采用 TI 的 TMS320F2812 控制器，FPGA 采用 altera 的

EP2CQ208 系列可编程器件。主要硬件模块包括 DSP 模块、FPGA 模块、静态存储器（SRAM）、网络端口模块和外围电路等部分，NCUC-Bus 协议转换硬件架构如图 2-11 所示。

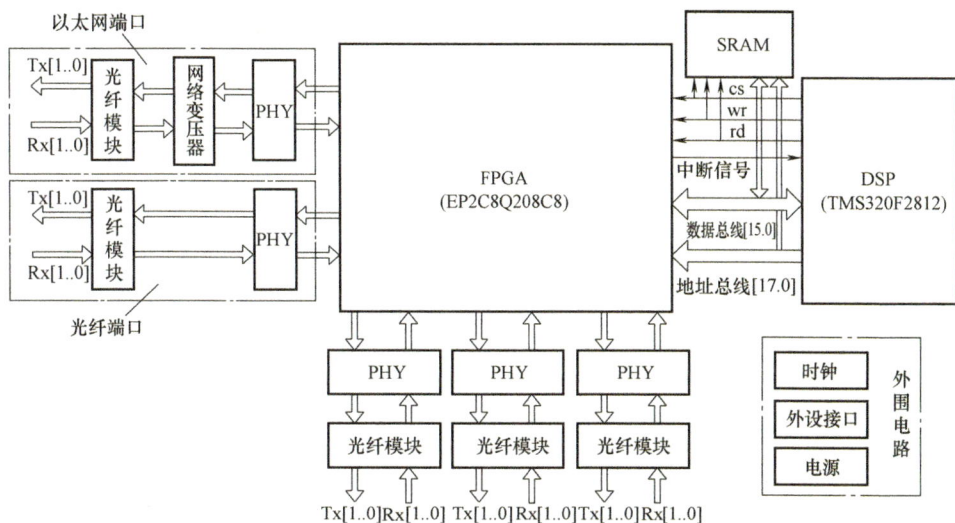

图 2-11　NCUC-Bus 协议转换硬件架构

2.1.3　运动轨迹及速度控制技术

数控系统运动轨迹及速度控制如图 2-12 所示。

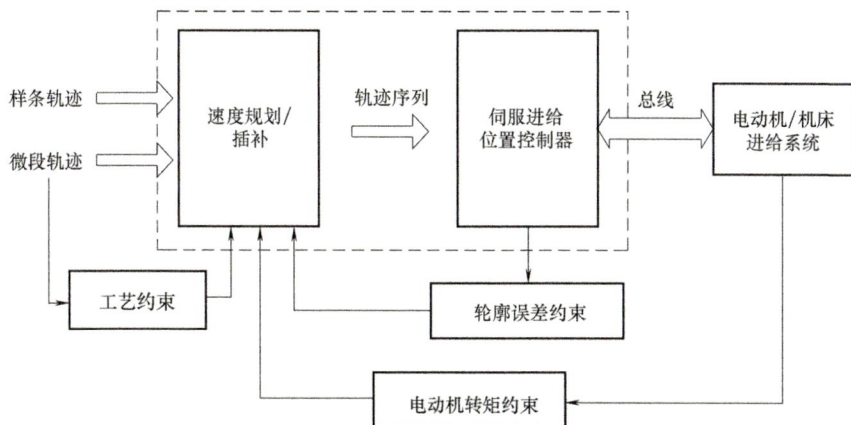

图 2-12　数控系统运动轨迹及速度控制

33

1. 运动轨迹控制

运动轨迹控制是数控系统的关键技术之一，其控制着数控加工过程中运动部件的轨迹、速度。作为数控系统的控制核心，运动轨迹控制功能的优劣直接影响着数控机床的加工效率和加工质量。

在汽车、航天、航空、船舶等制造领域，存在着大量的表面形状非常复杂的零件。传统的加工方法是 CAD/CAM 系统采用微小直线段去逼近某个复杂曲面，生成大量指令点构成的数控加工程序，直接在每一条微小直线段上进行数控加工，影响加工零件表面的光滑性；同时由于速度和加速度的频繁变化，造成数控系统频繁地进行加 / 减速控制，导致伺服电动机频繁起停，引起数控机床振动，难以达到指定的编程速度，降低加工效率和加工质量。为最大限度实现光滑曲面，提高加工精度，基于样条曲线插补的轨迹控制技术已经成为国外高档数控系统必备功能，相关研究包括非均匀有理 B 样条（NURBS）曲线插补、三次参数样条曲线实时插补、空间三次曲线插补等。

在加工形状简单的工件时，若采用样条曲线插补方法，通常会降低加工效率，增加编程难度，因此基于直线插补和圆弧插补的连续轨迹平滑控制技术依然有广泛的应用前景，但其中一个难点是连续轨迹段间速度的平滑过渡。速度平滑过渡方法将直接影响进给速度的优化，影响加工效率和精度的提高。连续轨迹段间过渡方法主要包括直接过渡法、曲线过渡法和曲线拟合法三种方法。直接过渡法为根据插补周期、系统允许的最大速度和最大加速度、相邻两段轨迹拐角信息、轨迹长度信息等约束条件确定相邻两段轨迹最大衔接速度的方法，具有参考模型简单、容易求解等特点，但拐角处衔接速度较低。为使衔接速度最大化，提出了曲线过渡法，其在两相邻直线轨迹段插入某种曲线，以求得速度平滑过渡，其具有过渡精度高、偏差小的优点，但算法较复杂、耗时长。曲线拟合法通过把多段直线轨迹和圆弧轨迹拟合成某种样条曲线，再进行样条曲线插补。该方法的加工效率和加工精度有所提升，但参考模型复杂，控制器需要具有 NURBS 曲线插补功能。

2. 速度控制

速度规划直接影响着数控机床的加工效率和加工质量。目前，高速、高精度加工需求对数控机床的加减速控制能力提出了高要求，一方面要求刀具能在极短时间内达到指定速度，并在保持高速运动的条件下精确地移动到指定位置；另一方面要求在整个数控加工过程中保证数控机床平稳运行，避免因超出伺服电动机最大加减速能力，造成冲击、失步或超程等情况发生，从而引起机床振动，降低加工效率和加工质量。

目前加减速控制的实现途径主要有多项式方法和电子卷积方法等。多项式方法就是采用特定的多项式表达速度曲线。根据速度曲线形状的不同，多项式加减速控制方法可分为 T 曲线加减速控制、S 曲线加减速控制、指数曲线加减速控制、正弦曲线加减速控制等。T 曲线加减速控制方法的速度曲线为梯形，其计算量小，容易实现，但是加速度有突变，在实际加工过程中会产生柔性冲击。S 曲线加减速控制方法的速度曲线为 S 形，加速度曲线较平滑，能够避免柔性冲击。

为了提高数控设备的加工效率，实现进给驱动装置的高加速度、高响应控制，数控加工必须解决一些关键技术。从控制目的来看，需要实现速度鲁棒性控制和位置快速整定控制。

1）速度鲁棒性控制技术。在高响应的机电控制系统中，因传动产生的振动需要从多层面进行抑制，可以利用输入整形器和陷波滤波器，结合频率在线分析技术，设计抑制转矩中高频振荡和位置末端的低频振动的控制算法。

2）位置快速整定控制技术。分析影响位置控制响应的主要因素，特别是位置控制的物理变化过程，从而设计能够提高位置响应收敛速度的高响应控制算法。伺服转动惯量辨识、参数搜索优化流程及数控系统界面如图 2-13 所示。

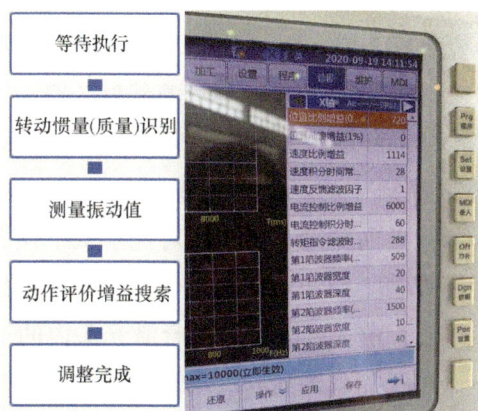

图 2-13　伺服转动惯量辨识、参数搜索优化流程及数控系统界面

2.1.4　误差补偿技术

当前超精密加工的综合精度指标已经提高到亚微米级，对机床的伺服控制系统及加工轨迹控制算法提出了更高的要求，一般可通过数控系统控制精度提升和

采用误差补偿技术来实现。

提高数控系统控制精度的方法包括提高数控系统的分辨率、以微小程序段实现连续进给、使 CNC 控制单元精细化、提高位置检测精度，以及位置伺服系统采用前馈控制与非线性控制等。数控系统一般提供五轴旋转刀具中心（RTCP）、空间误差补偿、热误差补偿等功能。

数控机床几何误差测量方法主要是利用 API XD 激光干涉仪，针对三轴数控机床的 21 项空间误差设计的快速测量方法。

API XD 激光干涉仪的测量部件主要由激光头（包括干涉仪、激光控制器和通信接口）、光学传感器和五棱镜三部分组成，如图 2-14 所示。

图 2-14　激光头、光学传感器和五棱镜

XD 激光测量系统包括 1-D、3-D、5-D 和 6-D 模式，6-D 模式可同时对 6 个自由度上的参数进行测量，即线位移、水平直线度（XX）、垂直直线度（YY）、偏摆角（A）、俯仰角（B）和绕测量轴旋转的滚摆角（C）。

在 6-D 模式下激光头产生的激光可以测量线位移、两项直线度、偏摆角和俯仰角 5 项参数。滚摆角的测量是通过一对电子水平仪来实现的，包括参考水平仪（单独放置在工作台上）和测量水平仪（集成在传感单元内）。光学传感器部件（6-D 传感单元）中集成了可以配合激光头内的干涉仪来测量线位移精度的角反射镜，一个用于测量的高精度电子水平仪，以及一个用来检测俯仰角、偏摆角和直线度变化的光学传感器。当测量各轴之间的垂直度时，使用五棱镜不但可以起到转向镜以改变激光束方向的作用，还可以保证入射光和反射光垂直。

使用 XD 激光测量系统可以进行线性定位误差测量、直线度误差测量、角度误差测量、垂直度误差测量。偏摆角和俯仰角检测示意图如图 2-15 所示。

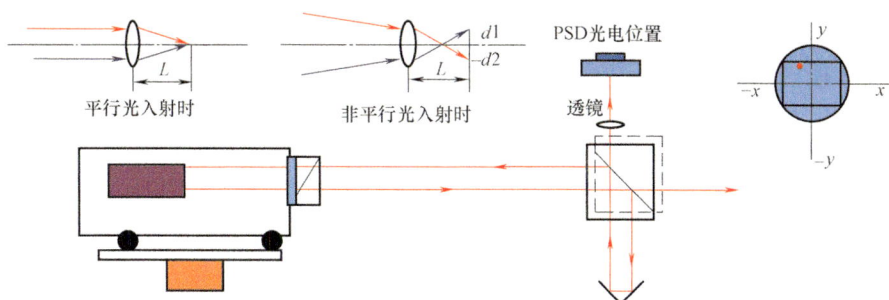

图 2-15　偏摆角和俯仰角检测示意图

数控系统针对机床几何误差实施补偿的处理流程如图 2-16 所示。

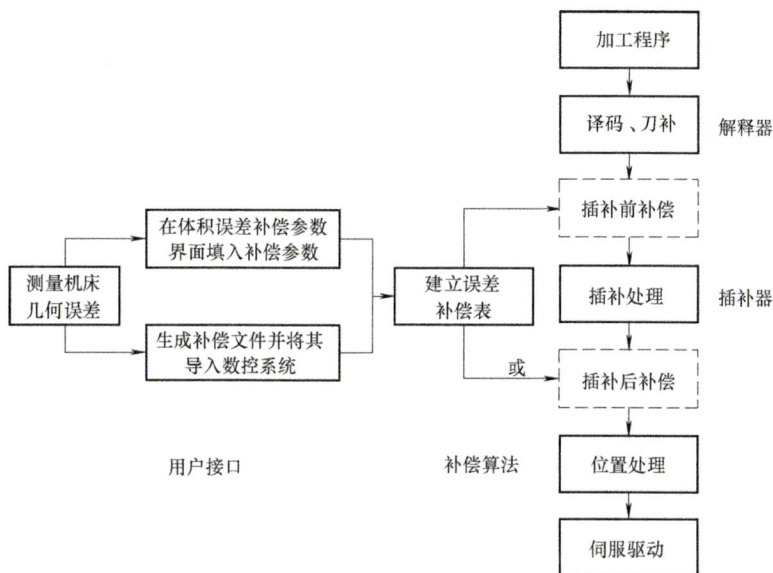

图 2-16　几何误差补偿处理流程

以 X 轴为例。关闭所有误差补偿，激光头放置在 X 方向并调试对光，测量几何误差。然后根据数控系统提供的螺距误差补偿方法，将测量得到的误差数据按照要求导入相应位置，进行 X 轴螺距误差补偿。X 轴、Y 轴定位误差如图 2-17所示。

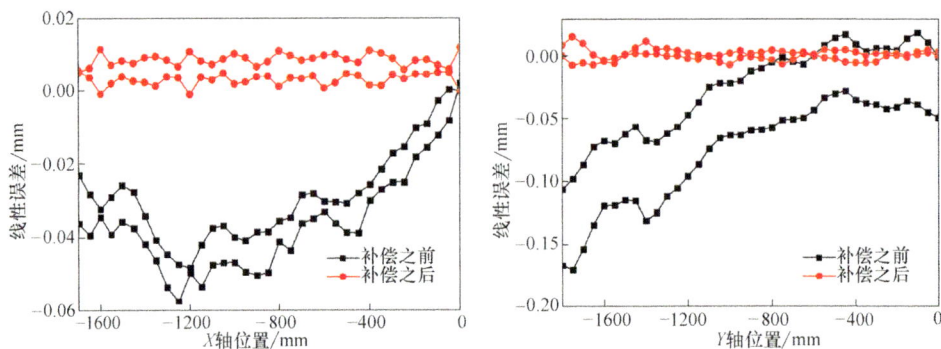

图 2-17　X 轴、Y 轴定位误差

补偿模块针对反向间隙、螺距误差和直线度误差三项参数进行补偿，数据分析时已经把所需的误差补偿值全部计算完成，选择相应的补偿按钮，对应的误差补偿数据便自动载入数控系统误差补偿参数和数据表参数中。根据数控系统误差补偿参数中的要求，对补偿方式进行分类设置，当采用双向螺距误差补偿时无须进行反向间隙补偿，直线度误差补偿类型可以分为单向或双向两种。HNC8 型数控系统的误差补偿参数设置界面如图 2-18 所示。

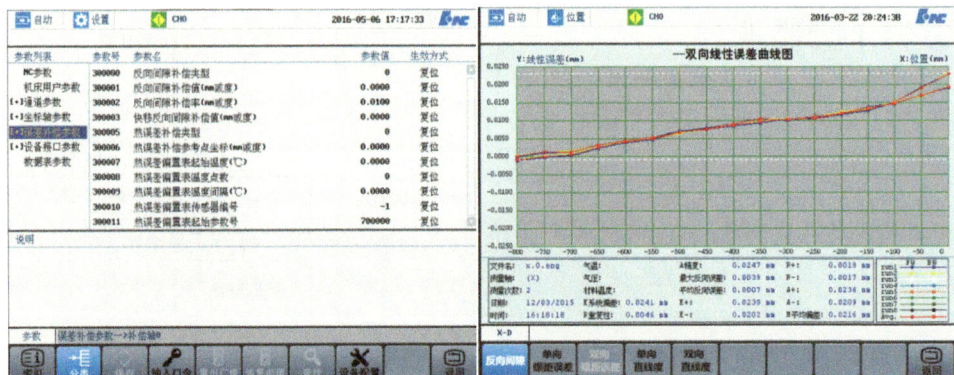

图 2-18　HNC8 型数控系统的误差补偿参数设置界面

热变形补偿除采用间隙补偿、丝杠螺距补偿和刀具补偿等技术外，也较多注意补偿由于电动机、回转主轴和传动丝杠等发热变形所产生的加工误差。为减少热变形，传统的改善方法是使用绝热材料、进行热平衡设计及加装冷却装置等硬件，虽然成效不错，却增加了制造成本，而且开发周期长，容易使厂商失去快速、弹性的竞争能力。现有的研究方向是：一方面采取减少热量的措施，如采用流动油液对内装主轴电动机和主轴轴承进行冷却；另一方面则采取软件来实现热补偿，就是先在离线的情况下，以切削试验方式建立热变形的误差模型，然后在在线运行时实时补偿热变形误差。

软件热补偿技术包括误差建模、误差测量及补偿实施三个过程。误差测量包括直接误差测量和间接误差辨识。误差补偿在时间尺度上分为离线补偿和实时补偿。离线补偿是根据测量得到的误差在加工后期对机床进行误差补偿，离线补偿只能针对机床稳定的误差。对于生产过程中产生的误差，因其和所处温度场紧密相关，所以需要使用实时补偿。该技术研究的关键在于提高补偿的实时性、准确性、有效性和简便性。

热误差测量中温度测点的布置和选择是数控机床热误差测量、建模及其补偿中的关键。采用数控系统内核插补层接入技术，可以实现热误差补偿模块与国产高档数控系统的深度融合。

一般来说，机床空间误差补偿的误差模型是静态的，没有考虑温度对误差模型的动态影响，主轴热误差建模是非实际切削状态下获得的，补偿效果不佳。因此，考虑温度及实际切削状态的误差补偿模型，将大大提高补偿效果。

为实现机床热误差补偿，必须测量指定温度（T）条件下机床各运动轴在行程范围内的误差值序列，并根据误差值序列绘制热误差曲线。X 轴热误差曲线如图 2-19 所示。

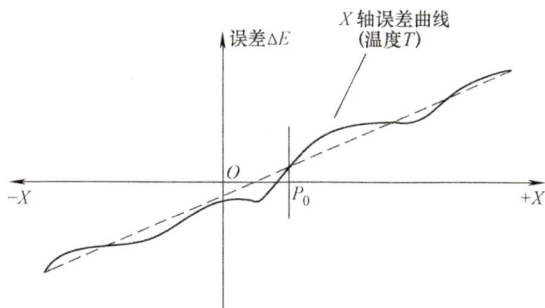

图 2-19　X 轴热误差曲线（温度 T 时）

从图 2-19 中可以看出，在满足一定精度的前提下，热误差曲线可以用一条直线（图中的虚线）代替，该直线可由斜率与补偿参考点 P_0 唯一确定。

数控系统热误差补偿由以下两部分来实现：

1）数控系统热误差补偿参数的输入。热误差曲线仅描述了针对某一特定温度的瞬时状态，当温度变化时，补偿参数必须根据新的热误差曲线重新生成，并传送给数控系统。

2）根据热误差补偿参数实施补偿。热误差补偿在插补周期内进行，即所谓的插补后补偿。为防止机床过载，在按照公式计算得到热误差补偿值后，先通过监控程序使补偿值得到平滑处理，再将其与插补输出指令的位置信息进行叠加。

热误差补偿的模块结构如图 2-20 所示，机床误差测量实物图如图 2-21 所示，X 轴、Y 轴线性热膨胀误差如图 2-22 所示，X 轴、Y 轴热膨胀误差补偿如图 2-23 所示。

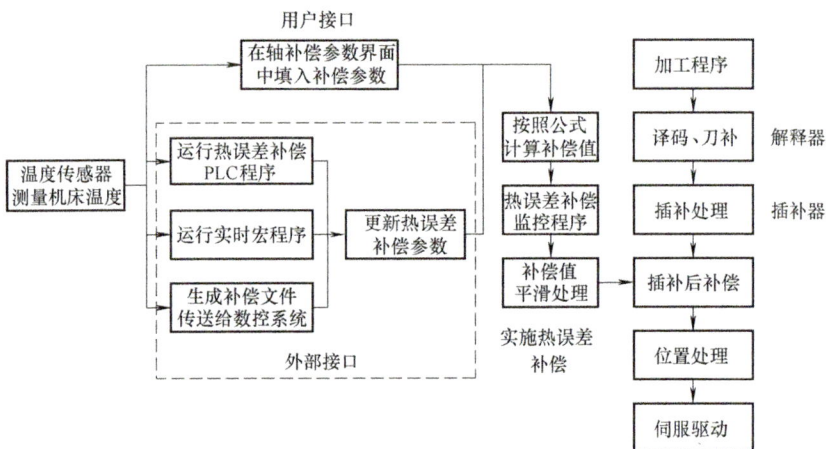

图 2-20　热误差补偿的模块结构

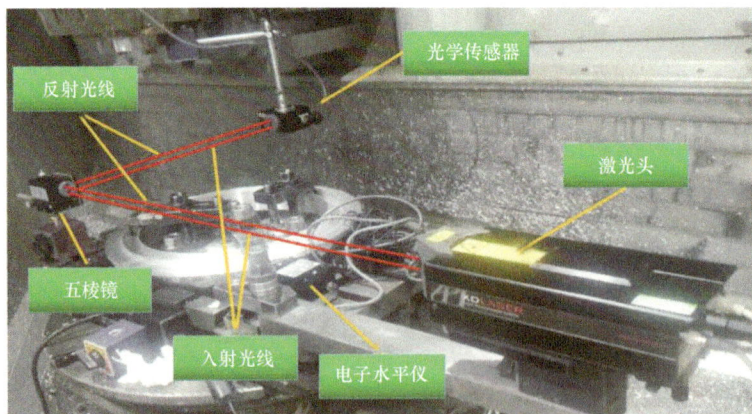

图 2-21　机床误差测量实物图

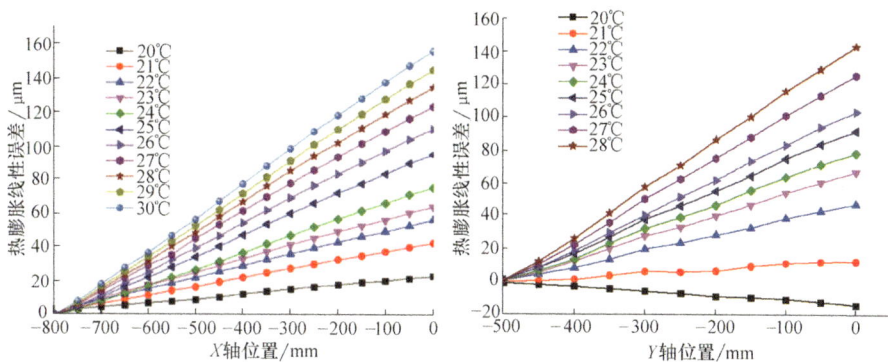

图 2-22　X 轴、Y 轴线性热膨胀误差

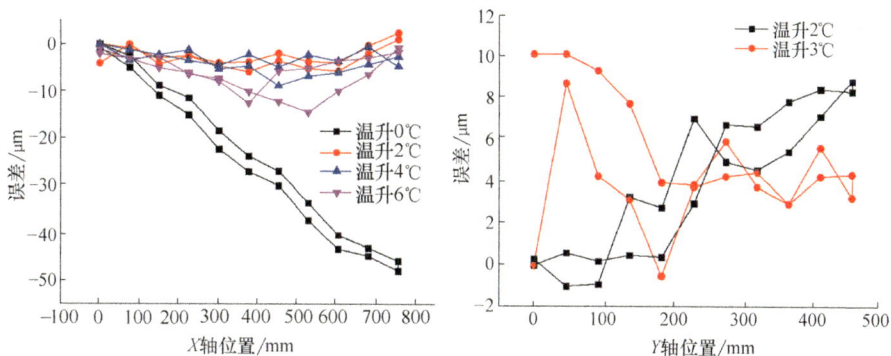

图 2-23　X 轴、Y 轴热膨胀误差补偿

2.2　多轴联动、多通道控制技术

2.2.1　多轴联动

为了满足复杂曲面的加工需求，必须采用多轴联动数控系统。多轴联动加工可利用刀具的最佳几何形状进行切削，产品的加工效率、加工质量和加工精度大幅提升。一般认为，2～3 台三轴机床的加工效率仅能和 1 台五轴联动机床的加工效率相媲美。多轴联动数控系统集计算机控制、高性能伺服驱动和精密加工技术于一体，对于一个国家的军工、航空航天、精密仪器等行业有着举足轻重的影响力。五轴联动数控机床已成为航空航天、精密仪器加工等领域重要的加工工具，五轴联动是技术难度最大、应用范围最广的数控机床技术之一。五轴机床一般采用"3+2"结构，即三个进给轴和两个回转轴结构，不仅可以实现 $X/Y/Z$ 三个轴的直线运动，还可同时实现另外两个轴的回转运动。这种机床主要有立式加工中

心、卧式加工中心、摇篮式加工中心及龙门加工中心等。以立式加工中心为例，立式五轴加工中心的回转轴有两种运作方式：一是工作台回转，二是依靠主轴头的回转。除此以外，卧式加工中心还有工作台旋转和主轴头摆动相结合的五轴联动运作方式等。

多轴联动控制技术是指由数控系统控制多个坐标轴同步协调运动。多轴联动控制系统由多轴联动控制器和执行机构组成，其关键技术就是对执行机构运动部件的速度、加速度等进行实时控制和调节，控制执行机构按照算法设定的速度、路径运行。

三轴联动、五轴联动的显著特点是，在 G 代码指令上联动轴的关系都是显式表达的，如 G01 三轴联动的 X、Y、Z 的运动关系，在 G 代码指令上都必须予以显式定义。而切线跟随控制、斜轴控制技术有时并不是显式地定义某个伺服轴（比如 C 轴）与 X、Y 轴及运动轨迹的关系。斜轴控制技术机床，为了满足某种加工工艺需求，将数控机床的 X、Y 两个伺服轴有意布置成不垂直的状态。但是在 G 代码编程时，需要操作者根据机床 X、Y 两个伺服轴的实际夹角，生成实轴坐标系下的 G 代码指令，不仅难度大，同时编制出来的 G 代码程序没有通用性。斜轴控制不仅需要在解释器、插补器中进行处理，同时需要解决手轮、步进、点动等 PLC 运动控制的问题。在五轴联动数控机床进行 RTCP 功能开发时，需要解释器接口与插补器接口，才能实现从虚轴编程到实轴的运动控制，因为此时 G 代码程序中输入的数据中所包含的轨迹信息不是实轴的运动轨迹信息，而是刀触点的位置及该刀触点位置处的法矢量。对于刀位信息，不通过 G 代码解释器的解释，不可能获得五轴中的各个实轴的运动轨迹，也不能实现 RTCP 功能。

插补技术是多轴联动控制器实现轨迹控制的核心，对数控系统的精度和效率有直接的影响。现代数控技术采用的插补方法通常是将给定的加工曲线离散成一系列微小直线段、圆弧线段等基本线段，并根据进给速度和插补周期将这些线段离散成大量的插补指令点，然后将这些线段转换成在各轴上的位移增量，再将这些脉冲增量换算成具体的脉冲数驱动电动机运动，实现多轴的联动控制，数据表插补法包括脉冲增量法和数据采样法。

数据表插补控制有两种用途，一种用于耦合轴之间有明确轨迹联动要求，且所有耦合轴为伺服轴，比如电子齿轮、电子凸轮等的运动控制；另一种用于耦合轴之间至少有一个轴为非伺服轴，比如工件主轴或者刀具主轴，其他轴是伺服轴，并且伺服轴中有一个轴或者几个轴需要根据当前时刻非伺服轴及其他伺服轴的位置决定其位置的运动控制。比如交错轴斜齿轮的加工,工件的回转速度必须根据刀具(非伺服轴)的速度进行计算,同时附加的工件回转角速度也必须根据滚刀的 Z 轴位置进行计算。

数据表插补法主要用在计算量很大的情形。比如在活塞车削中,刀具运动频率高达 450Hz,没有办法完成一个控制周期中每一个时刻刀尖点位置的计算。此时,必须事先将每个控制周期中的每一个时刻的刀尖点位置计算出来,存入数据表中,在每个插补周期中直接通过查询数据表,获得被控制轴的运动位置。由此可见,数据表插补法一般用于周期性的、封闭的、复杂曲线的加工,比如凸轮轴的高速磨削加工。若要求工件凸轮的回转速度小于20r/min,可不用数据表插补法。若要求工件凸轮的转速高达 120r/min 甚至 500r/min 时,不采用数据表插补法。在 20μs 左右的控制周期中,现有数控装置的 CPU 很难计算出刀尖点的准确位置。

2.2.2 多通道控制

数控系统多通道技术是指每个通道独立完成各自的工序,多轴间相互协作,最终共同完成一项任务。该项技术可有效减少设备投入,缩短加工时间,提高加工效率。

多通道数控系统基本模式如图 2-24 所示。

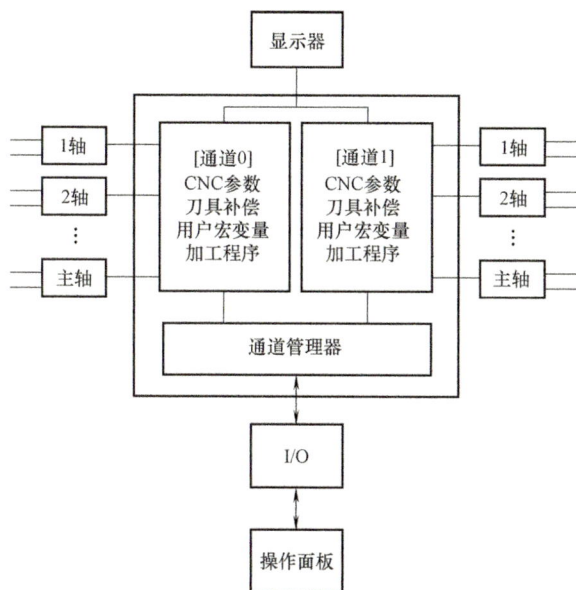

图 2-24 多通道数控系统基本模式

在数控系统开发中，为简化程序编制，一般一个通道最多包含 9 个轴，可以只有一个伺服轴，也可以有一个或多个伺服轴和一个伺服主轴。不属于伺服主轴的主轴，一般不纳入通道的插补管理范畴。

在传统的单通道数控系统中，NC 程序的加工流程是串行化的，即用户输入 G 代码后，数控装置对其进行解析与解释，求解出刀具补偿量和刀位点，以及插补方式和进给速度等，一直到整个加工程序完成，都在一个通道中进行。多通道数控系统的加工流程为多个上述单通道 NC 程序运行的并行化，即用户输入 G 代码文件，从分配每个通道需要执行的部分 NC 程序块开始，一直到整个加工工序完成，是在所有通道的共同协作下完成的。多通道数控系统 NC 程序加工流程如图 2-25 所示。

多通道控制系统并行控制技术能使数控机床的操作者在同一时间指定多个 NC 程序运行，也可在并行执行 NC 程序间进行信号的传递与交互，完成多种任务。

HNC8 型数控系统最多有 32 个通道，每个通道最多有 9 个轴（伺服轴＋主轴），从数控系统的宏观运行来看，通道是并行运行的。HNC8 型数控系统中的工位与西门子 840D 的工作方式原理基本类似，主要是便于 PLC 编程及 G 代码程序编制，方便数控机床的操作及加工代码的编制。

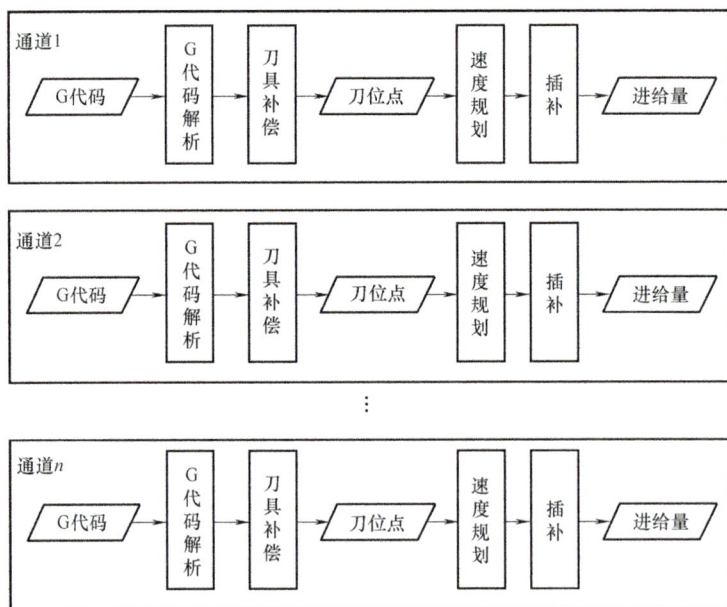

图 2-25　多通道数控系统 NC 程序加工流程

工位由通道组成，一个工位最多可以管理 8 个通道，属于同一个工位的通道在运行的时间关系上是按照 G 代码指令给定的顺序运行的，不存在工作运行间的协同问题。因此，一个工位只有一个 G 代码程序，即可满足顺序运行的要求，可较为方便地编制 PLC 程序。一个工位虽然有多个通道，但是对应于一个操作面板。

数控系统中与运动控制有关的结构体可定义为：

Struct

{

工位数组 sWork[4]; // 一个数控系统最多有 4 个工位；工位指针 *pWork=&sWork[0];

}

属于同一个工位的通道，在运行时一般为顺序运行，各通道共享 G 代码程序空间，同一个工位的通道只需要一个 G 代码程序进行顺序控制。

除了属于某个工位的通道，还有独立运行通道，即不属于某个已定义的工位的通道，其有独立 G 代码程序和对应的机床操作面板。

一个多通道机床数控系统的动作协同，是发生在工位与工位之间、工位与通道之间、通道与通道之间的。当然还有独立 PLC 轴与工位、独立通道之间的动作协同要求。

HNC8 型数控系统多通道功能包括通道间耦合动作协同、PLC 编程、控制中信息双向或者多向传递、HMI 界面操作按钮与通道之间的关联等。

2.3 复合控制技术

复合加工技术作为一种适应现代制造业多品种、小批量、个性化发展需求的新技术，从 20 世纪 90 年代开始发展起来，是一种在传统机械设计和精密制造技术基础上，集成了现代先进控制技术、精密测量技术和 CAD/CAM 应用技术的先进机械加工技术，是一种基于现代科技技术和现代工业技术的工艺创新并引发相关产业工艺进步和产品质量提升的新技术。多轴车铣复合加工技术经过一次装夹，完成车、铣、钻、镗、攻螺纹等全部加工，其工艺范围之广和能力之强，已成为装备制造技术的佼佼者，是世界范围内最先进的机械加工技术之一，在轻工、医疗、汽车、航空、航天、船舶等领域都是重要的应用技术。

多轴车铣复合加工性能除了依赖于机床本身的设计制造品质外，还取决于数控系统的多轴车铣复合加工控制能力。由于国内对多轴车铣复合数控系统的研究和应用起步较晚，加上发达国家长期以来在技术和产品方面对我国实行封锁和限制，导致我国的车铣复合加工技术与德国、日本等工业发达国家存在一定的差距。

数控系统车铣复合控制主要包括以下内容：

1. 车铣复合加工刀具运动轨迹规划

刀具轨迹规划技术是数控编程技术的关键技术之一。刀具轨迹规划算法的优劣在很大程度上影响着加工零件的表面质量和加工效率。刀具轨迹规划除了要满足刀具轨迹无干涉、无碰撞、轨迹光顺、代码质量高的基本要求外，还必须具有适应性强、稳定性好及编程效率高的特点。

刀具运动轨迹的生成实际上是在刀具偏置面确定刀具的运动路线。目前曲面刀具轨迹规划方法主要有：等参数线法、截面线法、多面体法、等残留高度法。等残留高度法具有效率高、加工质量好等优点，对于单个主轴，多采用等残留高度法计算步距，生成刀具运动轨迹。

2. 车铣复合加工后置处理技术

后置处理是数控加工编程中的一个重要环节，它将刀位文件转换为数控代码的效率和正确性，是多轴数控编程和加工效率的重要影响因素，也是影响多轴数控机床广泛应用的瓶颈之一。

如图 2-26 所示，通用后置处理系统的体系结构分为三层：解释层、智能分析层、执行层。解释层主要执行读刀位文件、选择机床资源、输入加工参数等任务。智能分析层主要处理工件坐标系与机床坐标系的变换，包括刀具运动坐标计算及转换、非线性误差校验与处理、进给速度优化以及虚拟仿真。从非线性误差校验和进给速度优化两方面实现对刀位文件的修正，先对相应刀位点信息进行非线性加工误差校核，若超差，则对刀位点进行优化处理，重新进行运动求解和非线性加工误差校核；非线性加工误差满足要求后，对进给速度进行优化。执行层在控制部分控制下接受辅助和运动部分的指令和数据，按指定数控系统要求的格式输出数控程序文件。在通用后置处理的执行过程中，需要输入机床资源、工艺策略、工件毛坯资源以及数控系统资源等信息。

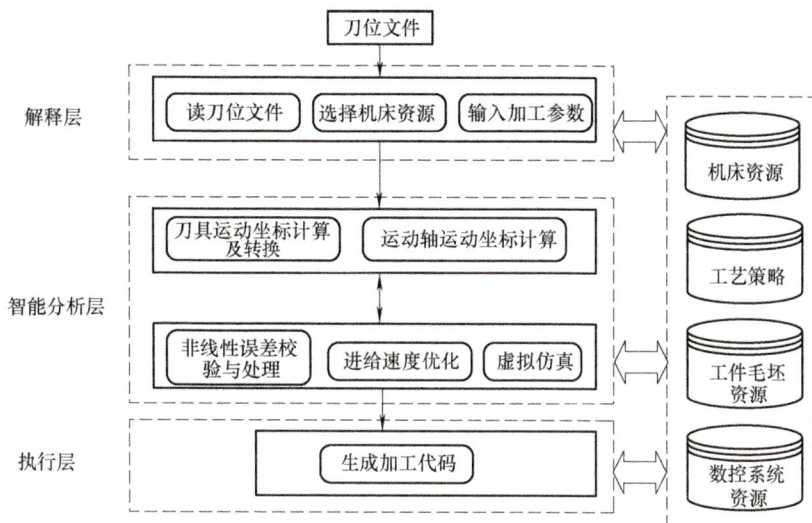

图 2-26　通用后置处理系统的体系结构

3. 车铣复合加工运动轨迹仿真技术

基于后置处理得到加工代码，对刀具－夹具－工件－机床运动过程和材料去除过程提供集成化仿真环境，对实际加工中的干涉、碰撞问题预警，提取材料去除过程的几何量信息；在包含实际夹具定位的情况下，考虑机床运动学影响，验证走刀过程中是否会发生碰撞或过切，并标记过切区域和计算过切量，为使用者调整刀具路径提供依据；提供铣削过程中瞬时材料去除率的计算功能，优化进给速度。加工运动轨迹仿真如图 2-27 所示。

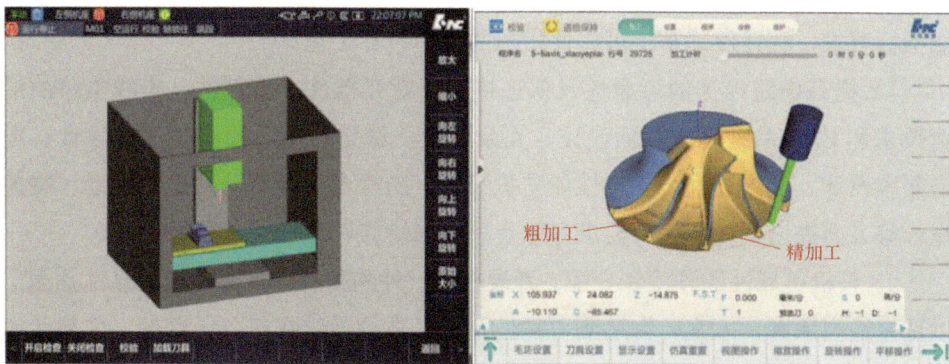

图 2-27　加工运动轨迹仿真

典型工件车铣复合加工如图 2-28 所示。

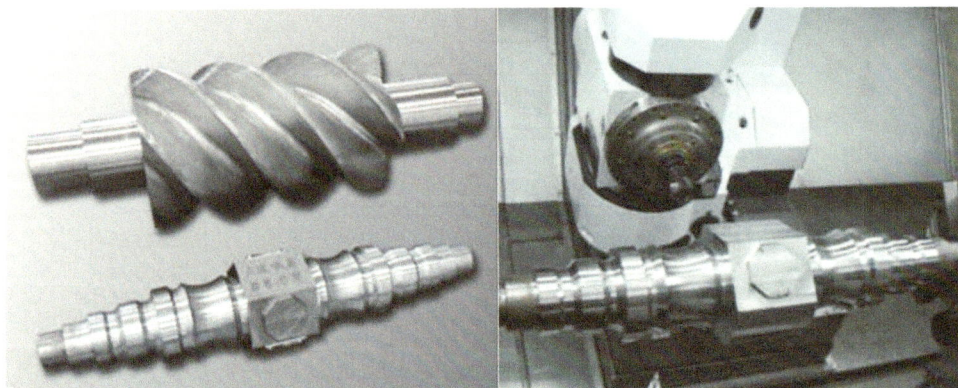

图 2-28　典型工件车铣复合加工

2.4　高可靠性技术

数控系统的可靠性是数控机床的一项关键性指标，常以平均无故障工作时间（MTBF）进行评价。随着数控系统设计水平、元器件集成度和应用数量及范围的提高，国产数控系统可靠性指标 MTBF 已达 25 000h 以上。

通过数控系统的电路设计、工艺设计、结构设计来提升可靠性，消除隐患和薄弱环节，确保数控系统相关指标在生命周期内符合规定的可靠性要求。

（1）可靠性设计准则　数控系统可靠性设计的基本原则：进行产品设计时，从可靠性、可维修性、互换性、工艺性、可操作性、标准化、模块化、规范化、通用化、性能、安全、经济性等方面制订综合设计目标要求。

（2）可靠性预测与分配　依据国家、行业标准在数控系统产品上的技术性能指标要求，制订保证整机可靠性指标的总体设计工艺。

1）提高电路设计的可靠性及保证措施。对元器件、零部件、集成电路的最新技术和 CNC 系统，在降额设计、冗余设计、稳定设计、滤波抗干扰设计、电磁兼容设计、散热处理、安全性能防护设计、防静电设计和防冲击、振动、碰撞设计等方面提出具体指标、要求，以及采取的措施、方法、手段等。

2）整机可靠性的预测和分配。开展板卡、外购整机、零部件的可靠性预测，以选定造型原则、方案。为达到可靠性指标，数控系统在部分元器件、零部件的选择上要以质量为第一要素。

（3）元器件选择和降额设计　合理选择元器件，正确运用电气参数及其工作状态，可以提高产品可靠性。元器件的使用可靠性不仅取决于其固有可靠性，而且还取决于设计时选择的电路形式，以及安装和环境等运行条件。

1）提高集成度，减少整机元器件数目，选用最新、成熟、可靠的数字信号处理器（DSP）、现场可编程序逻辑门阵列（FPGA）等器件。

2）减少可调整的元器件数量。

3）元器件在额定范围内工作。

4）元器件降额设计使用。

（4）产品热设计　半导体元器件对温度的变化极为敏感，特别是在高温环境使用时，其耐压值、漏电流、放大倍数、允许功率等电气性能参数将随温度的升高或降低发生变化，并且数控驱动系统是大功率执行机构，因此散热更为重要。在设计时，可采取以下措施：

1）元器件降额使用，留出充分余量。

2）合理布局发热元件的安装位置。

3）合理选择低功耗器件，如互补型金属氧化物半导体（CMOS）、场效应晶体管等。

4）合理设计，减少发热元件数量。

5）合理处理发热元件的热传导、散热系统。

6）安排合理通风风道，强制风扇散热。

（5）容差和漂移设计

1）合理选择元器件的容差范围，使产品既满足设计要求，又具备更大的容差范围，以利于产品采购成本的降低和环境温度适应性的提高。

2）半导体电子器件易受温度影响，合理设计以便克服温度漂移带来的不利影响，最大限度地满足室温要求，采取温度补偿等措施。

（6）机械环境适应性设计　数控系统在运输、使用中，都要有适应不同程度的振动、冲击、碰撞、跌落的能力。设计时要采取相应的措施。

1）零部件合理布局、安装、紧固。

2）元器件、电路板、引线、电缆合理布局、紧固。

3）电缆、导线束、导线分段紧固、捆扎。

4）电缆、插头、插座用卡式、固定式、黏胶式紧固方式，并对易受振动影响的元器件用黏胶紧固。

（7）抗干扰设计　数控系统工作在强电压、电流剧烈变化的环境中，克服强变化磁场带来的干扰是保证数控系统可靠性的重要环节。

1）电磁兼容性设计。

① 电路各要害部件都要采取相关防范措施，如电器采用防火花、防浪涌电路，信号 I/O 用光电隔离。

② 电源线与信号线分开排线，不在一起捆扎。

③ 采用高抗干扰电路、高阻抗输入电路，如高电平发射机（HLT）、CMOS 电路等。

④ 采用滤波电路，各部件、各模块分别采用低通滤波、浪涌滤波、高频滤波电路。

⑤ 选用双绞线和屏蔽电缆等。

⑥ 信号输入电路尽量选用差模输入电路，减少干扰影响。

⑦ 强电输入用大功率变压器隔离降压，使电网干扰不进入数控系统，确保系统输入电网的电安全。

⑧ 高灵敏度的电路、模块，可采用单体屏蔽、模块屏蔽、I/O 电缆屏蔽、通漏孔屏蔽等方式，风扇口也需要屏蔽。

⑨ 保证屏蔽体之间的导电连续性。

2）接地设计。

① 浮动接地。

② 一点接地。

③ 多点接地。

3）滤波设计。对于供电输入电源上的浪涌干扰，采用电快速瞬变脉冲群抗扰度仪、浪涌抗扰度仪等仪器；对与安全有关的接触部位，利用静电放电抗扰度仪等仪器进行严格的测试、把关。

（8）软件防差错设计 数控系统的软件防差错技术主要包括软件抗干扰技术、检错及纠错编码技术、时间准则技术、冗余技术和容错算法技术等。

2.5 智能化技术

新一轮工业革命的核心技术是智能制造——制造业数字化、网络化和智能化。作为美国工业互联网、德国"工业 4.0"和中国制造强国战略的主攻方向，智能制造将先进信息技术（特别是新一代人工智能技术）和制造技术进行深度融合，以推进新一轮工业革命。

机床是制造业的"工业母机"，其智能化程度对智能制造的实施具有重要影响。加速机床向智能化迈进，提高机床的智能化水平，不仅是机床行业面临的转型升级迫切需求，更是打造制造强国的关键和基础。

2017 年年底，中国工程院提出了智能制造的三个基本范式：数字化制造、数字化网络化制造、数字化网络化智能化制造——新一代智能制造，为智能制造的发展统一了思想，指明了方向。

依照智能制造的三个范式和机床的发展历程，机床从传统的手动操作机床向智能机床的演化可以分为三个阶段：数字化 + 机床（Numerical Control Machine Tool，NCMT），即数控机床；互联网 + 数控机床（Smart Machine Tool，SMT），即互联网机床；新一代人工智能 + 互联网 + 数控机床，即智能机床（Intelligent Machine Tool，IMT）。

2.5.1 智能机床

进入 21 世纪以来，移动互联网、大数据、云计算、物联网等新一代信息技术日新月异、飞速发展，实现了群体性跨越。这些技术进步集中在新一代人工智能技术的战略性突破上，其本质特征是具备了知识的生成、积累和运用的能力。

新一代人工智能与先进制造技术深度融合所形成的新一代智能制造技术，成为新一轮工业革命的核心驱动力，也为机床发展到智能机床、实现真正的智能化提供了重大机遇。

智能机床是建立在新一代信息技术基础上的新一代人工智能技术和先进制造技术深度融合的机床。它利用自主感知与连接获取与机床、加工、工况、环境有关的信息，通过自主学习与建模生成知识，并能应用这些知识进行自主优化与决策，完成自主控制与执行，实现加工制造过程的优质、高效、安全、可靠和低耗的多目标优化运行。智能机床的定义如图 2-29 所示。

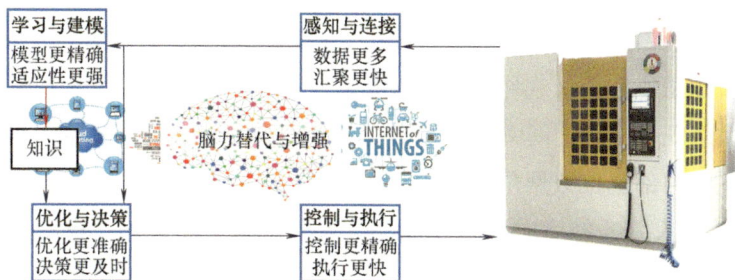

图 2-29　智能机床的定义

利用新一代人工智能技术赋予机床对知识的学习、积累和运用能力，人和机床的关系发生了根本性变化，实现了从"授之以鱼"到"授之以渔"的根本转变。

2.5.2 智能机床的控制原理

智能机床自主感知与连接、自主学习与建模、自主优化与决策、自主控制与执行的原理与实现方案，如图2-30所示。

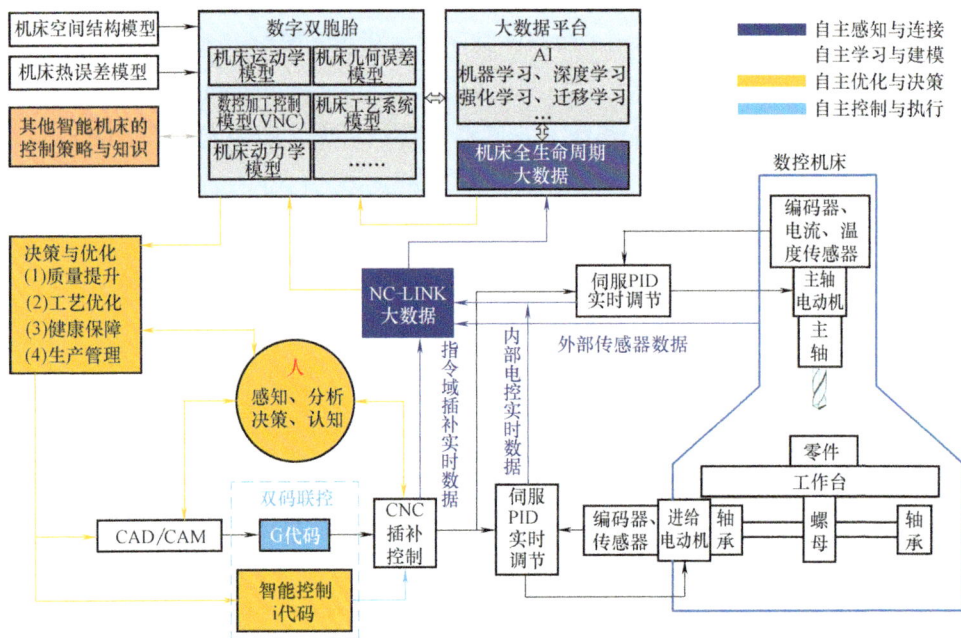

图 2-30　智能机床控制原理

1. 自主感知与连接

数控系统由数控装置、伺服驱动装置、伺服电动机等部件组成，是机床自动完成切削加工等工作任务的核心控制单元。在数控机床的运行过程中，数控系统内部会产生大量由指令控制信号和反馈信号构成的原始电控数据，这些内部电控数据是对机床工作任务（或称为工况）和运行状态的实时、定量和精确描述。因此，数控系统既是物理空间中的执行器，又是信息空间中的感知器。

数控系统内部电控数据是感知的主要来源，它包括机床内部电控实时数据，如零件加工 G 代码插补实时数据（插补位置、位置跟随误差、进给速度等）、伺服装置和电动机反馈的内部电控数据（主轴功率、主轴电流、进给轴电流等）。通过自动汇聚数控系统内部电控数据与来自于外部传感器的数据（如温度、振动和视觉等），以及从 G 代码中提取的加工工艺数据（如切宽、切深、材料去除率等），实现数控机床的自主感知。

智能机床的自主感知可通过"指令域示波器"和"指令域分析方法"来建立工况与状态之间的关联关系。利用"指令域"大数据汇聚方法采集加工过程数据，形成机床全生命周期大数据。

2. 自主学习与建模

自主学习与建模的主要目的在于通过学习生成知识。数控加工的知识就是机床在加工实践中输入与响应的规律。模型及模型内的参数是知识的载体，知识的生成就是建立模型并确定模型中参数的过程，是基于自主感知与连接得到的数据，运用集成于大数据平台中的新一代人工智能算法，通过学习生成知识。

在自主学习和建模中，知识的生成方法有三种：基于物理模型的机床输入/响应因果关系的理论建模；面向机床工作任务和运行状态关联关系的大数据建模；基于机床大数据建模与理论建模的混合建模。

自主学习与建模可建立机床空间结构模型、机床运动学模型、机床几何误差模型、热误差模型、数控加工控制模型、机床工艺系统模型、机床动力学模型等，这些模型也可以与其他同型号机床共享。模型构成了机床数字双胞胎。

3. 自主优化与决策

决策的前提是精准预测。当机床接受新的加工任务后，利用上述机床模型，预测机床的响应。依据预测结果，进行质量提升、工艺优化、健康保障和生产管理等多目标迭代优化，形成最优加工决策，生成蕴含优化与决策信息的智能控制"i 代码"，用于加工优化。自主优化与决策就是利用模型进行预测，然后优化决策，生成 i 代码的过程。

i 代码是实现数控机床自主优化与决策的重要手段。不同于传统的 G 代码，i 代码是与指令域对应的多目标优化加工的智能控制代码，是对特定机床的运动规划、动态精度、加工工艺、刀具管理等多目标优化控制策略的精确描述，并随着制造资源状态的变化而不断演变。

4. 自主控制与执行

自主控制与执行通过采用"双码联控"控制技术，实现基于传统数控加工几何轨迹控制的"G 代码"（第一代码）和多目标优化加工的智能控制"i 代码"（第二代码）的同步控制。其中，G 代码包含用于控制刀具对零件进行加工的第一加工信息，i 代码包含用于增强第一加工信息的第二加工信息。利用 i 代码中与制造资源个体特性和加工任务相关的知识，动态辅助 G 代码进行运动优化和加工优化控制。同时运行 G 代码和 i 代码可实现数控机床的自诊断、自监测、自优化，以达到数控加工的优质、高效、可靠、安全和低耗的目的。

2.5.3　智能机床的主要智能化功能特征

不同的智能机床，功能千差万别，但其追求的目标是一致的：高精、高效、安全与可靠、低耗。机床的智能化功能也围绕上述四个目标，分为质量提升、工艺优化、健康保障、生产管理四大类。

1）质量提升。目的是提高加工精度和表面质量。提高加工精度是机床发展的首要动力。为此，智能机床应具有加工质量保障和提升功能，包括：机床空间几何误差补偿、热误差补偿、运动轨迹动态误差预测与补偿、双码联控曲面高精度加工、精度/表面光顺优先的数控系统参数优化等功能。

2）工艺优化。目的是提高加工效率。工艺优化主要是根据机床自身的物理属性和切削动态特性进行加工参数自适应调整（如进给率优化、主轴转速优化等），以实现特定的目的，如质量优先、效率优先和机床保护。其具体功能包括：自学习/自生长加工工艺数据库、工艺系统响应建模、智能工艺响应预测、基于切削负载的加工工艺参数评估与优化、加工振动自动检测与自适应控制等。

3）健康保障。目的是保证设备完好、安全。机床健康保障主要解决机床寿命预测和健康管理问题，目的是实现机床的高效可靠运行。智能机床具有机床整体和部件级健康状态指示，以及健康保障功能开发工具箱。其具体功能包括：主轴/进给轴智能维护、机床健康状态检测与预测性维护、机床可靠性统计评估与预测、维修知识共享与自学习等。

4）生产管理。目的是提高管理和使用操作效率。生产管理类智能化功能主要实现机床加工过程的优化及整个制造过程的低耗（时间和资源）。智能机床的生产管理类智能化功能主要分为机床状态监控、智能生产管理和机床操控等。其具体功能包括：加工状态（断刀、切屑缠绕）智能判断、刀具磨损/破损智能检测、刀具寿命智能管理、刀具/夹具及工件身份 ID 与状态智能管理、辅助装置低碳智能控制等。

第 3 章

数控系统发展趋势

在经济全球化和加工制造产业分工日益精细化的发展形势下，国内外数控系统产业的市场竞争愈加激烈。产品的功能、性能、可靠性等技术指标以及其他柔性指标（如人机交互、用户体验、定制服务等）越来越接近。近两年的国际著名机床博览会，充分展示了数控机床行业的最新发展方向和技术成果，业界基本上认可"高速、高精度、复合、智能、环保"是机床产业的未来发展方向。数控系统作为数控机床的核心部件，除了在技术和产业发展方向上与数控机床保持一致外，友好的人机交互、越来越好的用户体验及个性化的定制服务也成为高档数控系统的发展方向。

3.1 国外发展趋势

3.1.1 国外数控系统产业发展现状

数控系统是工控自动化的核心，在工业中拥有广泛的应用。数控系统产业的上游主要包括工控机、显示屏、功率模块、伺服电动机和其他组成部分，这些共同构成了数控系统的控制系统、测量系统和伺服驱动系统，数控系统产业的下游主要包括数控机床和工业机器人。由于数控系统一般无法单独作为一个产品出现在终端市场，因此，其产业发展主要依赖下游市场的带动。数控系统产业下游产品在国防、船舶、汽车、机械制造、石油化工等领域有广泛的应用。

1. 全球数控系统产业发展现状

目前，全球市场占比较高的两大高档数控系统品牌是日本的发那科（FANUC）以及德国的西门子（SIEMENS）。德国的海德汉（HEIDENHAIN）及日本的马扎克（MAZAK）等品牌市场占比相对较小。

西门子是全球电子电气工程领域的领先企业，西门子数控系统是西门子集团旗下自动化与驱动集团的产品。西门子 SINUMERIK 数控系统发展了很多代，目前广泛使用的主要有 802、810、840 等几种类型。西门子的数控装置采用模块化结构，在一种标准硬件上，配置多种软件，使它具有多种工艺类型，满足各种机床的需要，并成为系列产品。西门子的高档型数控装置主要指 SINUMERIK 840 系列，其中 SINUMERIK 840D sl 具有模块化、开放、灵活而又统一的结构，为使用者提供了最佳的可视化界面和操作编程体验，以及最优的网络集成功能。

德国西门子的 SINUMERIK 840Di sl 是基于 PC 的数控系统，具有开放式结构，可以在数控核心部分，使用标准的开发工具对用户指定的系统循环和功能宏进行调整。

日本发那科公司是当今世界上数控系统研发、设计、制造、销售实力强大的企业。它的数控系统主要面向我国的中端制造市场，具有高加工性能、高运转率、易用性、功能全等特点，适用于各种机床和生产机械，市场占有率远远超过其他数控系统，数控装置（CNC）产品阵容强大，覆盖面广，涵盖适用于从普通数控机床到复杂构造的复合加工机床及产业机械的产品类别，主要产品包括 16i/18i/21i/30i 系列和 300i/310i/320i 系列。其硬件结构采用 CNC 内建 PC 形式，数字控制（NC）卡完成高实时性的数控运算和 PLC 控制功能，PC 完成操作接口、编程、数据管理、网络等相对弱实时性的功能。操作系统采用 Windows 2000/XP 或 Windows CE。备有 C 语言执行程序、嵌入式宏执行程序等各类功能。CNC 系统与主计算机的连接采用高速串行总线（HSSB）。FANUC 300i/310i/320i 系列采用 Windows CE 作为操作系统，并提供动态链接库函数供用户二次开发。2015 年，该公司推出的 Series oi MODELF 数控系统，实现了与高档机型 30i 系列的"无缝化"接轨，具备满足自动化需求的工件装卸控制新功能和最新的提高运转率技术，强化了循环时间，并支持最新的 I/O 网络。

德国海德汉和德马吉、日本三菱和马扎克等，专注于与高端机床、专用机床配套的数控系统，在各自擅长的领域技术处于领先地位，但高端机床和专用机床销量较小。

德国海德汉公司推出的 TNC 控制器 iTNC 530、iTNC 640 采用全新的微处理器结构，具有非常强大的计算能力，可控制 12 轴，控制器本身包含主机单元和控制单元两个部分。主机单元采用 Intel 处理器以及 AGP 图形显示卡，并带有基于各类数据通信标准（Ethernet/RS232/RS422/USB 等）的界面，是典型的基于 PC 的系统。

日本三菱于 2018 年推出的 M800/M80/E80 系列数控系统，提出了数控装置和机器人联动解决方案，机器人可以用机床数控装置的 G 代码编程，通过 Ethernet 实现数控装置与机器人的简单连接。该系列数控系统无需机器人专用人机交互界面（HMI），没有机器人语言的知识，但可以交互地生成 G 代码程序，也可以在机器人示教的同时创建加工程序。能够根据系统间等待执行同期操作（无需梯形图设定即可执行等待）。三菱 M800/M80A 系列数控系统的渐开线插补功能，能够创建平滑的高精度渐开线轨迹指令。M800/M80/C80 系列数控系统的 OMR-DD2 功能，通过与高速同期攻螺纹（OMR-DD）功能公用，可缩短同期攻螺纹时间常数，缩短攻螺纹周期。M800/M80/C80 系列数控系统的 SSS-4G 控制功能，能够有效抑制机械振动，从而实现高速加工。M800/M80/E80/C80 系列的 OMR-FF 控制功能，能够实现更平滑的高精度伺服控制。这些产品具备了短时间内执行高品质且高精度工件加工的能力。

此外，日本马扎克公司提出的全新制造理念——Smooth Technology，以基于 Smooth 技术的第七代数控系统 MAZATROL Smooth X 为枢纽，提供高品质、高性能的智能化产品和生产管理服务。Smooth X 数控系统搭配先进的软硬件，在高进给速度下可进行多面高精度加工；图解界面和触摸屏操作界面使用户体验更佳，即使是复杂的五轴加工程序，通过简单的操作即可修改；内置的应用软件可以根据实际加工材料和加工要求快速地为操作者匹配设备参数。

德国德马吉推出的 CELOS 系统简化和加快了从构思到成品的进程，其应用程序（CELOSAPP）使用户能够对机床数据、工艺流程以及合同订单等进行操作、显示、数字化文档管理，如同操作智能手机一样简便直观。CELOS 系统可以将车间现场管理组织与公司高层组织整合在一起，为持续数字化和无纸化生产奠定基础，实现数控系统的网络化、智能化。

在目前的国内市场中，国外数控系统占有重要份额，70% 以上的高档数控系统依赖进口，40% 左右的中档数控系统依赖进口。

2. 发达国家的相关法律制度对数控产业的支持

数控系统作为反映综合国力强弱的重要战略物资和国际贸易的重要组成部分，得到了世界各国特别是发达国家政府和企业的高度重视。为了在世界市场中立于不败之地，各国政府纷纷制定扶持本国数控系统产业发展的政策，如立法和制定振兴计划、提供科研经费支持、提供购买国产数控系统贷款、实行税收优惠等。各数控系统企业更是充分发挥自身优势，开发各具特色的产品以满足市场需求。

数控系统产业发达的国家有日本、德国、美国和意大利等，发达国家的数控系统行业发展大多经历了起步、发展、壮大三个阶段。日本、意大利、西班牙、法国和印度等国家在不同阶段，基于国家战略利益，都采取过扶持、保护本国数控产业的措施。

日本的数控产业发展历程和我国现阶段类似，其机床工业在 20 世纪 50 年代以前远远落后于西欧和北美的一些国家，但经过短短的 20 多年发展，机床工业总产值在 1982 年超过美国，并从此一直稳居世界第一位。究其原因，政府的重视以及建立了健全的法规和政策体系起了至关重要的作用。日本政府颁布了《机械工业振兴临时法》来引导产业发展，同时制定了一系列与之配套的措施来促进本国机床工业和数控系统产业发展。日本的数控机床产业重点发展关键技术，突出发展数控系统，开发核心产品。日本政府重点扶持发那科公司，使其逐步发展成为世界上最大的数控系统供应商。该公司的数控系统在日本的市场占有率超过 80%，占世界销售额的 50% 左右。其他厂家则重点研发机械加工设备，这种分工合作关系提高了日本数控机床的行业效率，避免了行业标准不兼容而削弱竞争力。根据美国《金属加工行业报告》，在世界机床制造企业产值前 107 位排名中，日本有 6 家机床企业位于前 10 位，包括山崎马扎克（第 1 位）、天田（第 4 位）、大隈（第 5 位）、森精机（第 6 位）、JTEKT（第 9 位）和牧野（第 10 位）。

制造业是德国的重要支柱产业，数控机床在机械行业中处于战略地位，德国政府从多方面进行了大力扶持。德国非常重视数控机床主机配套件的先进实用性，各种功能部件在质量、性能上位居世界前列。德国机械行业特别讲究实际实效，坚持以人为本，通过师徒相传，不断提高人员素质。在大力发展自动化生产线的同时，德国一直保持实事求是的科学态度，特别重视理论与实际相结合，对数控机床的共性问题进行深入研究，在质量上千锤百炼，不断稳步前进。德国机械装备制造业的另一个重要特点就是中小企业集中，政府采取一系列措施鼓励中小企业积极进行研发和创新活动，提高竞争力，如覆盖范围广的中小企业创新核心项目（ZIM）、为企业创新计划提供长期低息贷款的 ERP 项目等。2013 年，"工业4.0"战略在德国汉诺威工业博览会上首次推出，在德国工程院、弗劳恩霍夫协会、西门子公司等学术界和产业界的大力推动下，德国联邦教研部与联邦经济技术部将"工业 4.0"项目纳入《高技术战略 2020》的十大未来项目中，支持工业领域新一代革命性技术的研发与创新。为了实现工业生产向"工业 4.0"转变，德国采取了双重策略，即德国要成为智能制造技术的主要供应商和 CPS（信息物理系统）技术及产品的领先市场，其本质是实现基于信息物理系统的智能工厂，核心是动态配置生产方式，目标是工厂实现标准化。德国更在积极推动旨在提升德国工业全球竞争力的《国家工业战略 2030》，通过确立十大关键工业领域，以政府基金持股方式培育产业冠军企业。机床工具成为再工业化的重点创新方向，以及实现智能制造、工业互联网、共享经济等新技术、新模式、新业态的主要载体。

美国一直非常重视数控技术，科技进步是推动美国数控机床产业发展的主要因素，在主机设计、制造和数控系统方面基础扎实，智能化、高速化、精密化是美国机床工业的发展主流。2010年8月，美国总统奥巴马签署了《美国制造业促进法案》，其主要目的是致力于提升"美国制造"的竞争力。该法案将降低或暂停美国企业在进口生产原材料时必须支付的部分关税，以帮助美国制造业降低成本。数控机床作为美国制造业中非常重要的生产资料，将从该法案中受益。2012年2月，美国总统行政办公室和国家科技委员会公布《先进制造业国家战略计划》，正式将先进制造业提升为国家战略。在政府、学术界和企业界的共同努力下，美国政府构建了先进技术、节能降耗和新贸易规则"三位一体"的先进制造业发展框架。美国"再工业化"计划作为积极抢占世界高端制造业的战略跳板，从重振制造业到大力发展先进制造业，推动了智能制造产业发展。

意大利政府颁布了刺激设备投资和采用中高档技术装备的法案，并通过贷款和分期付款方式鼓励企业购置本国的数控机床、为制造厂提供研究开发资金及出口信贷、对进口机床提高关税等一系列措施，为意大利机床工业的振兴提供有力支撑，从而使意大利的数控产业在20世纪70年代后期和80年代中期得以大踏步发展。

法国、西班牙和印度等国家相继采取特殊贸易补贴、实行关税壁垒等措施，促进本国数控产业发展。

3.1.2 国外数控系统技术发展趋势

1. 日本发那科公司

（1）主要产品

1）FANUC Series 0i-Plus。支持直线、圆弧、三维圆弧、螺旋线、样条曲线等插补方式。具备多种智能化功能：智能进给轴加减速、智能重叠、智能反向间隙补偿、智能机床前端点控制、智能刚性攻螺纹、智能温度控制、智能主轴负载控制、智能负载表监控、智能主轴加减速等。支持多种传感器：测头、量仪、视觉传感器、光栅尺、角度编码器等。其中，FANUC Series 0i-MF Plus适配加工中心、钻攻机、雕铣机等机型，FANUC Series 0i-TF Plus适配数控车床、车削中心等机型。

2）FANUC Series 31i-MODEL B Plus。支持直线、圆弧、螺旋线、圆锥、极坐标、样条曲线等插补方式，支持五轴旋转刀具中心点（RTCP）功能。具备多种智能化功能：智能进给轴加减速、智能重叠、智能反向间隙补偿、智能机床前端点控制、智能刚性攻螺纹、智能温度控制、智能主轴负载控制、智能负载表监控、智能主轴加减速等。支持多种传感器：测头、量仪、视觉传感器、光栅尺、角度编码器等。适配五轴联动机床、复合型机床、多系统车床等机型。

3）FANUC 0i-F plus Type2/4。FANUC 0i-F plus 的设计全面升级，搭载了最新的控制技术，通过高效加工技术、表面精细处理技术以及智能伺服控制技术等技术，实现高效加工。同时，标配二次开发功能，可轻松开发自定义画面，以体现机床的差异化并便于用户操作、使用。

其中，0i-F plus Type2/4 配置 iHMI，搭载 15in（1in=25.4mm）触摸屏，内置大容量存储器，搭载 FANUC 最新 CNC 及伺服技术，全新的软硬件平台给操作者带来全新的操作体验。

4）FANUC LASER 数控系统。FANUC 2D 激光加工专用 CNC，久经验证的 FANUC 伺服控制技术可实现机床的高动态性能；全面兼容的第三方激光器，激光控制指令与伺服控制指令高度同步；"零延时"的动态激光功率控制功能；"零误差"的开关光控制精度，最高支持 120m/min 的飞行切割速度；搭载北京发那科自主开发的、基于 Windows 平台的激光控制系统 FANOVI LASER Engine Pro，具有操作简便、运行稳定、功能丰富、易于管理的特点。

（2）纳米精度机床及关键技术

1）FANUC 超精密车床。FANUC 超精密车床外观及参数配置表如图 3-1 所示。

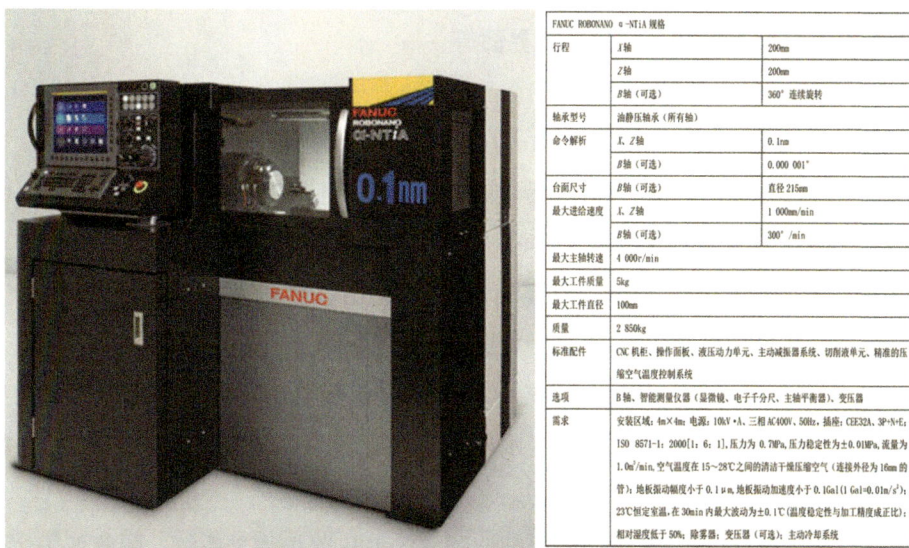

FANUC ROBONANO α-NT1A 规格		
行程	X轴	200mm
	Z轴	200mm
	B（可选）	360°连续旋转
轴承型式	油静压轴承（所有轴）	
命令解析	X、Z轴	0.1nm
	B轴（可选）	0.000 001°
台面尺寸	B轴（可选）	直径215mm
最大进给速度	X、Z轴	1 000mm/min
	B轴（可选）	300°/min
最大主轴转速	4 000r/min	
最大工件质量	5kg	
最大工件直径	100mm	
质量	2 850kg	
标准配件	CNC 机柜、操作面板、液压动力单元、主动减振器系统、切削液单元、精准的压缩空气温度控制系统	
选项	B 轴、智能测量仪器（显微镜、电子千分尺、主轴平衡器）、变压器	
需求	安装区域：4m×4m；电源：10kV·A，三相 AC400V，50Hz，插座：CEE32A，3P+N+E；ISO 8571-1:2000[1; 6; 1]，压力为 0.7MPa，压力稳定为±0.01MPa，流量为 1.0m³/min，空气温度在 15~28℃之间的请设干燥压缩空气（连接外径为 16mm 的管）；地板振动幅度小于 0.1μm，地板振动单位为 0.1 Gal（1 Gal=0.01m/s²）；23℃恒定室温，在 30min 内最大波动为±0.1℃（温度稳定性与加工精度成正比）；相对湿度低于 50%；除雾装置；变压器（可选）；主动冷却系统	

图3-1　FANUC 超精密车床外观及参数配置表

特点和优点：由最新的发那科数控系统和电动机控制，可达到 0.1nm 编程指令，工件质量可达 60kg，采用油静压轴承、直线电动机、主动阻尼系统、主动水冷却系统及用于操作外设的人机界面等。

2）FANUC 超精密铣床。FANUC 超精密铣床外观及参数配置表如图 3-2 所示。

FANUC ROBONANO α-NMiA 规格		
行程	X轴	450mm
	Y轴	300mm
	Z轴	200mm
	B轴	360° 连续旋转
轴承型号	油静压轴承（所有轴）	
命令解析	X,Y,Z轴	0.1nm
	B,C轴	0.000 001°
台面尺寸	B,C轴	直径 215mm
最大进给速度	X,Y,Z轴	1 000mm/min
	B轴	200mm/min
	C轴	3600°/min
最大主轴转速	5 000r/min（铣削主轴在C轴上）	
质量	3600kg	
标准配件	CNC 机床、操作面板、铣削主轴、选装件；液压动力单元、主动减振器系统、切削液单元、精准的压缩空气温度控制系统	
选项	智能量仪装置（量微仪、电子分尺、场平衡器）、变压器	
需求	安装区域：5m×5m，7kV·A，压缩空气 AC400V，50Hz，插座：CEE32A，3P+N+E；ISO 8573-1：2010[1:6:1]，压力为 0.70Pa，压力稳定性为 0.01MPa，流量为 1.0m³/min，空气温度在 15～28℃ 之间的清洁干燥压缩空气（连接外径为 16mm 的管）；地振振幅小于 0.1μm，地振振动加速度小于 0.1Gal（1 Gal=0.01m/s²）；23℃ 恒定室温，在 30min 内最大波动为 0.1℃（温度稳定性与加工稳定度成正比）；相对湿度低于 50%，除雾器、变压器（可选）	

图 3-2　FANUC 超精密铣床外观及参数配置表

特点和优点：由最新的发那科数控系统和电动机控制，可达到 0.1nm 编程指令，工件质量可达 60kg，采用油静压轴承、直线电动机、主动阻尼系统、主动水冷却系统及用于操作外设的人机界面等。

3）超精密机床关键技术。

① 精度指标：0.1μm 进给，1μm 切削，纳米级表面粗糙度值。

② 数控及伺服技术：采用发那科最新的伺服电动机，可达到 0.1nm 指令和超精密插值；采用 HRV4+ 超精密伺服控制，使加工更加平稳。

③ 主轴电动机冷却系统：温度稳定性达到 ±0.1℃，透过环绕在空气轴承主轴的电动机和轴颈管道进行冷却，以维持主轴的热稳定。

④ 床身冷却系统：通过闭环控制冷水机提供控温的循环冷却水，透过床身的冷却槽，维持床身的热稳定，冷水机带有控制精度为 ±0.5°F（±17.5℃）的内置 PID 控制器。

⑤ 主动隔振自平衡系统：采用行业顶尖的 Bilz 隔振调平系统，隔绝低于 2Hz 的低频振动对加工精度的影响，并匹配高精度水平调压阀实现床身自主调平，系统水平固有频率和阻尼是可调的。

⑥ 直线静压油导轨与直线电动机驱动系统：位置反馈分辨率为 0.016nm；X 轴直线度为 0.2μm/全行程；Z 轴直线度为 0.2μm/全行程；垂直直线度

为 0.375μm/ 全行程。

⑦ 智能 M 测量技术：能够在线测量工件表面形状精度，在线生成加工和测量程序；同时可以连接外围的显微镜、电子千分尺、场平衡器等设备。

2. 德国西门子公司

（1）主要产品

1）西门子 SINUMERIK ONE 数控系统（图 3-3）。作为"数字化原生"的

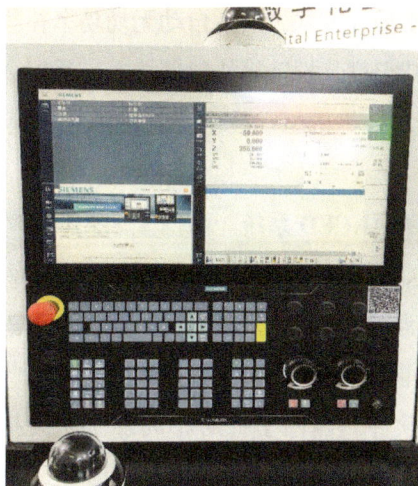

图 3-3　SINUMERIK ONE 数控系统

西门子最新一代数控系统 SINUMERIK ONE，是西门子推动机床行业数字化转型的关键产品。SINUMERIK ONE 采用新的硬件使 NC 性能和 PLC 性能表现得更为强劲，创新的功能进一步提高了机床的加工速度、加工精度和表面质量。SINUMERIK ONE 借助数字化双胞胎技术，实现了虚拟与现实的无缝交互，帮助机床制造厂商和机床用户优化工作流程，有效降低产品研发费用和风险，缩短产品上市时间。

SINUMERIK ONE 具备的 Top Speed 功能，能够显著提升机床的加工速度，甚至使加工速度达到其物理极限。在模具生产中，Top Speed 功能可与成熟的 Top Surface（臻优曲面）功能协同工作，既可保证加工效率又可保证加工精度，如果通过高速整定循环激活动态精度（DYNPREC），还可以在细微之处体现极致的高精度。智能负荷控制（ILC）功能则有助于改善机床的动态性能，可根据机床轴加速时当前工件的重量（而非最大工件重量）对机床轴控制参数作

出动态调整。利用智能动态控制（IDC）功能，可以实现机床轴的动态参数和控制参数的轴间平衡，实现机床工作区内的参数优化，从而使机床达到更好的动态性能和更高的精度。西门子久经验证的 SINUMERIK 840D sl 数控系统也支持诸如 IDC 和 ILC 等新功能，这对进一步提高机床的加工速度、精度和准确度大有裨益。

2）西门子 840D sl 系统。西门子 840D sl 系统支持直线、圆弧、螺旋线、渐开线、样条曲线、五轴联动插补方式。具备自动无功功率补偿功能，自动降低感应主轴电动机的磁通量，支持温度、振动等传感器接入。适配车削中心、铣削中心、五轴或多轴多通道、铣车复合等机型，应用于汽车、3C、模具、工程机械、激光机等行业。

3）西门子 828D ADVANCED 系统。西门子 828D ADVANCED 系统支持直线、圆弧、螺旋线、渐开线、样条曲线插补方式，具备自适应特性曲线摩擦补偿等高级位置控制功能，支持温度、振动等传感器接入。适配车削中心、铣削中心等机型，应用于汽车、3C、模具、工程机械等行业。

4）CNC 车间管理软件。西门子针对车间加工阶段提供的 CNC 车间管理软件，在生产准备和执行、生产效率和灵活性、机床可用性、加工工艺改进四个方面显示出巨大优势。在生产准备和执行方面，帮助客户准备、管理和优化加工程序和刀具，避免机床损坏，从而节约加工成本。在生产效率和灵活性方面，可实现客户工厂的透明化管理，使客户实时掌握制造流程和产出情况，优化生产流程，实现更快、更高效、更灵活的产品生产。在机床可用性方面，西门子可提供预测机床故障的解决方案，帮助客户在生产的每个阶段快速解决问题，提高机床可用性。在加工工艺改进方面，CNC 车间管理软件提供的解决方案可以确保 CNC 加工的质量，并可轻松分析金属切削质量问题产生的根本原因，自动检测切削负载，优化加工速度，从而显著缩短机床的加工循环时间，并延长刀具的使用寿命。

5）SINUMERIK 数控系统与机器人的直接集成。西门子 SINUMERIK 数控系统与机器人的直接集成。借助 SINUMERIK Run MyRobot/Direct Control 解决方案，能够将机器人运动控制系统直接集成到机床数控系统中，无需额外控制器，即可方便灵活地上下料、搬运，乃至直接加工。用户可在同一界面浏览报警和诊断信息,操作机器人和其他机床单元,对机器人进行数控 G 代码或者 CAD/CAM 编程,使数控机床和机器人的操作达到一体化,从而实现更高精度的加工。该解决方案还可进一步扩展,从独立的自动化加工岛扩展到整套网络加工系统,使独立加工岛的零件流实现自动化乃至全面的生产规划和控制,从而优化刀具和原料管理及维护,以达到极高的生产效率。

(2)西门子数字孪生技术 数字化正在改变各行各业的商业模式,企业通过提高生产加工效率、增加产品安全性能、缩短产品上市时间以及提高产品质量和增强个性化开发能力等方式来提升自身的竞争力,并且这些企业提升方式日益成为企业的核心竞争方式。数字孪生体的应用不仅仅局限于一个简单零件、一个系统,在生产制造领域,西门子公司形成了基于数字模型的虚拟企业和基于自动化技术的现实企业镜像,用以支持企业进行数字化转型以及价值链整合。随着数字孪生技术在机械产品研发领域的应用,传统的将产品分割开进行研发的模式已逐渐被取代,在现有的研发条件下,采用平台化方法,将虚拟对象空间和现实对象空间连接起来,同时在虚拟对象空间中,建立产品需求分析、概念设计、详细设计、工艺设计、仿真分析、生产制造、试验验证、产品交付和运维保障业务模型,实现单一数据源驱动研制模式,消除传统分割式产品研发模式带来的问题,实现产品模型驱动下的产品全生命周期协同创新。

数字孪生技术允许在虚拟环境中进行数控机床零件加工过程的预测试、流程和工艺优化来提高加工质量和效率,为未来数控机床的发展开辟了一个新途径。然而,不同的人群对数字孪生的要求有很大的不同,机器制造商在开发机器时,为了节约时间并最大限度地降低风险,会在机器生产制造前进行组件以及 PLC 和 CNC 软件的虚拟调试。而机器操作员可以利用数字孪生技术验证和优化零件程序。因此,在制造领域,数字孪生应用于机器制造的范围对于不同人群来说是不相同的。了解数字孪生对应于硬件和软件操作环境的不同是成功进行制造数字化建设的关键。机床操作员和机床制造商需要不同的虚拟映像来映射其特定要求。在机床生命周期内,数字孪生就有两种截然不同的应用场景:一种是由机床制造商的需求决定的,涉及机械设计、工程设计、调试、维护和维修期间的应用;另一种应用场景涉及机床操作,尤其是可靠的 CNC 程序创建和验证。

数字孪生涵盖了机床的所有阶段，即机床的全生命周期，从机床开发、工程设计和调试，到机床使用、维护和保养，都可以通过数字孪生虚拟地模拟并对其进一步优化。针对每个阶段的模拟对象，创建一个数字孪生模型，并反馈模拟和测试中的新发现，不断对模型进行优化。这使得企业能够从产品设计到服务，从价值链的任何环节开始，根据当前需求（包括现有的系统解决方案）进行数字化建设，逐步扩展数字化应用范围。对于产品制造商和机器制造商来说，要针对两个面临不同挑战的目标群体量身定制整个价值链的整体方案。首先是产品制造商，从产品设计、生产计划制定、工程设计以及通过服务提供的生产中为产品制造商提供支持；其次是机器制造商，从机器设计、工程设计、调试、操作期间的产品组合以及机器服务中受益。

西门子数字孪生的应用范围如图 3-4 所示，从两个角度看数字孪生的整个过程。从机械制造商的角度看，关注机器概念设计、机器工程、机器交付、机器操作、机器服务五个部分的数字孪生，使用 Teamcenter 协作软件。从产品生产者角度看，数字孪生的整个过程分为产品设计、生产计划、生产工程、生产执行及服务五个部分，整个过程依赖于 Cloud-based、open IoT operation system 以及 MindSphere。

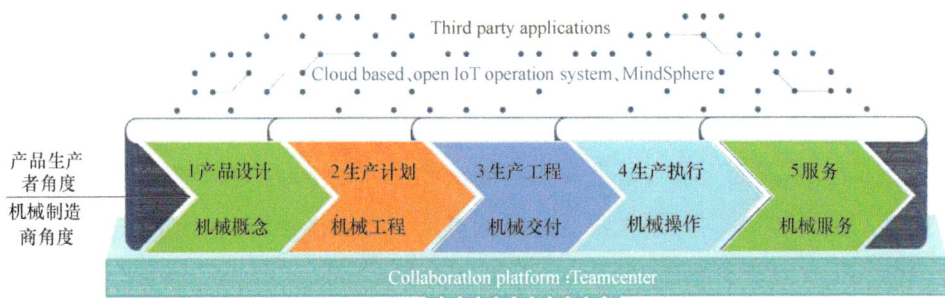

图 3-4　西门子数字孪生

Teamcenter 软件保证共享协作和企业级主干数据利用更高效，生产流程的规划更灵活。MindSphere 是基于云的开放式 IoT 操作系统，MindSphere 可以分析制造过程和产品性能并将所有发现返回至整个价值链，以进行持续优化。MindSphere 收集来自现实世界的数据，并将统计数据模型添加到数字双胞胎分析模型中，对两种模型进行比较以便持续改进数字双胞胎分析模型。数字孪生是产品或生产工厂的精确虚拟模型，显示了产品或生产工厂在整个生命周期中的发展情况，允许操作员预测行为、优化性能并从以前的设计和生产经验中获得解决方案。西门子数字孪生的类型包括三种：产品数字孪生、生产数字孪生以及产品性能和生产过程数字孪生，如图 3-5 所示。

图 3-5　西门子数字孪生类型

执行"假设分析"场景并预测数字孪生模型的未来性能可带来巨大价值，数字孪生的最终目标是实现产品开发、生产计划的虚拟世界与生产系统、产品性能的真实物理世界之间的闭环连接，通过这种连接，从物理世界中获得可行的见解，以便在产品的整个生命周期中做出明智的决策。从产品制造商的视角看整个过程，包括机器概念、机器工程、机器交付、机器操作和机器服务，具体如下：

1）机器概念（Machine concept）。集成到 NX CAD 软件中的 Mechatronics Concept Designer 可以在概念阶段分析机器开发的生产率。以需求为导向的产品开发在早期就建立了机器数字孪生，这是整个价值链中每个人都在使用和进一步开发的标准数据模型。基于物理仿真建立了功能虚拟模型，该模型为机械、电气和自动化组件之间的并行交互提供了通用的基础架构。可以使用集成于 NX CAD 软件中的 SIZER 直接定义驱动系统的尺寸，更改对其中一种属性的影响可以在其他属性中清晰明了地显示和跟踪，从而轻松查看和检查各种属性之间的依赖关系。NX CAD 用于机器设计如图 3-6 所示。

图 3-6　NX CAD 用于机器设计

2）机器工程（Machine engineering）。所有重要的自动化组件都可以集成到全集成自动化门户网站，因此可以在全集成自动化技术环境下对控制器、外设、驱动器、HMI 以及安全和运动控制功能进行编程，并且可以在一个工程框架内管理资源。开放的界面使在 TIA Portal 与 TIA 选择工具和 EPLAN 之类的计划工具之间交换数据变得简单。通过提供 CAx 数据，可以在早期生成虚拟模型，而更有效的工程设计可以缩短机器开发和上市时间。如图 3-7 所示的 TIA Portal 可以将自动化过程进行全面的集成，为机器工程提供了完整的框架。

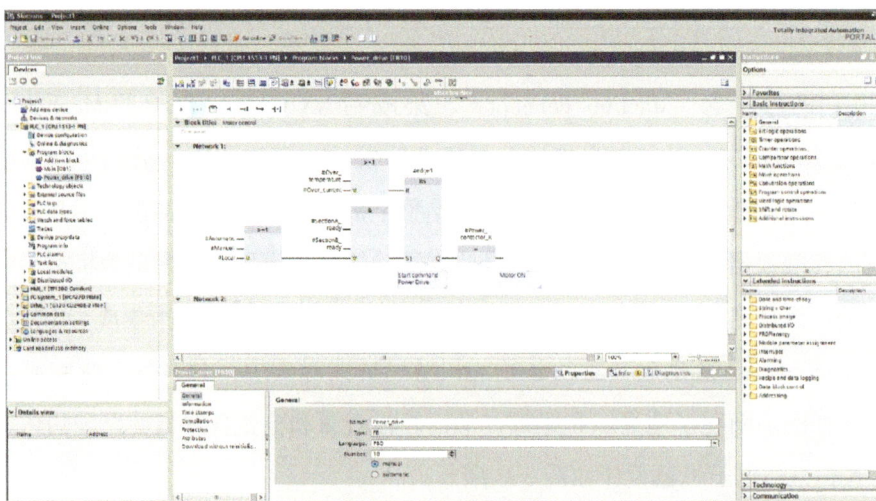

图 3-7　TIA Portal

3）机器交付（Machine commissioning）。机器调试时需要注意以下问题：是否需要进行复杂的改进，或者一切都按预期运行，用虚拟机调试是降低实际调试期间风险和节约时间的有效方法。软件甚至可以在整个生产线上模拟和优化各个组件之间的交互。机器制造商可以使用 NX Mechatronics Concept Designer 在虚拟环境中模拟和测试其机器的机械组件，可视化的 PLC 通过 TIA Portal 中的 PLCSIM Advanced 对机器进行仿真和验证，SIMIT 仿真软件根据需求级别来映射驱动器和阀门等活动组件的行为，可以将机床的 CNC 控制器连接到机床仿真程序中，以在实际条件下测试机床设计，并且可以通过 CNC 控制器和机床之间的交互进行操作。SIMIT 仿真软件如图 3-8 所示。

4）机器操作（Machine operation）。西门子的工业全集成自动化（TIA）技术可操作机器。TIA 通过丰富的数字化、自动化产品组合来激发生产的全部潜力，从而可以在当今和将来持续优化和改进世界各地的工厂和机械。它的开放系统架构以及依靠共享的通用属性对整个生产过程提供支持：一致的数据存储，全局标准以及用于硬件和软件的统一接口，这些共享功能可最大限度减少工程工作量，从而节省资金，缩短产品上市时间并提高工作灵活性。连续监控集成环境的安全性为工业自动化控制奠定了基础；数字化以及不断增长的机器和工业厂房网络也增加了网络攻击的风险，遵循"纵深防御"概念的端到端工业安全产品组合，通过在自动化产品中不断使用安全机制，有助于系统地将对工厂和机器的攻击风险降至最低。因此，工业安全是全集成自动化技术的重要组成部分。

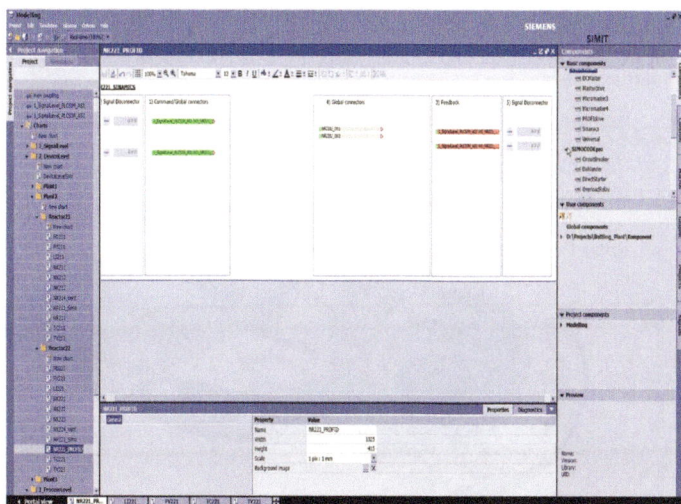

图 3-8　SIMIT 仿真软件

5）机器服务（Machine services）。从生产开始就立即将产品生成的有价值数据收集并安全地传输到云中，以连续分析机器、产品行为和生产设备状况。对数据进行评估后可洞悉机器、产品和整个工厂的状况。因此可以使机器或工厂的维护更符合实际，而不需要固定维护间隔。MindSphere 是西门子公司基于云的开放式物联网操作系统，是应用程序和数字服务开发平台的数字产业服务系统。图 3-9 为 MindSphere 平台，它具有连接设备、应用程序和数字服务的功能。

图 3-9　MindSphere 平台

从机器使用者的角度来看，整体解决方案包含机器制造的五个部分：

1）产品设计（Product design）。产品设计阶段的数字孪生可以促进产品零件间无缝连接，以提高产品的质量，从而实现更快、更高效的交付。NX 设计零件如图 3-10 所示。

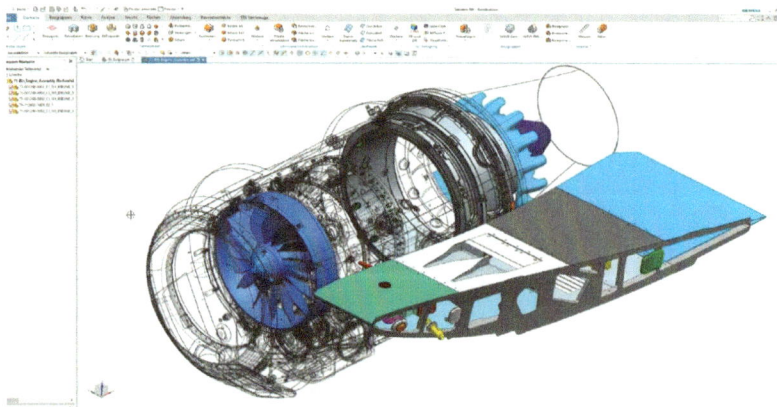

图 3-10　NX 设计零件

2）生产计划（Production planning）。合理制定高效的工作与生产计划，可以缩短完成任务的时间并保证各类资源最大限度地被利用，使工作效率得到极大的提高。Teamcenter 软件如图 3-11 所示。

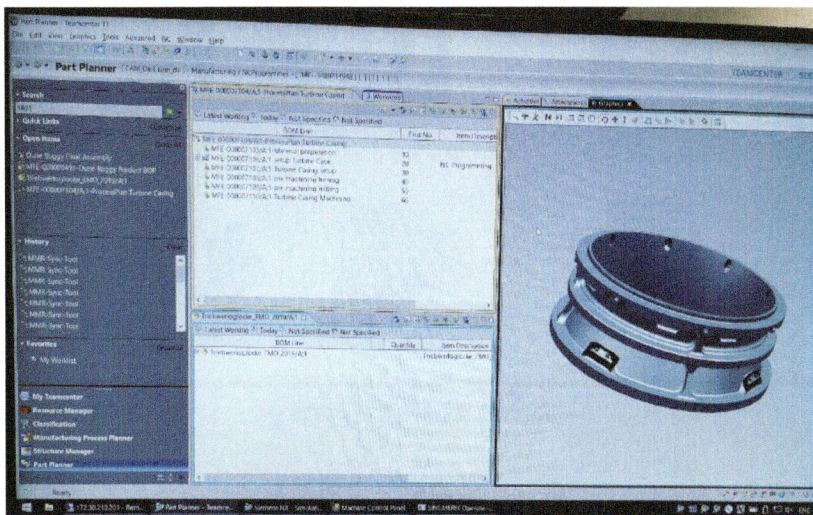

图 3-11　Teamcenter 软件

3）生产工程（Production engineering）。生产工程可以使用多种软件进行联合仿真，确保制订出更加可靠的生产流程，以推动高效的零件制造运营，达到产出高精度零件的目的。NX+VNCK 联合仿真如图 3-12 所示。

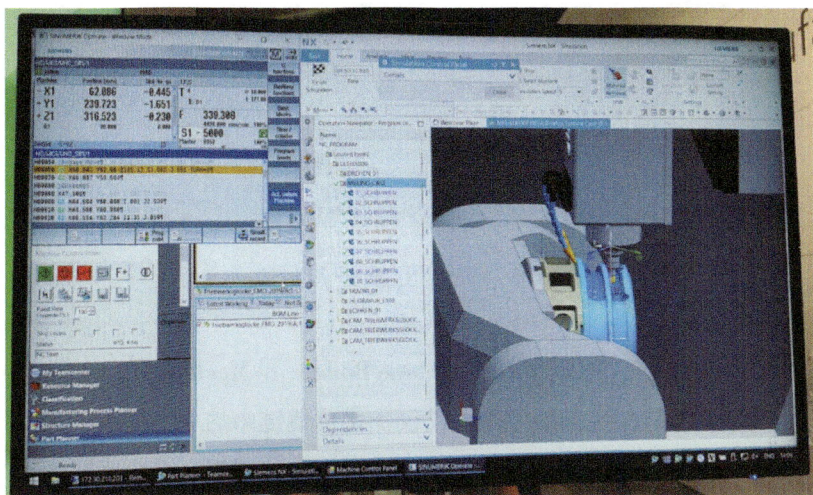

图 3-12　NX+VNCK 联合仿真

4）生产执行（Production execution）。在执行阶段，通过集成的数据驱动系统以达到各类产品生产质量管控的目的，通过多方协调来推进复杂零件制造中最高生产率的实现。西门子数控系统如图 3-13 所示。

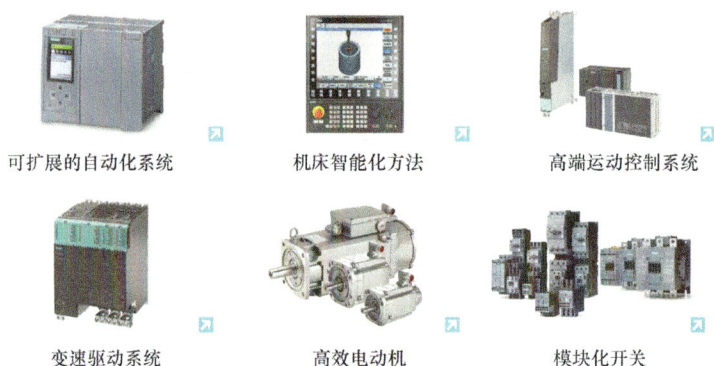

| 可扩展的自动化系统 | 机床智能化方法 | 高端运动控制系统 |

| 变速驱动系统 | 高效电动机 | 模块化开关 |

图 3-13　西门子数控系统

5）服务（Services）。数字化的服务极大地缩短了计划外的机器停机时间，并通过问题反馈优化来作用于前期的生产流程，以促进生产的优化与机器可用性的提升。MindSphere 应用软件如图 3-14 所示。

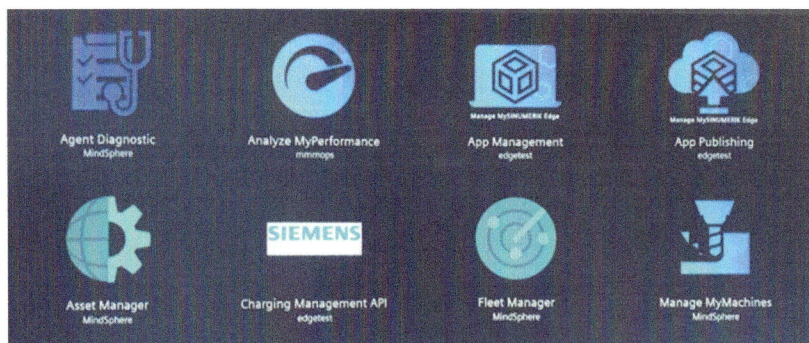

图 3-14　MindSphere 应用软件

西门子为机械加工领域提供的 Machine Builder 和 Machine User 解决方案，充分体现了西门子为了保持竞争力，不仅仅优化价值链中的单一环节，而且提供一个完整方案。西门子通过数字孪生将设计、生产和使用等环节全面打通，提供了真正面向产品全生命周期的解决方案。

3. 日本三菱公司

（1）M800/M80 数控系统　三菱电机推出的 M800/M80 系列数控系统（图 3-15）获得了众多客户的高度评价，其卓越性能所带来的高生产性、易用性和灵活性，成为满足控制精度、处理速度及支持自动化的不二之选。同时，引入 MES 接口、EtherNet/IP 等现场总线，使 M800/M80 系列数控系统可以与各种设备轻松互联，帮助客户轻松构建高效的 IoT 系统。

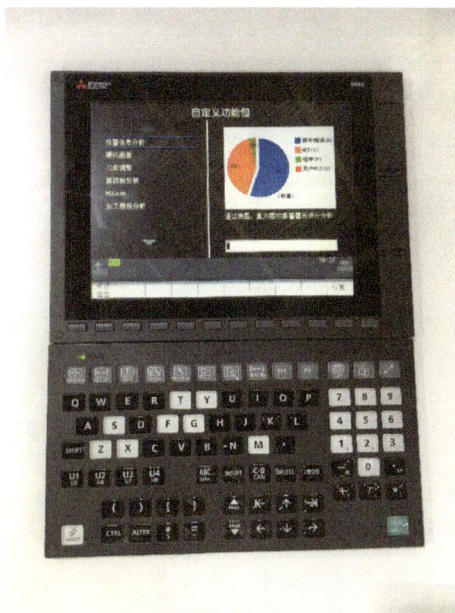

图 3-15　M800/M80 系列数控系统

（2）CNC 机械手　在 CNC 加工程序中利用机械手（图 3-16）专用 G 代码指令，通过手轮进行机械手手动操作，通过数字 I/O 控制机械手爪的手指旋转及开合等。主要技术特点：在连接方面，通过以太网连接 NC 和机械手控制器，可节省配线，连接简单；在操作性方面，通过 NC 界面可执行机械手操作（G代码运行/jog 运行/示教动作）；在维护性方面，通过 NC 界面可监视/诊断机械手状态。

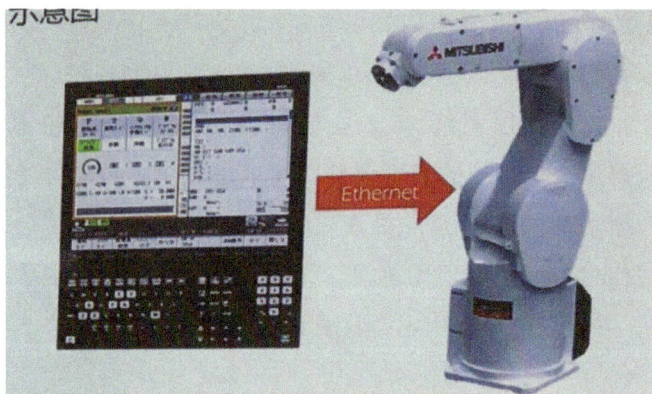

图 3-16　CNC 机械手

4. 德国海德汉公司

（1）TNC 640 数控系统 + 新一代驱动产品　TNC 640 数控系统如图 3-17 所示。

图 3-17　TNC 640 数控系统

　　TNC 640 数控系统 + 新一代驱动产品适用于高速加工和五轴联动加工，包括车铣复合加工中心加工。TNC 640 数控系统 + 新一代驱动产品为用户带来了高表面质量、高精度和极短的加工时间，以及面向车间的操作和编程能力。TNC 的新组件监视功能通过密切监视主轴轴承负载来保护机床，进给轴的定期监视则可以防止因过载和磨损而引起的故障发生。

TNC 640 数控系统＋新一代驱动产品的特点是：①系统操作和编程简单方便。面向车间应用的对话格式编程语言，实用的对话和信息丰富的图形，可在机床上直接编写铣削和车削加工程序。②搭载全新的 24in 宽屏和扩展工作区触控显示屏，操作简单；在触控显示屏上进行 3D 图形验证时，用手势可以快速地操作仿真工件；借助边屏功能，可直接在控制器上进行全数字化作业管理。③新型 Gen 3 驱动器提供了最佳的性能，并配有智能传输技术、强大的诊断功能，易于安装和连接便捷，从而更进一步提升了机床的整体性能。

（2）LCx16 系列光栅尺　在原有绝对式光栅尺 LCx15 系列的基础上，海德汉在 2021 年全新推出了新一代光栅尺 LCx16 系列。该系列产品不仅继承了前几代产品的整体优势，如单场扫描、高信号质量、低细分误差和方便安装等，还拥有最新的光学扫描系统，这使得即使存在液体或水珠污染，光栅尺上的光束也能始终聚焦于标准位置处，其扫描质量不受影响，大大提高了光栅尺的抗污染特性。因此，只要满足空气纯度为 ISO 8573-1 标准的［3∶4∶2］级即可使用，对于机床制造商则不需要安装任何附加过滤器，大大降低了成本。此外，客户无须更改安装工艺，因为所有装配尺寸与前代产品完全兼容。该款光栅尺精度最高可达 ±3μm，细分误差小于信号周期的 ±0.5%，可满足多种系统接口需求。

（3）ETEL 电动机　ETEL 提供业界较为全面的标准力矩电动机产品，有 100 多种型号可供选择。所有 ETEL 电动机受益于 ETEL 独特的极低齿槽设计，可以在磁隙中实现特殊的峰值力密度和热效率，对于热漂移敏感的精密机械来说是一个显著的优势。TMB+ 是著名的 TMB 力矩电动机的换代产品，在保持现有电动机接口的同时，提供了更高的性能和新的功能，适用于数控转台及数控摆头等应用。

5. 数控系统 HMI 面板的发展趋势

数控系统 HMI 界面是指工人与机床交互的人机交互界面，HMI 设计的优劣直接影响着数控系统的易用性和美观性，关系到数控机床的产品力。欧洲机床展（EMO）中所展示的 HMI 面板从操作方式上可以分为三类：实体按键面板、全触摸屏面板和触摸屏＋实体按键面板。下面将对 EMO 展中比较有代表性的 HMI 界面进行介绍：

（1）实体按键面板　相关的品牌有西门子、发那科、NUM 等。其主要特点是屏幕周边有一圈实体按键与屏幕中的功能控件对应。西门子、发那科、NUM 的实体按键面板如图 3-18 ～图 3-21 所示。

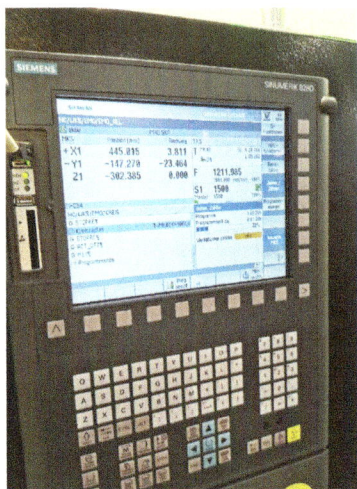

图 3-18　西门子非触摸屏面板

图 3-19　发那科非触摸屏面板

图 3-20　NUM 带全键盘面板

图 3-21　NUM 无全键盘面板

（2）触摸屏面板　相关的品牌有西门子、KEBA、法格（FAGOR）等，其中 KEBA 是 HMI 面板零部件及整体方案厂家，非数控系统厂家。西门子、

KEBA、法格全触摸屏 HMI 如图 3-22 ～ 图 3-24 所示。

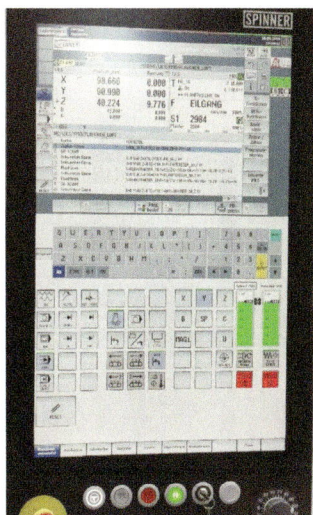

图 3-22　西门子全触摸屏 HMI

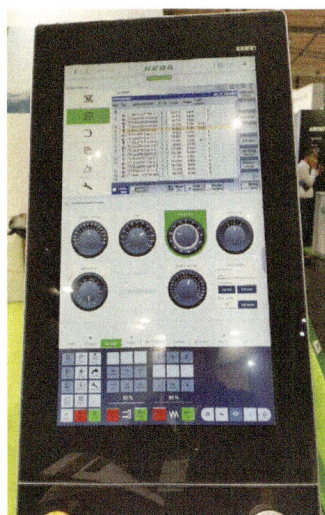

图 3-23　KEBA 全触摸屏 HMI

图 3-24　法格全触摸屏 HMI

（3）触摸屏 + 实体按键面板　相关的品牌有西门子、海德汉、德马吉、发那科、马扎克、FIDIA 等，这些品牌的实体按键 + 触摸屏产品如图 3-25 ～图 3-30所示。

图 3-25　西门子分离式 HMI

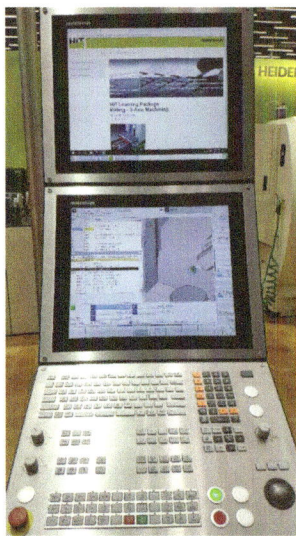

图 3-26　海德汉双屏 HMI

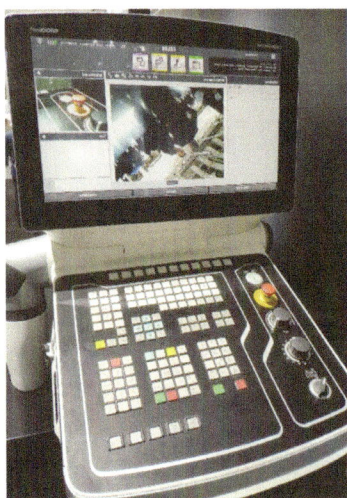

图 3-27　德马吉带摄像头 HMI

图 3-28　发那科小触摸屏 HMI

图 3-29　马扎克数控系统 HMI

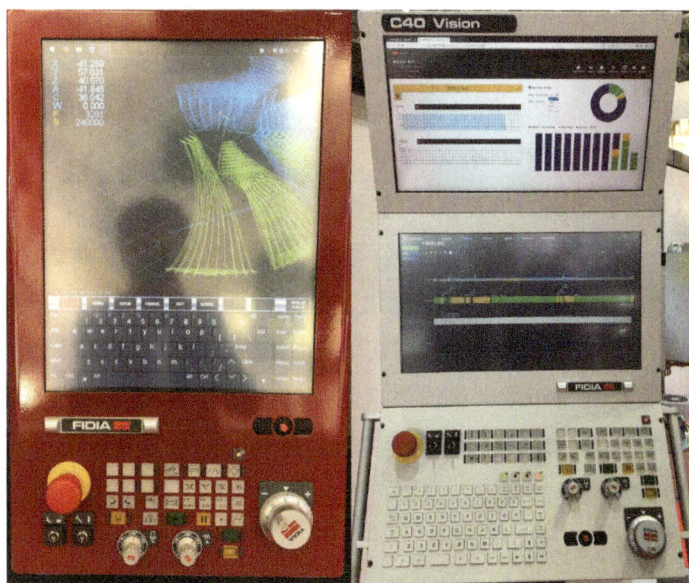

图 3-30　FIDIA 数控系统 HMI

　　从面板简洁度、方便性、误操作、易用性和制造成本五个角度，对数控系统 HMI 界面中的实体按键界面和触摸屏界面进行对比，见表 3-1。

表 3-1　实体按键和触摸屏界面的对比

项目	实体按键界面	触摸屏界面
简洁度	显示屏周围需要一圈实体按键	实体按键较少，虚拟键盘不需要时可以隐藏，显示更多的内容
方便性	输入框的焦点切换麻烦	可以快速选择界面中的任意内容
误操作	一般不会误操作	容易受到环境影响
易用性	需要熟悉面板按键位置	需要输入大量内容（比如 G 代码），与全键盘相比不方便
制造成本	低，需要普通显示屏 + 键盘	高，需要大块电容屏

综上所述，数控系统 HMI 面板具有以下发展趋势：

1）屏幕尺寸越来越大。即使是非触摸屏，数控系统屏幕也越来越大。

2）可视化信息更丰富。不仅可以显示当前机床的状态，还可以显示生产安排等相关信息。工人在机床上就可以查阅可供使用的资源。

3）大部分厂家采用了全键盘 + 触摸屏的方案。实体键盘的输入手感与使用习惯不可替代。另外，集成全键盘的面板按键通常都比较小。

4）对于部分特定的功能必须用触摸屏。几乎所有的厂家有 3D 仿真功能，而非触摸屏的 3D 仿真操作非常不方便。

6. VERICUT 切削力仿真技术与软件

VERICUT 软件是美国 CGTECH 公司开发的数控加工仿真系统，VERICUT 软件在数控加工程序验证、工艺程序优化、机床仿真领域处于公认的领先地位。美国 CGTECH 公司成立于 1988 年，总部在美国加利福尼亚，目前在中国、英国、法国、德国、日本、意大利、印度、韩国以及新加坡都有分支机构。该软件采用先进的三维显示及虚拟现实技术，可以验证和检测 NC 程序可能存在的碰撞、干涉、过切、欠切和切削参数不合理等问题，目前广泛应用于航空、航天、电子、船舶、汽车、化工、教育和机床制造领域。

VERICUT 支持多种控制系统仿真。应用 VERICUT 的国外数控系统企业有海德汉、西门子、发那科等，国内数控系统企业有华中数控、广州数控、凯恩帝等。

VERICUT 的模块主要由两部分组成：一是包含基本验证（Verification）、机床仿真（Machine Simulation）、自动比较（AUTO-DIFF）模块在内的基本包部分；二是包含多轴（Muti-Axis）、优化（OptiPath）、切削力优化（Force）、模型输出（Model Export）等模块在内的扩展部分。VERICUT 的模块构成如图 3-31 所示。

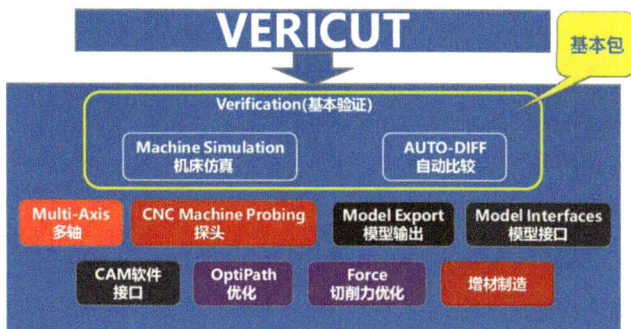

图 3-31　VERICUT 的模块构成

（1）程序分析功能　程序分析功能主要包括两部分：

1）NC程序语法检查（图3-32）。主要包括非法字符、遗漏项（地址、括号等）、格式（整数、小数及小数位数等）、语法、程序逻辑错误等检查。

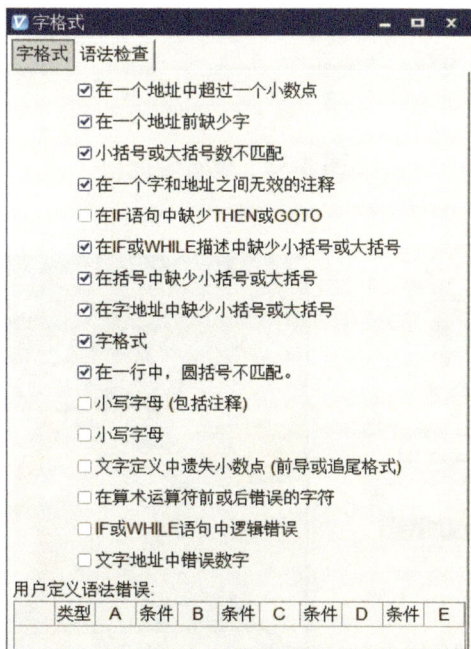

图 3-32　程序语法检查

2）刀具轨迹预览功能。

（2）机床仿真功能　机床的仿真主要检验以下几个方面的内容：

1）装夹、定位仿真：主要进行压板位置、压紧螺钉的平面分布情况和加工原点检查等。

2）程序初始位置、结束位置的正确性检查。

3）超行程检查。

4）刀具最短长度检查。

5）切削时主轴反向旋转或停止检查。

6）快速进给切除材料检查。

7）干涉与碰撞仿真：主要检测项目包括刀具与工装、毛坯，主轴与工装、工件，检测的内容主要是安全距离、刀具与机床部件的干涉碰撞等。

下面列举常见的错误检查示例并对其进行说明。

1）常见错误检查示例——碰撞检测（图 3-33、图 3-34）。

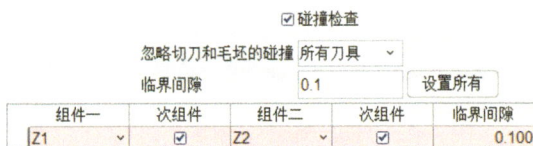

图 3-33　设置碰撞

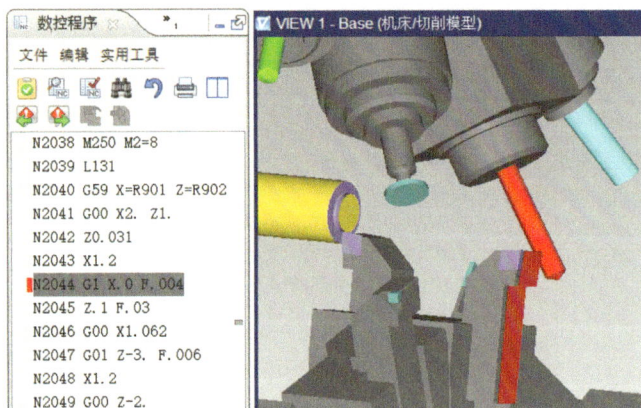

图 3-34　碰撞报警

2）常见错误检查示例——超程（图 3-35、图 3-36）。

组	组件	最小	最大	组件(C)	最小 (C)	最大 (C)
0	A ⌄	-110.0000	20.0000	关闭 ⌄	0.0000	0.0000
0	C ⌄	0.0000	0.0000	关闭 ⌄	0.0000	0.0000
0	Y ⌄	0.0000	600.0000	关闭 ⌄	0.0000	0.0000
0	X ⌄	-800.0000	0.0000	关闭 ⌄	0.0000	0.0000
0	Z ⌄	-560.0000	60.0000	关闭 ⌄	0.0000	0.0000

图 3-35　设置超程

```
2160 L Z+50 R0 F MAX
2161 CALL LBL 99
2162 CALL LBL 55 ; CPL BACK
2163 CYCL DEF 19.0 WORKING PLANE
2164 CYCL DEF 19.1 A-90 B+0.0 C+0.0
2165 L A+Q120 C+Q122 F MAX
2166 L X-37.9 Y+22.9 R0 F MAX M03
2167 L Z+50 R0 F MAX
2168 L Z+2 R0 F MAX
2169 L Z-10 R0 F200
2170 L Y+17.1 R0 F1500
2171 L X+37.9 R0
2172 L Y+22.9 R0
2173 L X-37.9 R0
2174 L X-43.9 R0
2175 L Y+13 R0
2176 CC X-42 Y+13
2177 C X-42 Y+11.1 DR+ R0
```

VERICUT 日志器
错误：组件 "Z" 超出最小极限 -560 于 2.2 在行：2183
错误：组件 "Z" 超出最小极限 -560 于 14.2 在行：2184
错误：组件 "Z" 超出最小极限 -560 于 14.2 在行：2205

图 3-36　超程报警

3）常见错误检查示例——刀具伸出长度不够（图 3-37、图 3-38）。

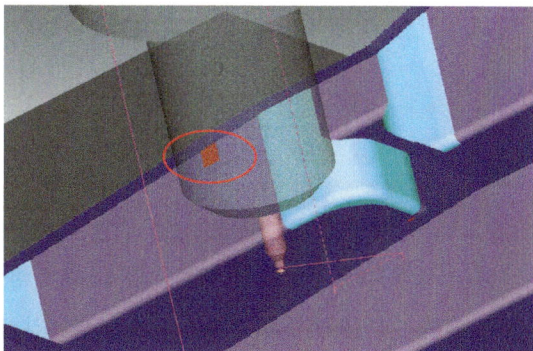

图 3-37　刀具伸出长度不够

83

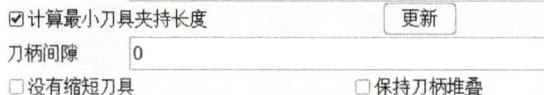

☑ 计算最小刀具夹持长度　　　　　　　 更新
刀柄间隙　　 0
☐ 没有缩短刀具　　　　　　　 ☐ 保持刀柄堆叠

图 3-38　自动计算伸长

VERICUT 可以根据当前毛料的几何形状，结合使用的夹具、刀具和刀柄的参数，计算并优化刀具长度，可以将短的刀具"拉长"，长的刀具"缩短"，从而解决因刀具长度不够、产生碰撞或刀具太长以及加工中颤刀导致的零件表面质量差的问题。

（3）尺寸分析功能

1）测量功能。VERICUT 自 8.2 版本之后新增了三维（3D）尺寸的标注命令，可摆放视图的任意 3D 位置，并在一个视图里面标注出所有的尺寸特征，同时可进行单标签和多标签标注。VERICUT 新增了测量刀具轨迹功能（图 3-39），在预览或复查模式下，即可选择测量对象为刀具轨迹。

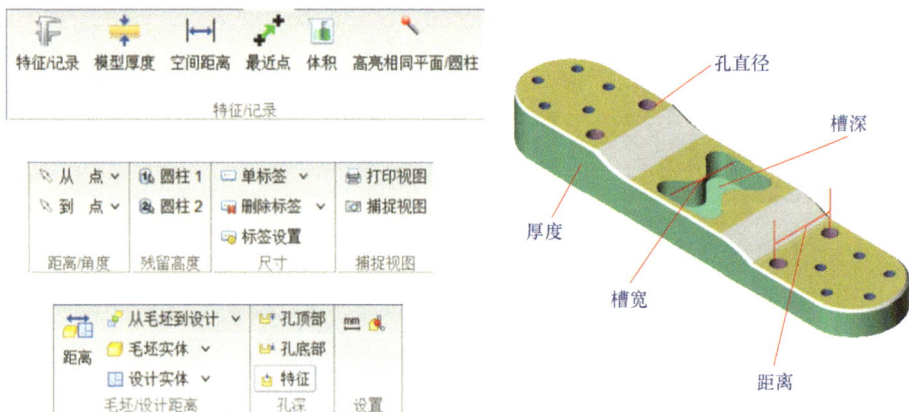

图 3-39　测量功能

2）自动比较功能。VERICUT 的自动比较功能（图 3-40）能够比较切削模型和设计模型的差别，精确识别过切和欠切的部位。比较模式将实体、曲面或点数据进行比较，并提供精确的过切或残留量的数值报告，根据比较结果，编程人员可以方便地知道应该修改哪里。

图 3-40　自动比较功能

（4）优化模块（OptiPath）　利用优化模块（图 3-41），通过仿真解析，用户可以准确地知道每次切削的深度、宽度和切削角度和每个切削段材料的去除量。OptiPath 把切削运动分为若干个小段，在必要时，根据每个切削段材料去除量，为每段切削指定最佳进给率（不改变刀具轨迹），然后输出一个新的刀具路径。

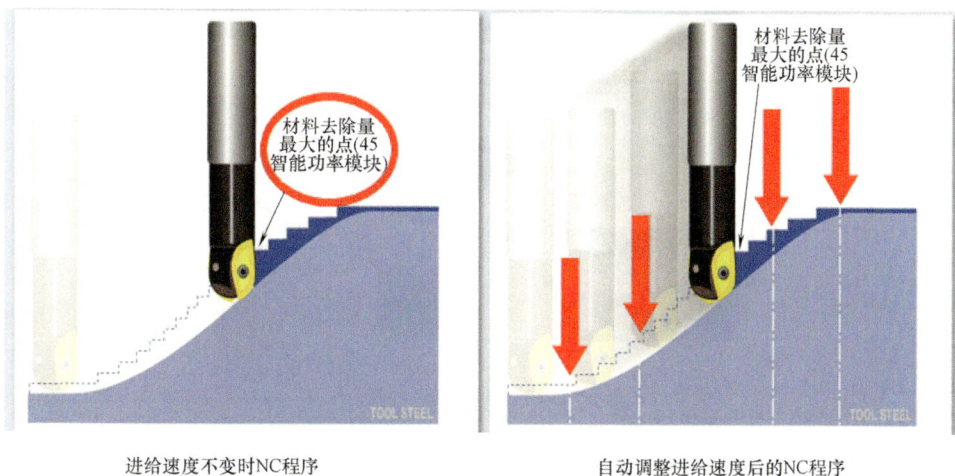

进给速度不变时NC程序　　　　　自动调整进给速度后的NC程序

图 3-41　优化功能

优化的方法包括：材料恒定体积去除率切削方式优化、恒定切削厚度方式优化、空走刀优化、恒定线速度优化。

（5）切削力优化（Force） VERICUT自8.0版本开始增加了Force优化模块，从该版本开始VERICTU成为首个具有完整意义上的物理仿真功能的商品化数控仿真软件。

Force是一种基于物理性能的优化方法，而OptiPath是基于几何形状仿真的优化方法，这也是Force和OptiPath最大的不同。Force根据刀具的受力、主轴功率、最大切削厚度以及最大允许进给率这四点要素给定切削条件，计算出最大的、可靠的进给速度。Force用物理模型基于切削力和主轴功率来调整进给速度，不改变刀具轨迹。

Force通过分析刀具的几何外形和参数、毛料和刀具的材料属性、具体的切削刃几何形状以及VERICUT中每一刀的切削接触形状，可以计算出理想的进给速度。

Force通过一系列专用的材料系数来计算材料的受力以及材料受摩擦和温度的影响程度，在NC程序中插补合适的切削条件。Force使用的材料数据来源于真实的加工实验结果，不用依靠有限元分析来推算。Force使用独特的切削系数，使得其能够计算出最精确的切削力。材料系数的获取如图3-42所示。

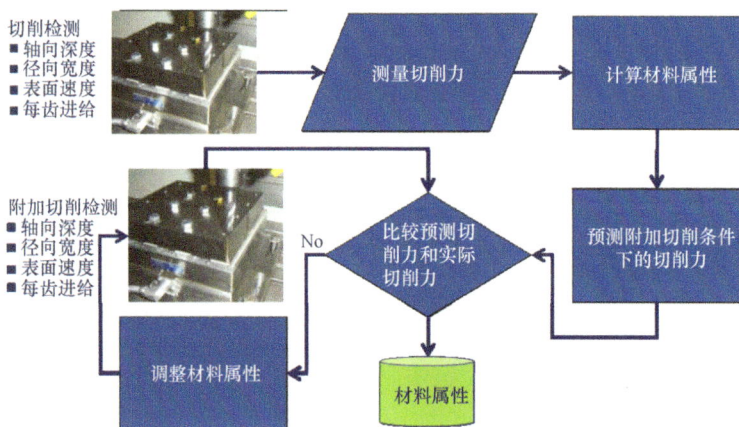

图 3-42　材料系数的获取

在使用过程中，首先需要选择毛坯材料，毛坯材料来源于需要付费的材料库模块，毛坯材料的选择如图3-43所示。

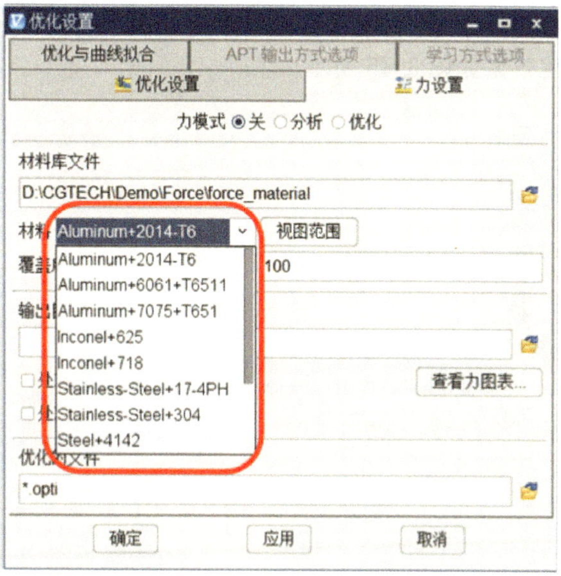

图 3-43　毛坯材料的选择

在选择了毛坯材料之后需要进行相关的优化设置，主要包括：刀具螺旋角和前角的设置、刀具材料和外形的设置、下刀方式和角度的设置等，如图 3-44所示。

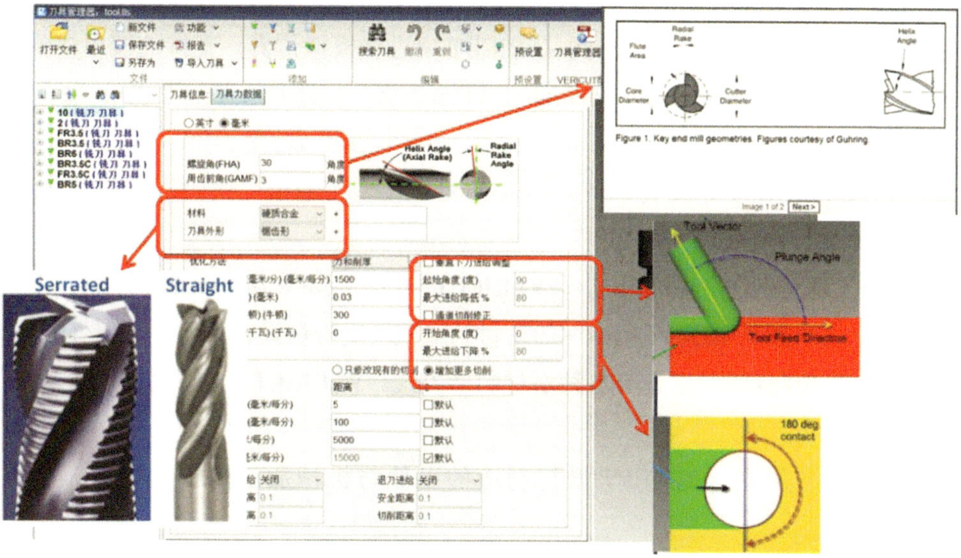

图 3-44　优化设置

设置完成后，就可以进行进给速度的优化，使加工过程切削力均衡，并提升加工效率。其优化效果如图 3-45 所示。

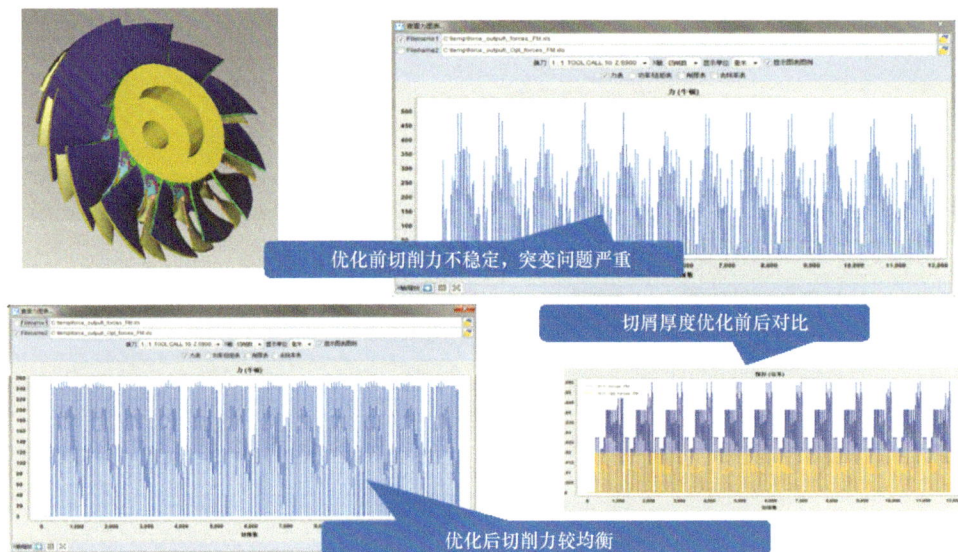

图 3-45　Force 优化效果

（6）模型输出功能　VERICUT 通过与其他 CAM 软件的集成接口连接，方便快捷地从 CAM 软件中将所有的数据（包括毛坯、夹具、刀具、加工坐标系、程序、设计模型等）直接传输到 VERICUT 中进行模拟仿真，支持的模型包括：Step、NX（.prt）、Catia（.CATPart、.CATProduct、.model）、Pro/E Creo（.prt）、SolidWorks（.sldprt、.sldasm）、igs、sat、wrl、3dxml、cgr 等。

同时 VERICUT 也支持加工过程实体特征模型的输出，比如：Step、Catia、sat、igs、stl、Vericut。

（7）增材制造（Additive）　VERICUT 自 8.2 版本之后，新增了增材制造模块（Additive）（图 3-46）。VERICUT 的增材制造模块支持仿真直接能量沉积（DED）、激光烧结、3D 打印、层叠等各种增材制造方式。VERICUT 的增材制造具有以下特点：

1）外观真实。VERICUT 增材制造的工件与机械加工的零件外观很容易区分。

2）问题可追寻。通过加工记录，编程人员可以快速地找到打印中存在的错误及漏打、错打等问题。

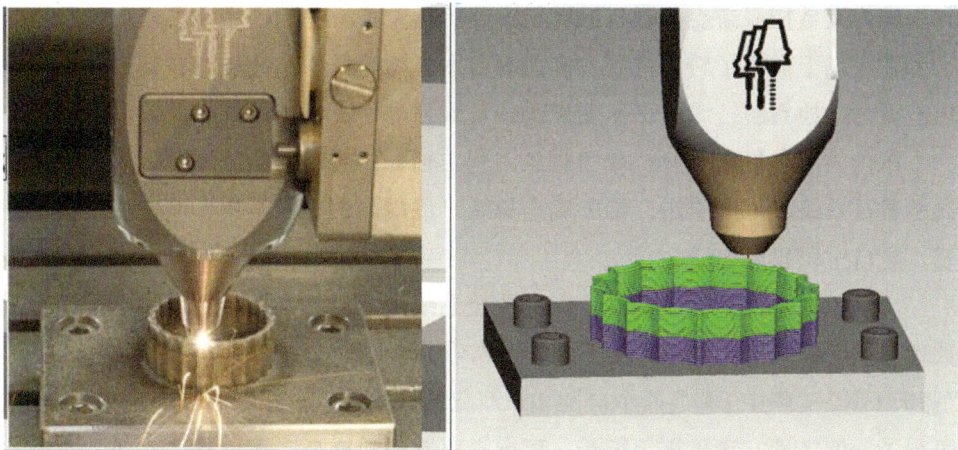

图 3-46　增材制造模块

（8）机器人仿真　VERICUT 还支持机器人仿真，支持的工业机器人品牌包括 KUKA（德国）、ABB（瑞士、中国）、Kawasaki（日本）、FANUC（日本）等，支持切削、抛光、喷涂和钻铆等机器人加工方式。

3.2　国内发展趋势

3.2.1　国内数控系统产业发展现状

我国数控系统产业经历了"六五"期间技术引进、"七五"期间技术消化吸收，"八五"期间技术自主开发，"九五"到"十二五"期间中、低档数控技术产业化和高档数控系统与国外产品缩小差距的艰难发展过程。

国内企业曾经试图引进国外数控企业的技术，走引进－消化－再创新的道路。但深入交流后，凡是我们没有的技术、我们需要的技术，对方都不卖，而且在合作过程中，国外企业不断地提高价格。

"六五"期间，我国的数控系统技术基础薄弱，发展国产数控系统只能寄希望于引进国外先进技术。但国外公司只愿意将其落后或淘汰的技术转让给我国，还将核心硬件芯片技术控制在自己手中。"七五"期间，我国开始在引进技术的基础上消化吸收制造数控系统产品并开始推动其产业化。可是，国外公司马上将其性能质量更好、集成度更高的数控系统产品推向我国市场，阻滞我国数控系统产业的发展进程。之后，我国企业又以进口全套散件国内组装、合资办厂的方式进行数控系统产品研制，取得了一些成果，但也导致我国在引进技术过程中培养出来的骨干人员大量流失，我国实现数控系统产业化也受到了一定程度的影响。

89

国内某数控系统企业通过贴牌日本品牌的方式，在国内组装生产数控系统，一度在市场上取得了较大进展。但随着日本公司的数控系统业务被德国公司收购以及国内数控系统技术水平的逐步提升，该公司的发展受到了严重影响。

国内某著名机床企业，曾引进意大利二轴、三轴联动数控技术，而五轴联动高档数控系统技术的引进，国外完全免谈。最后，该企业不得不回过头来投入巨资，走自主研发的道路。

"八五"至"十五"期间，国内数控系统企业只能靠自力更生、不断摸索，通过自主创新来缩小与国外的差距。当时，我国已研制成功"中华I型""航天I型"、"蓝天I型""华中I型"四个自主知识产权的数控系统，并在激烈的市场竞争中，争得了一席之地，销量逐年增长，市场占有率不断提高。在产业化方面，数控系统行业形成了"东南西北中"（华兴数控、广州数控、广泰数控、凯恩帝数控、华中数控）的行业格局。2020年，国产数控系统的市场占有率达到60%左右。其中，广州数控贴近市场需求，很好地解决了可靠性和服务瓶颈，成为世界数控系统产销量排名第二的国内数控系统企业。

国内数控系统企业由于受到自身规模、技术水平、人才队伍和财力投入的限制，国产数控系统产品主要定位于中、低档。高档型、标准型数控系统，无论是技术还是产业化水平，均与国外存在较大差距。

历史教训证明，对于国家经济、军事发展具有战略意义的数控系统核心技术，依靠引进是办不到的。国外企业从来就没有给中国转让过真正的核心技术。数控技术难在自主创新，出路也在自主创新。

2009年以来，"高档数控机床与基础制造装备"科技重大专项（简称"04专项"）的推进，使华中数控、广州数控、大连光洋、沈阳高精等数控系统企业自主研发高档数控系统关键技术得到了支持。经过努力，国内企业攻克了数控系统软硬件平台、高速高精、多轴联动、总线技术、纳米插补等一批高档数控系统关键技术的难题，自主研发了华中数控 HNC8/9 型、广州数控 GSK-25i/27i 型、大连光洋 GNC61/62 型、沈阳高精 GJ403/430 系列等中、高档数控系统。实现从模拟接口、脉冲接口到全数字总线控制、高速高精的技术跨越。国内企业联合研制的自主知识产权 NCUC-Bus 现场总线技术，已基于此项成果制定并发布了 5 项国家标准，并获得省部级发明奖一等奖。开发了采用国产 CPU 等关键部件和自主操作系统的数控装置及伺服驱动装置，加速了国产化替代和产业链自主可控的步伐。

国产高档数控系统技术和产品的进步支撑了机床首台（套）的研制，提升了机床行业产业链的自主可控能力；对国家的国防安全、产业安全及核心技术的自主可控具有重要意义。国产高档数控系统在航空航天领域的应用实现了零的突破，这一突破也极大地推动了国产高档数控系统产业化进程。国产中高档数控系统已经逐步进入航空航天、汽车、能源装备、船舶、机床工具、模具、消费电子等领域。

3.2.2 国内数控系统技术发展现状

在"04专项"的支持下，国内数控系统企业自主研发了系列化中/高档数控系统产品，攻克了开放式平台、现场总线、高速高精、多轴多通道、同步控制和可靠性等一批核心关键技术，实现了国产数控系统的跨越式发展。

在开放式数控系统平台技术方面，我国研制了嵌入式一体化数控装置硬件平台，开发了开放式、模块化数控装置软件平台，数控系统平台实现了由模拟、脉冲式向全数字、总线式的跨越；在现场总线技术方面，研制了 NCUC 等多种现场总线技术，可控制通道 8 个、最多控制轴数 64 个，实现了高速高精度、多轴、多通道切削；在多轴联动控制技术方面，研制了五轴联动的 RTCP 功能、大圆插补、定向加工、机床结构误差测量和补偿、直线轴和旋转轴动态特性匹配等多轴控制技术；在多通道和同步控制技术方面，实现了多通道间的并行控制、同步控制、交换控制和重叠控制，解决了多电动机同步驱动控制单逻辑轴难题；在高速加工控制技术方面，攻克了小线段轨迹平滑、柔性加减速控制、程序超前预读等高速运动控制算法，突破了高动态响应的伺服驱动技术，性能指标达到了国外同类数控系统的先进水平；在高精度加工控制技术方面，攻克了纳米级插补、支持多种高精度编码器、驱动之间实时时隙调整、电动机齿槽效应补偿等高精度运动控制算法。另外，我国还开发了基于云计算的数控系统智能化技术，发明了数控系统的指令域电控大数据分析方法，实现了基于指令域大数据的机床健康评估、断刀监测、工艺参数优化等智能化应用。开发了具有自主知识产权的数控机床互联通信协议标准 NC-LINK，为解决数控机床之间、数控机床与生产线之间、数控机床与企业信息化软件（CAX、MES，ERP、CAPP、PDM 等）之间等的通信提供了方法。发明了基于指令域大数据的分析方法、数控机床理论建模与大数据的融合建模技术，自主优化、决策和执行的"i 代码"和"双码联控"技术，研制了质量提升、工艺优化、健康保障、生产管理等一批智能化 APP。

1. 华中数控

（1）HNC8 型数控系统　HNC8 型数控系统（图 3-47）是华中数控研发的新一代全数字总线式高档数控系统，采用全密封、高集成度的嵌入式硬件结构，

NC 与 PC 一体化，系统结构紧凑、体积小、防护等级高、可靠性高。采用自主知识产权的 NCUC 工业现场总线技术，小巧美观的总线式 PLC 模块，支持输入 / 输出、轴控制、数据采集接口扩展。数据实时进行双向传输，简化了系统的电气连线，大幅度提高了整个系统的可靠性，使得 HNC8 型数控系统的插补效率提高了 15 倍以上。HNC8 型数控系统采用实时操作系统，支持多种 CPU，成功实现硬件可置换、软件跨平台的技术架构；软件平台采用模块化、层次化的开放性体系结构，具有强大的二次开发功能。

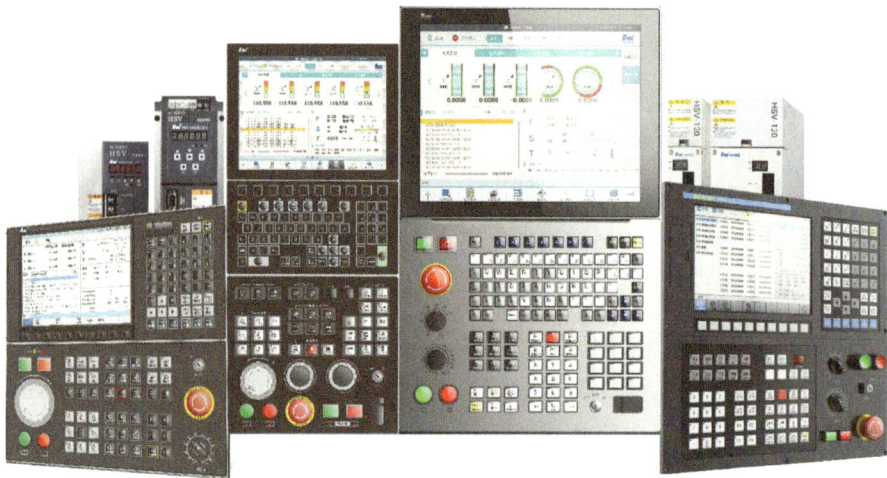

图 3-47　HNC8 型数控系统

2016 年 4 月 10 日，HNC8 型数控系统通过了中国机械工业联合会组织的科技成果鉴定，鉴定委员会专家一致认为该系统各项功能、性能、可靠性达到国外同类系统水平，可替代进口。2017 年，HNC8 型数控系统荣获国家科技进步奖二等奖。

目前，HNC8 型数控系统已实现 10 万多台销售，应用范围包括量大面广的数控车床、车削中心、数控铣床、立式加工中心、卧式加工中心、钻攻中心等中、高档数控机床，产品覆盖十余类规格的机型，领域涉及航空航天、能源装备、汽车制造、3C 加工等。

（2）HNC9 型数控系统　华中数控研制的新一代智能数控系统——HNC9 型（图 3-48），践行"智能 +"为机床赋能的创新理念，构筑人（H）、机（P）、信息（C）融合的数字孪生系统（S）（HCPS）。

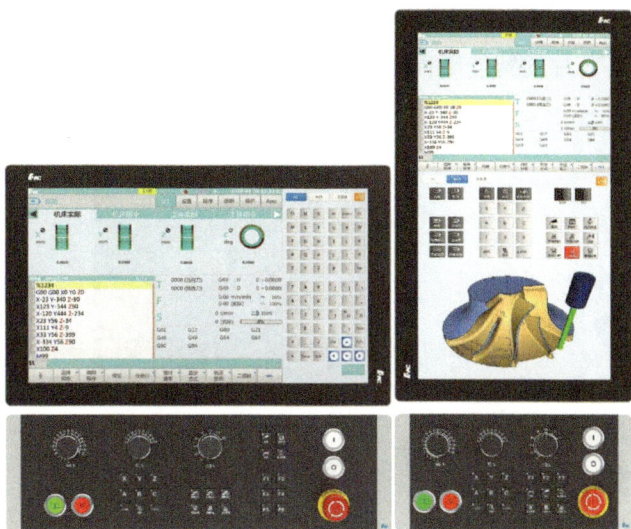

图 3-48　HNC9 智能数控系统

HNC9 型数控系统深度融合大数据与人工智能技术（AI），打造"端 - 边 - 云"的智能体系架构（图 3-49）。

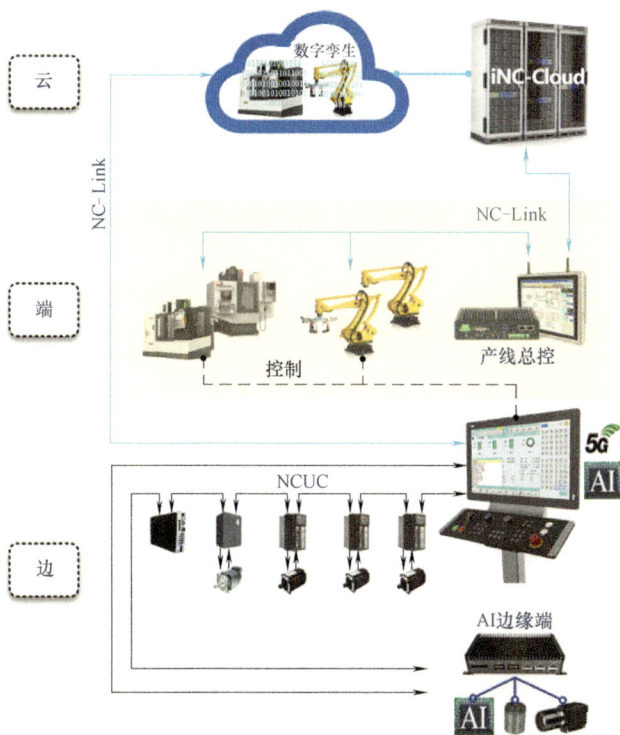

图 3-49　HNC9 型"端 - 边 - 云"的智能体系架构

HNC9 型数控系统的三个平台：

1）集成 AI 芯片的智能硬件平台（图 3-50）。

图 3-50 智能硬件平台

2）支持 AI 算法的智能软件平台（图 3-51）。

图 3-51 软件平台

3）构建智能 APP 生态的开放平台（图 5-52）。

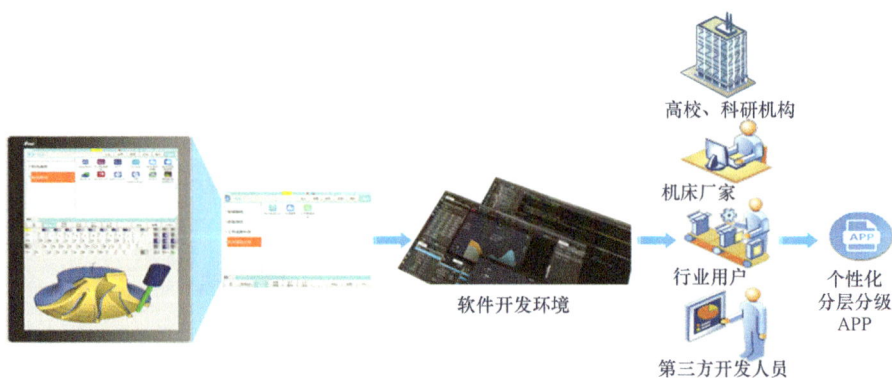

图 3-52 开放平台

HNC9 型数控系统的总体体系架构如图 3-53 所示。

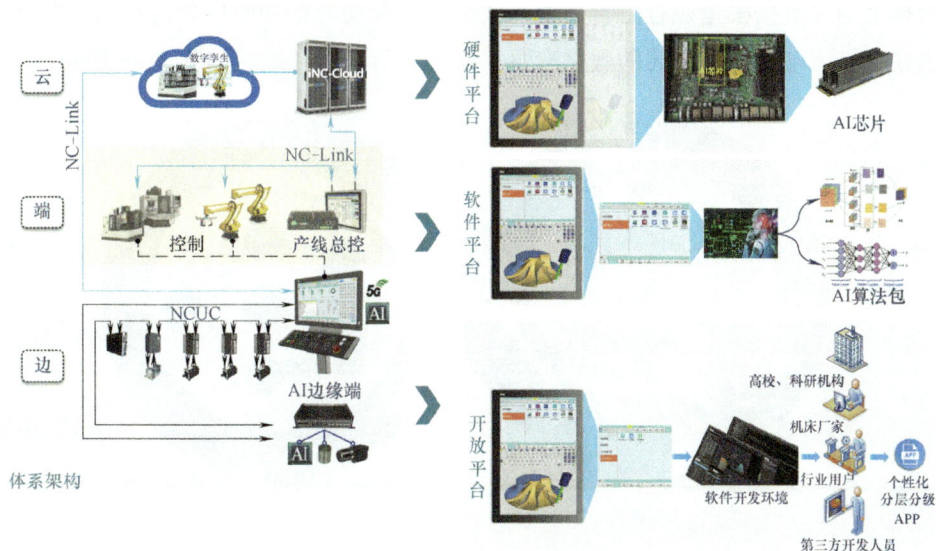

图 3-53　HNC9 型数控系统的总体体系架构

HNC9 型数控系统遵循"自主感知–自主学习–自主决策–自主执行"的新模式，构建机床数字孪生，探索机床实现智能的新方法。

独创的指令域大数据分析方法，采集、汇聚数控系统内部电控大数据和外部传感器数据，形成指令域"心电图"，实现大数据与加工工况的关联映射，构建由机床全生命周期大数据描述的数字孪生。自主感知：指令域大数据如图 3-54 所示。

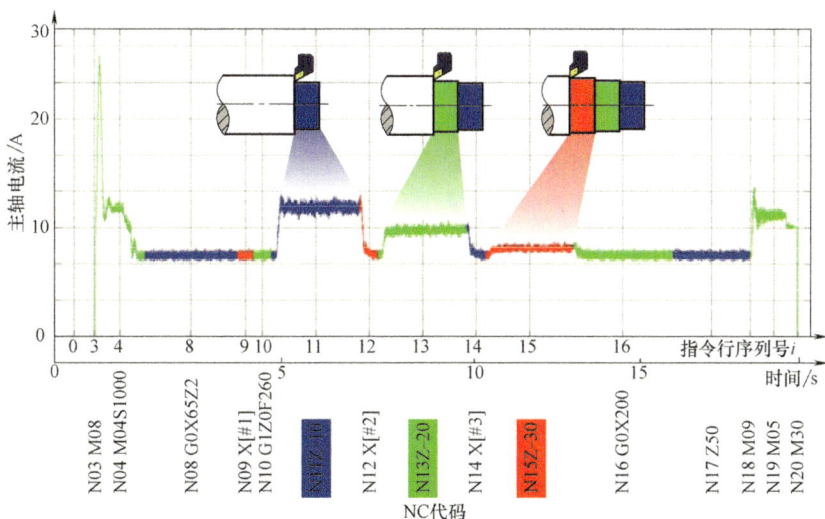

图 3-54　自主感知：指令域大数据

借助具有因果关系的数理模型和具有关联关系的大数据模型，独创性地将数理模型与大数据模型进行融合建模，实现对机床动态行为的自学习和认知理解，构建由机床动态模型描述的数字孪生。自主学习：融合建模如图 3-55 所示。

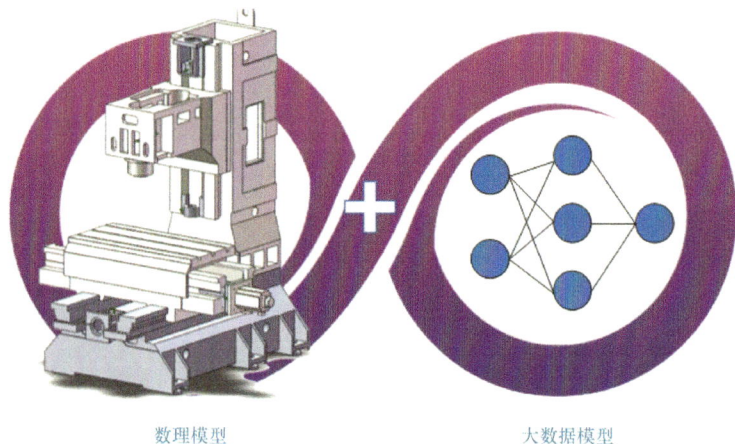

数理模型　　　　　　　　　　　　大数据模型

图 3-55　自主学习：融合建模

利用所获得的数字孪生，进行虚拟加工，并预测加工效果。根据预测结果，自动进行多轮优化迭代，最终生成多目标智能优化的"i 代码"，实现自主决策。自主决策：i 代码如图 3-56 所示。

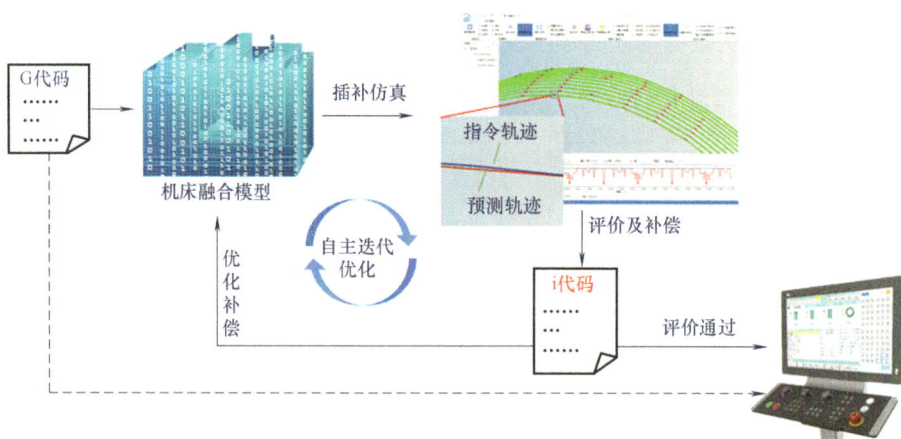

图 3-56　自主决策：i 代码

独创的双码联控技术，让传统数控加工的"G 代码"（第一代码）和多目标智能优化的 "i 代码"（第二代码）同步运行，实现优质、高效、可靠、安全的数控加工。自主执行：双码联控如图 3-57 所示。

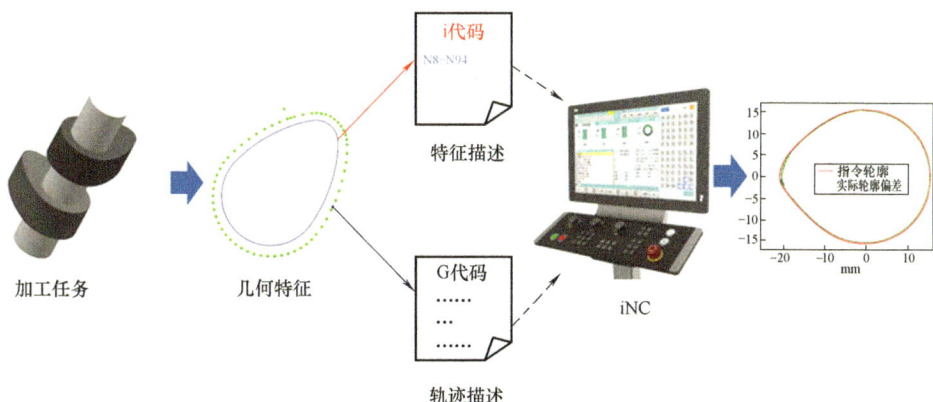

图 3-57　自主执行：双码联控

融合建模是 HNC9 型数控系统的核心技术，"指令域心电图""i 代码"和 "双码联控"是 HNC9 型数控系统的三项关键技术，"1-3"技术创新（即 1 项 核心技术——融合建模，3 项关键技术——指令域心电图、i 代码、双码联控），支撑着 HNC9 型数控系统实现"自主感知 - 自主学习 - 自主决策 - 自主执行"的 智能创新模式。HNC9 型数控系统的智能创新模式如图 3-58 所示。

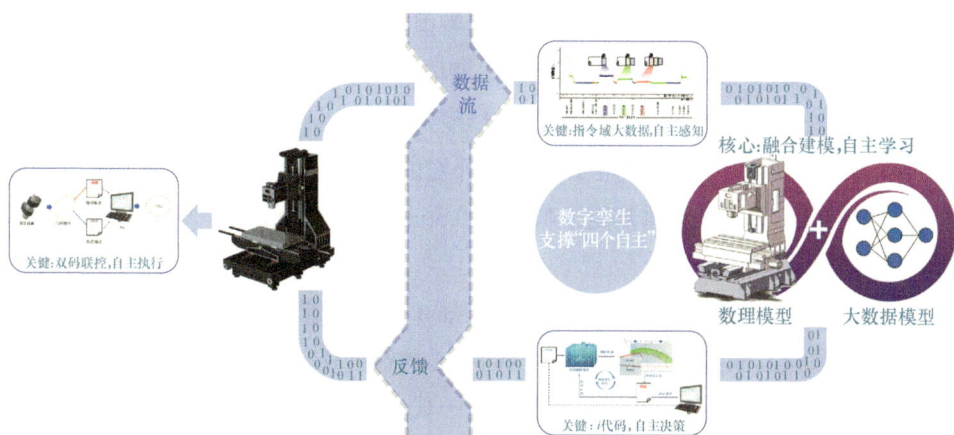

图 3-58　HNC9 型数控系统的智能创新模式

HNC9 型数控系统围绕质量提升、工艺优化、健康保障、生产管理 4 类智能 化应用场景，与用户联合开发了一批智能 APP 应用软件，打造了机床智能应用新生态。HNC9 型数控系统的应用如图 3-59 所示。

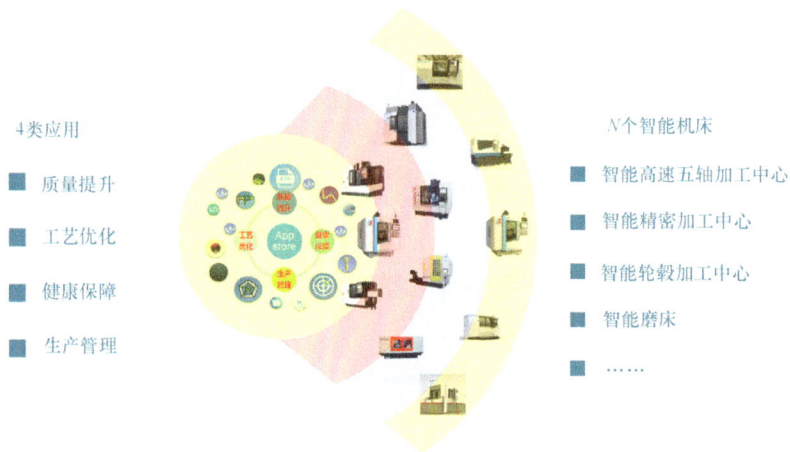

图 3-59　HNC9 型数控系统的应用

华中数控以"华中 9 型——新一代人工智能数控系统"为平台，与江西佳时特精密机械有限责任公司、宝鸡机床集团有限公司、秦川机床工具集团股份公司、陕西秦川格兰德机床有限公司、沈阳精锐数控机床有限公司、陕西汉江机床有限公司、沈阳百航智能制造研究院有限公司、湖大海捷（湖南）工程技术研究有限公司、山东蒂德精密机床有限公司、武汉高科机械设备制造有限公司等多家机床企业一起联合研发了智能精密加工中心、智能五轴加工中心、智能高速轮毂加工中心、智能车削中心、智能凸轮轴磨床、智能螺杆磨床、智能滚齿机等不同领域、多种类型的智能机床，推动机床智能化转型升级。

江西佳时特精密机械有限责任公司开发的 S5H 智能精密加工中心，具有高精度（定位精度为 1μm，重复定位精度为 0.5μm）、高速度，铣、车、磨等多功能，如图 3-60 所示。

（3）iNC-Cloud 数控云管家　iNC-Cloud 数控云管家是面向数控机床用户、数控机床/系统厂商打造的以数控系统为中心的智能化、网络化数字服务平台。

在工业互联网、大数据、云计算、新一代人工智能技术的基础上，华中数控的 iNC-Cloud 汇集数控系统内部指令域电控实时数据作为大数据和传感器数据，建立数控机床的全生命周期"数字孪生"，通过大数据的统计分析与可视化装置，实现数控设备的状态监控、生产管理、设备维修等智能化应用。电子看板如图 3-61 所示。

图 3-60 佳时特配置 HNC9 型数控系统的 S5H
智能精密加工中心

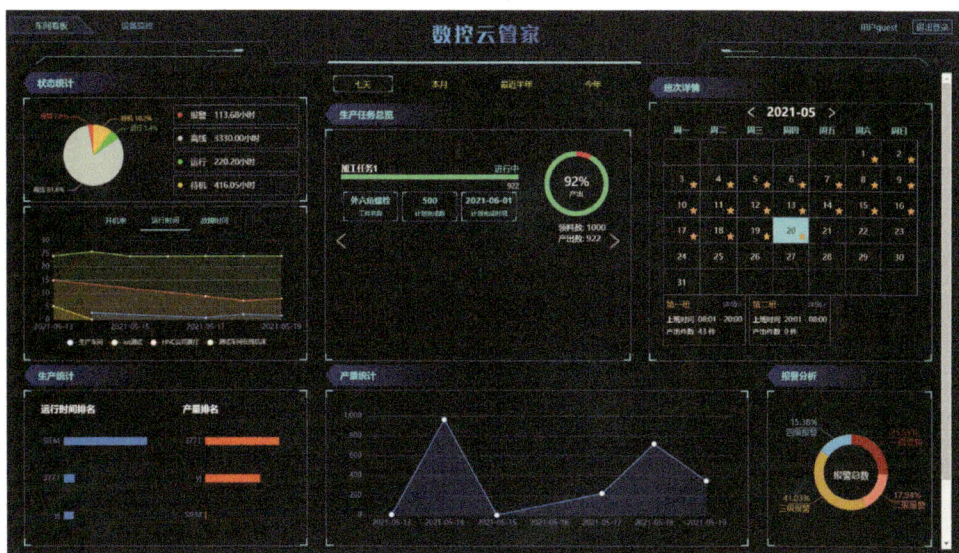

图 3-61 电子看板

iNC-Cloud 数控云管家主要特色功能包括：

1）生产管理。生产管理（图 3-62）包括设备运行监控、统计分析、班次管理、订单管理等。

2）远程运维。远程运维（图 3-63）包括故障案例知识库、故障报修、定期保养和预测性维护等。

图 3-62　生产管理

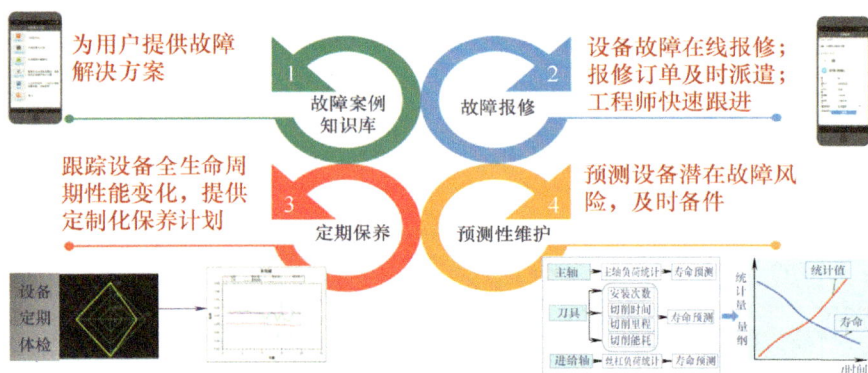

图 3-63　远程运维

3）云盘与手机编程（图 3-64）：引导式的编程模板，图形化的参数设置，一键生成 G 代码，并实时同步至企业私有云盘空间中。在线管理，存储方便，不需要随身携带 U 盘，防止重要文件丢失，批量机床信息可同步下载，使用便捷。

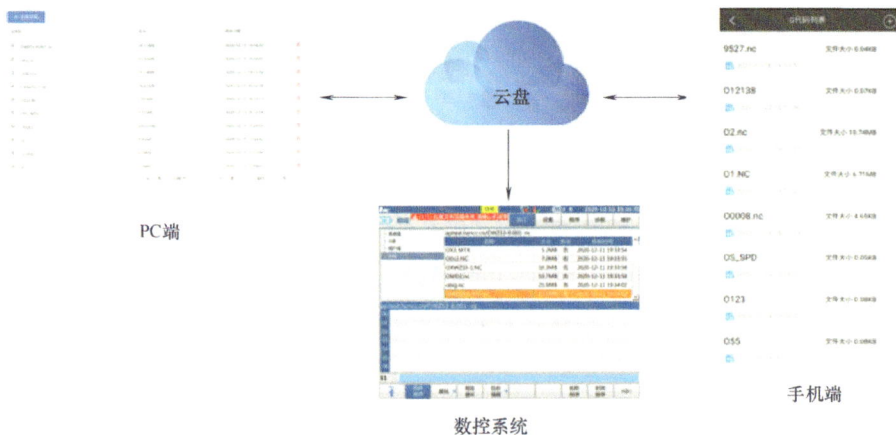

图 3-64　云盘与手机编程

NC-Link 协议标准如图 3-65 所示。

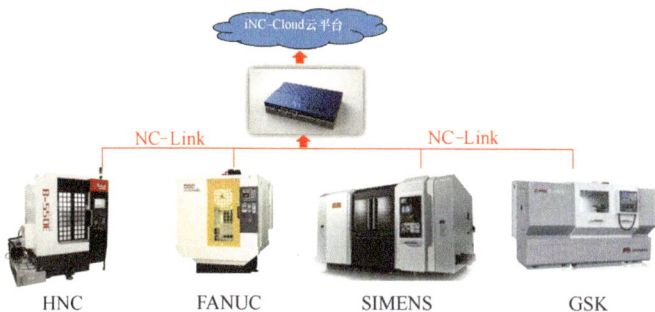

图 3-65　NC-Link 协议标准

（4）柔性智能生产线管控系统　柔性智能生产线管控系统可实现多品种、变批量的混流加工；通过管控系统，根据生产执行计划，实现工件的自动传送和自动加工、程序下发、刀具识别及调用；可在线实现工件品种自动更换、多工件的自动识别；通过对刀具磨损状态、主轴功率、切削参数等数据的实时监控，降低机床碰撞的风险，可实现数控设备的自适应、高效加工，如图 3-66 所示。主要功能如下：

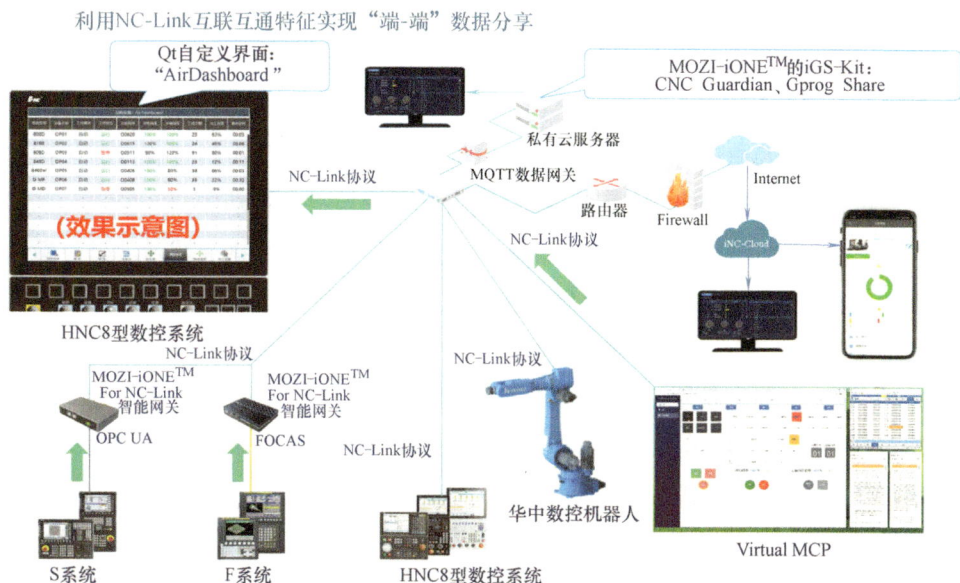

图 3-66　智能柔性加工生产线管控系统与加工单元管控系统的连接

1）关灯加工生产模式。具有生产线的物料与刀具缓存库管理功能，可对物料与刀具进行 RFID 识别，对刀具的全生命周期进行跟踪管理，对刀具的寿命进行管理，实现生产线的物料、数控机床的刀具的自动化管理与配送，数控机床加工的 G 代码程序自动下达刀具坐标和数控机床的刀具表和刀补参数，实现加工过程的无人化管控。

2）混流并行柔性化加工生产管控能力。具有多任务混流并行加工能力，适合各种加工工艺，可进行多品种、变批量的混流加工，既适合加工多品种小批量产品、也适合加工少品种多批量产品。

3）具有生产过程故障的容错并联管控功能。生产线上的数控机床具有连线和脱线加工的能力，数控机床在故障状态或单机打样加工状态（人工控制）下，数控机床自动脱线，生产线管控系统暂停对其排产（生产线管控系统依旧对其进行数据采集和监控）；数控机床连线后，生产线管控系统恢复排产。

4）数控机床的虚拟刀库功能。整个生产线的刀具都可以视为该数控机床的刀具，G 代码加工程序中的刀具数量不受机床物理刀库数量的限制。刀具的利用率更高，生产线内的排产规划更为合理，数控机床的利用率更高。

5）生产线大数据库功能。拥有生产线大数据管理库，实现生产线生产设备的大数据实时采集和控制指令实时下发（双向数据交换），为生产管理和智能化应用的二次开发打好基础。

6）智能排产调度功能。根据生产计划和设备资源状况，自动实时动态安排加工计划并进行加工生产过程的管控。

7）生产线的自动化生产管理功能。包括生产线自动化控制及管理、生产线设备的可视化监控管理、数控机床的控制及可视化监控管理功能。

8）生产线的智能化功能。具有基于大数据的数控系统指令域示波器及数控加工的可视化工具、加工工艺优化功能、断刀检测功能、设备健康监控保障功能、刀具寿命管理功能、多种传感器的接口和信息处理及应用功能。

9）数控云管家功能。集中显示生产线的设备分布图、设备管理信息、设备状态时序图、设备状态统计信息、加工件数统计信息、机床报警统计信息、G 代码加工程序管理信息、机床加工状态监视信息、机床刀具状态和参数信息、机床开机时间/运行时间统计信息、机床故障持续时间统计信息、机床产量统计信息、机床或生产线的运行时间排名情况、产量排名情况、不同产品产量统计信息等。

10）生产线的数控机床主轴利用率＞80%。

华中数控与宇环数控深度合作，针对世界知名智能手机大规模制造的高速、高精、智能化等需求，结合智能手机抛光机床加工工艺，共同研制出高度自动化的数控抛光生产线，如图 3-67 所示。该生产线通过工业互联网总线实现了数控机床、工业机器人、AGV 小车等装备的互联互通，实现了柔性的无人化"关灯工厂"，在大力降低手机结构件产品生产成本的同时，有效提高了生产效率。

图 3-67　湖南宇环数控配置 HNC8 型数控系统的数控抛光生产线

2. 广州数控

广州数控的系列化数控系统如图 3-68 所示，特点如下：

图 3-68　广州数控的系列化数控系统

（1）先进的硬件　具有新一代高性能、高配置硬件平台，数据处理能力强，能满足五轴联动、高速高精、复合加工等运算和加工要求，适用于所有空间变换零件的加工，采用 GSK-Link 实时工业以太网总线，体积小、连线少、通信周期可达 0.25ms。

（2）强劲的功能　能实现八轴五联动，支持多种类型的五轴机床，适合航空发动机、汽轮机叶片、模具等多轴零件的加工，具有五轴 RTCP（刀具中心点控制）功能、倾斜面（3+2 定位）加工功能、五轴刀具路径光顺功能、五轴侧刃加工的进给速度自适应控制功能、五轴手动脉冲插入功能。满足客户对多种加工功能和质量的需求。

用户只需通过 G 代码，简单快捷地设定特征坐标系，系统就能自动实现加工零件的空间坐标系变换，用旋转轴定位加工平面，然后进行五轴定位加工，适用于所有空间平面变换的零件加工。

通过将 NC 接入网络，构建智能工厂网络系统，管理分散在生产现场的 CNC 控制器，实现数据采集、文件传送、远程监控和故障诊断、维护。

（3）强大的二次开发能力

用户可使用 PC 端编辑软件二次开发系统界面，实现 DXF 图形文件的导入，根据用户定义自动生成 NC 代码。

建立 I/O 信号、PLC 地址、宏变量、偏置、图片等的关联关系，实现操作、数据输入、动态显示等功能。用 PLC 取代继电器控制系统中的大量继电器，使控制柜的设计、安装、接线工作量大大减少；可以方便修改用户程序，快速适应工艺条件的变化。

3. 大连光洋

（1）GTP8000L/GT800L 数控系统（基于 Linux 系统）　该系统具有四轴联动控制功能。其特点如下：

1）具有 4 路脉冲方式的伺服控制接口或 4 路 16 位 D-A 模拟量高精度伺服闭环控制接口。

2）数字量输入输出点数可达 72 个/48 个。

3）数控系统可处理 250 段 NC 指令，分辨率为 1μm 时的进给速度可达 240m/min，分辨率为 0.1μm 时的进给速度可达 100m/min。

4）GTP8000L 系统具有几何轨迹预读、动态预读、自适应预读三级预读功能，能够实时预处理几百个 NC 程序段，提高了连续微小线段轨迹的加工质量和效率，特别适用于加工复杂模具。

5）数控系统具有直线、圆弧、螺旋线插补功能，支持刚性攻螺纹和无滞后螺纹插补。数控系统具有三维等距控制功能，保持刀尖与工件表面距离恒定，适用于激光切割、激光焊接、火焰切割、等离子切割等特殊加工场合。数控系统支持正弦振荡轴，可通过编程控制振幅、振荡频率等参数，适用于特殊控制场合。

6）数控系统具有螺旋线插补、切线圆弧插补、二维样条插补等轨迹插补功能；具有二维切线加工功能，可以控制刀轴矢量和加工轨迹保持一定的角度。

7）数控系统具有三次样条规划、平滑过渡等速度控制方式，保证加工过程的平稳性，提高工件表面质量。

8）数控系统提供 128 组刀具半径补偿、刀具长度补偿值，且每组补偿中几何误差、磨损误差可以分别补偿。

9）数控系统支持反向间隙补偿，以及每轴可达 16 000 个点的螺距误差补偿功能。

10）数控系统内置 PLC，PLC 指令的执行速度为 80μs/1 000 步，用户可任选 IEC 61131.3 标准的五种语言编程，最大存储容量可达 1MB。

11）系统采用 10 级密码控制系统操作权限。

12）系统采用工业 PC，支持 USB 存储设备，支持以太网通信，用户 NC 程序存储容量可达 40GB，可登记的程序数量无限制。

（2）GTP8000E 系列高档数控系统（基于 WindowsNT/2000 系统） GTP8000E 系统支持多达 6 个通道、32 个轴，每个通道可支持五轴联动控制。特点如下：

1）最多可控制 6 个主轴和 3 个手轮，可实现主轴定向、主轴／旋转轴切换。系统硬件采用 16 位模拟量高精度伺服闭环接口。具有直线、圆弧、螺旋线、二维样条极坐标和圆柱坐标等插补功能。具有切线圆弧插补、三次样条规划、平滑过渡速度等控制方式。

2）系统提供 128 组刀具半径补偿、刀具长度补偿、刀尖半径补偿值，且几何误差和磨损量可分别补偿。

3）系统具有反向间隙补偿，以及每轴多达 16 000 个点的螺距误差补偿功能。

4）系统在分辨率为 1μm 时的进给速度可达 240m/min，在分辨率为 0.1μm 时的进给速度可达 100m/min。

5）NC 指令预处理速度达 2 000 段/s，可高效处理大量微小线段的高速加工，适用于复杂模具的高效率加工；PLC 指令执行速度为 40μs/1 000 步。

6）系统采用模块化 I/O，输入输出点数最多可扩展至 768 个/512 个。系统采用工业 PC 平台，NC 代码存储容量可达 40GB 以上。为了提高控制精度，系统采用了多种独特的高精度控制技术，如极坐标、圆柱坐标等插补功能，三次样条规划、平滑过渡等速度控制方式，自适应预读、曲率优化、自适应调节技术等；从用户的角度考虑，为用户开发了一些实用的高级功能，如保持刀具与加工轨迹上任意一点的切线夹角恒定的二维路径切线加工功能。

7）具有保持刀尖与工件表面距离恒定的三维等距控制功能等。大连光洋的第二代全数字总线式数控系统，针对机床面板、开关等机床外设，以及伺服驱动器等不同的实时数据信息，采用统一的 Glink 数字总线，支持多达 8 个通道、24 个轴，以及 768个/512 个 I/O 点。在硬件构架上采用最少的硬件，实现了高性能的全数字总线式控制，GTP8000E 数控系统和目前国际上流行的总线式数控系统相比，具有显著的竞争优势。

4. 沈阳中科

沈阳中科根据国家战略要求和国内外市场需求，通过开展"开放式数控系统支撑技术创新平台"建设，建立了高档数控系统的自主开发体系，形成了以开放为特色的数控系统平台，如基于多种 CPU（X86/"龙芯"/ARM）的硬件平台、基于实时操作系统的软件平台、现场总线与网络化技术等，组织制定了系列化国家标准，形成了数控系统的软硬件平台设计与批量生产技术标准体系；同时针对高档数控系统具有的高速、高精、多轴联动技术特征，以吴文俊院士提出的数学机械化为基础理论，开发了基于数学机械化方法的高速、高精、多轴运动控制算法，相关算法获得中国专利优秀奖，实现了数控系统的技术创新和自主可控。

沈阳中科的 GJ680 新一代智能数控系统采用 19in 全触屏 HMI 和机床操作站，支持多传感器介入和多信息融合，可将信息技术、智能控制和网络化技术有机结合，实现高档数控系统对加工过程的全面感知及智能控制，增强系统加工处理能力，并具有智能编程、智能故障诊断、智能补偿和远程监控能力，以及设备故障的预测诊断恢复能力，可大幅度提升数控机床的性能和可靠性，提高复杂零件的加工效率和质量。

第 4 章

国内数控系统市场

4.1　国内数控系统需求分析

4.1.1　国内数控系统市场现状

数控机床产业链主要分为上游关键零部件、中游整机制造和下游行业应用市场三个环节，如图 4-1 所示。

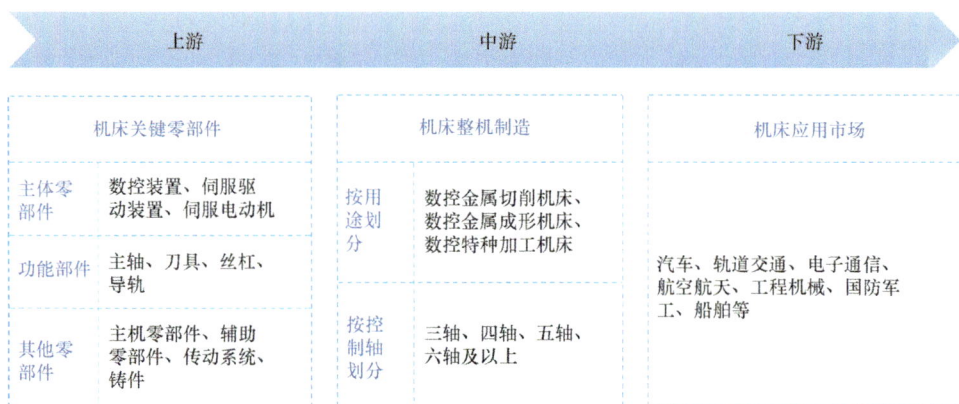

上游	中游	下游
机床关键零部件	机床整机制造	机床应用市场
主体零部件：数控装置、伺服驱动装置、伺服电动机	按用途划分：数控金属切削机床、数控金属成形机床、数控特种加工机床	汽车、轨道交通、电子通信、航空航天、工程机械、国防军工、船舶等
功能部件：主轴、刀具、丝杠、导轨		
其他零部件：主机零部件、辅助零部件、传动系统、铸件	按控制轴划分：三轴、四轴、五轴、六轴及以上	

图 4-1　数控机床产业链结构图

产业链上游是数控机床的关键零部件，主要包括数控装置、伺服驱动装置与伺服电动机，以及主轴、刀具、丝杠、导轨等功能部件，另外还有主机零部件、辅助零部件、传动系统、铸件等。上游零部件技术水平的高低、性能的优劣直接影响着数控机床整机的技术水平和性能。

产业链中游主要是整机制造环节，按数控机床用途划分，主要包括数控金属切削机床、数控金属成形机床、数控特种加工机床等；按控制轴划分，可分为三轴、四轴、五轴、六轴及以上数控机床。

产业链下游是数控机床的应用市场，涉及汽车、轨道交通、电子通信、航空航天、工程机械、国防军工、船舶等诸多领域，下游应用领域的需求很大程度影响了数控机床整个行业的发展态势。

1. 产业规模

随着数控系统行业技术水平的不断升级，其下游应用领域也不断扩大，我国数控系统的总市场需求将保持稳定，其中高性能数控系统的占比将逐步上升。

目前数控系统设备行业下游应用领域涉及汽车工业、电力设备、铁路机车、船舶、国防工业、航空航天工业、石油化工、工程机械、电子信息技术工业以及传统机械工业等。行业市场供求状况主要受下游汽车、航空航天、消费电子产品、太阳能光伏设备、集成电路等行业的综合影响。

在国家政策的支持以及国内企业不断追求创新的背景下，我国数控机床行业发展迅速，行业规模不断扩大，在国际市场中的地位也逐渐提升。2015—2018年，我国数控机床行业市场规模逐渐增大，2018年，我国数控机床市场规模达3 347亿元，较2017年增长10.5%。2019年，随着消费电子、汽车制造等数控机床下游应用行业发展的放缓，数控机床产量及产业规模都有一定程度下降，2019年，我国数控机床产量达77万台。2013—2019年我国数控机床市场规模如图4-2所示。

图 4-2　2013 — 2019 年我国数控机床市场规模

2019年，我国数控机床产业结构中，数控金属切削机床占据行业主导地位。由于数控金属切削机床具有广泛的应用市场，消费电子、航空航天、工程机械等领域的生产制造都与其密切相关，2019年数控金属切削机床产量达到41万台，产业规模达到1 739.6亿元，占比超过50%。数控金属成形机床产量位居第二，达到21.9万台，产业规模达到932亿元。2019年我国数控机床细分领域产量如图4-3所示。

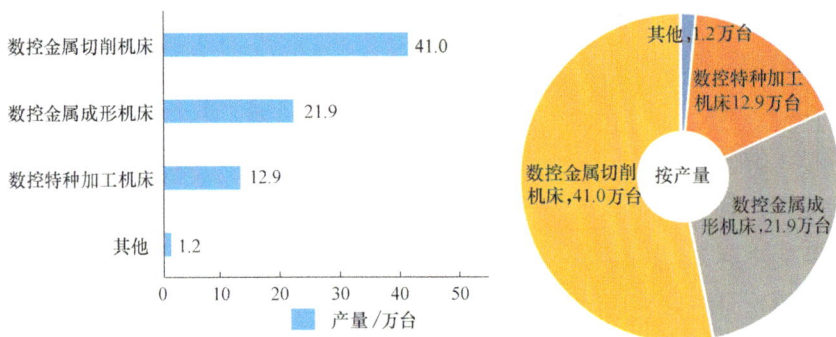

图 4-3　2019 年我国数控机床细分领域产量

我国数控机床产业资源主要分布在东、南部沿海地区，尤其是长三角地区、珠三角地区、环渤海地区是我国数控机床产业发展最具活力，也是产业规模排名最靠前的三个地区。从各省、自治区、直辖市分布来看，江苏、浙江、山东、辽宁和上海的数控机床产业规模排列前五位，具有明显的规模优势。

数控系统和关键功能部件决定着数控机床的整体性能，2019 年，在数控机床零部件方面，数控系统以及主轴、刀具、丝杠和导轨等关键功能部件实现了较好的产值；在整机制造方面，数控金属切削机床产业规模最大，达到 1 739.6 亿元。根据中国机床工具工业协会行业经济运行情况分析报告，受新冠疫情影响，机床工具行业的主要经济指标在 2020 年 1—2 月曾大幅下滑，3 月后逐月转好，进入第三季度后呈现出加速回升态势。

根据国家统计局规模以上企业统计数据，机床工具行业 2020 年 1—11 月累计完成营业收入 6 137 亿元，同比下降 1.6%，降幅较 1—9 月份收窄 2.8 个百分点。其中，金属切削机床行业 1—11 月累计完成营业收入 949 亿元，同比增长 3.2%。2020 年 1—11 月，金属切削机床产量为 40.3 万台，同比增长 4.1%（其中，数控金属切削机床产量为 17.1 万台，同比增长 13.0%）；金属成形机床产量为 17.8 万台，同比下降 10.6%（其中数控金属成形机床产量为 1.5 万台，同比下降 7.3%）。中国机床工具工业协会重点联系企业 2020 年 1—11 月的统计结果显示，金属切削机床产量同比增长 15.4%。图 4-4 为国家统计局统计的机床工具行业金属加工机床产量变动情况。

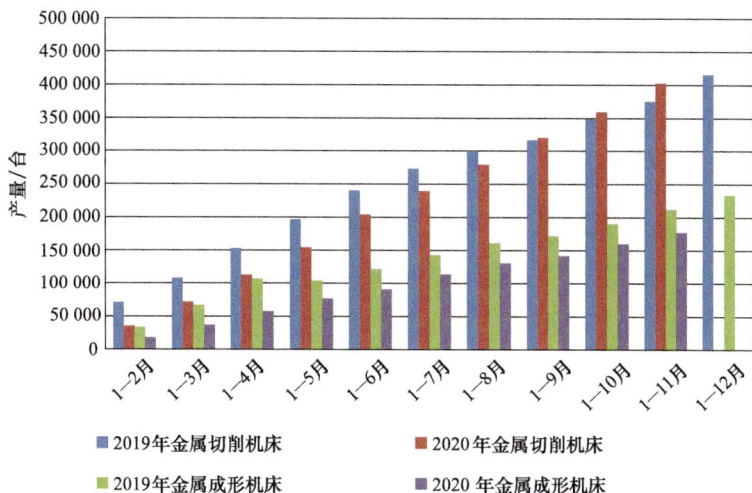

图 4-4　2020 年金属加工机床产量变动情况

来源：国家统计局。

2. 趋势分析

随着国家相继出台促进数控机床产业发展的相关政策，以及国防军工、新能源汽车、5G 设备、智能穿戴设备等数控机床下游新兴应用行业的兴起，未来我国数控机床产业将呈现良好的发展态势。

（1）产业规模与结构预测　2019 年，我国针对制造企业推出了较强力度的减税降费政策来促进制造业高效发展，同时随着国际贸易形势趋好，以及新能源汽车、5G 设备、智能穿戴设备等新兴行业的兴起，数控机床下游应用领域将得到进一步拓展，可有效带动数控机床产业发展。2020 年虽然受到新冠疫情的影响，产业规模有所减小，但由于我国统筹推进疫情防控和经济社会发展各项工作，形势持续向好，双循环新发展格局和汽车制造业强力回升，有力地促进了机床工具市场发展。预计到 2022 年，数控机床产量将达到 87.5 万台，产业规模将突破 4 000 亿元。

未来，数控金属切削机床产量和规模依旧占据最大份额，且占比小幅下降并趋于稳定，到 2022 年产量预计为 46.6 万台，产业规模为 2 132.9 亿元，占比达到 53.0%。数控金属成形机床产业规模略有扩大，到 2022 年产业规模预计为 1 146.9 亿元，占比为 28.5%。数控特种加工机床未来三年占比仍在较低水平，到 2022 年产业规模预计为 684.1 亿元，占比为 17.0%。在此背景下，预计 2022 年，国内数控系统总需求将达到 70 万台（套）以上，销售额达 500 亿～800 亿元。

（2）主要趋势

1）新一代信息技术将推动数控机床朝数字化、网络化、智能化方向发展。当前，新一轮科技革命与我国数控机床行业转型升级正形成历史性交汇，以大数据、云计算、人工智能为代表的新一代信息技术催生了新产业、新模式、新业态，这也为数控机床行业发展带来了新机遇和新挑战。未来，通信技术、传输技术、数据处理技术、控制技术运用到数控机床产品设计、制造、配料、仓储、售后等相关环节，将极大地推动机床行业实现生产管理及机床控制的数字化、网络化和智能化。

2）下游应用需求将推动数控机床朝精密化和超精密化方向发展。随着制造强国战略的不断推进，制造业对数控机床高精度需求不断增强，特别是航空航天、半导体、光学、机床制造等领域对数控机床加工精度要求极高。未来，通过机床结构优化、数控系统和伺服控制的精密化，以及温度、振动误差补偿技术的应用等，将有效地提高数控机床加工的几何精度、运动精度，降低形位误差，降低表面粗糙度，推动数控机床向精密化和超精密化发展。

由我国数控机床的发展情况分析可知，数控机床产业呈现稳步上升趋势，在汽车、船舶、国防、航空航天、工程机械、电子信息技术以及其他加工工业等领域有巨大的市场需求。同时，制造业也对数控系统尤其是高档数控系统及伺服电动机的高精度、高可靠性和高成套性提出了更高的需求。

前瞻产业研究院分析认为，未来我国数控机床市场规模将持续增长，预计到2024年，我国数控机床市场规模将超过5 700亿元。2019—2024年我国数控机床市场规模预测如图4-5所示。目前我国数控机床需求量日益扩大，产量正呈飞速增长趋势。近年来，随着我国工业转型升级和战略性新兴产业的高速发展，以智能制造、绿色制造和服务型制造为代表的装备制造业已经成为国民经济的支柱产业，实现装备制造业由大到强的转变，已成为我国发展装备制造业的主要目标。同时，随着全面建设小康社会战略的实施，人们对生活品质有了更高的要求，消费电子行业、汽车工业等反映"消费娱乐化"趋势的领域正迎来高速发展期。在上述工业转型升级的大背景下，数控机床行业作为上述行业重要的加工设备也在消费升级的大趋势下迎来新的增长点。

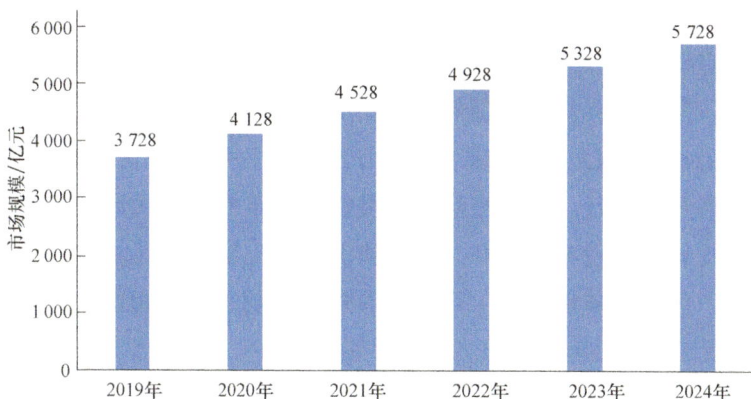

图 4-5　2019 — 2024 年我国数控机床市场规模预测

4.1.2　高端制造装备需求分析

1. 航空装备

预计未来 10 年，航空工业生存发展的经济合理性将显著提高，关键技术研发强度持续增加，产业格局面临新的变化。干线飞机交付量将占国内市场份额的 5% 以上，C919 客机的试飞开启了国产大飞机的时代，涡桨支线飞机交付量将占全球市场份额的约 20%，通用飞机和直升机交付量占全球市场份额的比例将分别达到 20% 和 10%。随着航空产业多年来连续实施保障重点工程建设，航空制造已广泛采用数字化制造技术，初步实现在设计、制造、检测和装配过程中采用三维数模传递信息，以三维数模代替二维平面图作为制造和检验的依据。由于国产制造装备总体供给不足，航空制造企业主要依赖进口制造装备，在诸多方面受到了西方国家的限制。根据我国航空产业的发展趋势及航空产品的研制生产需要，制造装备水平的进一步提升已势在必行。航空领域关键制造装备要适应新一代航空产品的新材料、新结构、新工艺发展，实现生产全过程的数字化、柔性集成化及智能化控制。航空产品从小批量向批量化生产快速转变可降低成本、提高产能，这对制造设备可靠性和精度稳定性以及装备的自动化、智能化与成套化提出了新的要求。

（1）飞机结构件加工装备　随着新一代飞机性能的不断提高，航空整体结构件日趋复杂，其精度要求越来越高，钛合金、复合材料等先进结构材料的应用越来越多。目前我国研制的三坐标立式加工中心和龙门铣床能满足强力加工需求，在"04 专项"的资助下，陆续开发了五坐标大转矩数控铣床、五坐标高速数控铣床等，虽然其在高端数控机床方面实现了重要突破，但在可靠性、结构合理性、效率方面仍有待提升。为满足现代飞机大型结构件的高强度、高精度、高效柔性加工需求，发展适合钛合金零件铣削加工的高刚性五轴设备，如五轴联动数控龙门式强力加工中心、五坐标卧式强力镗铣加工中心、五坐标立卧转换强力镗铣加工中心势在必行。用于整体板框类铝合金零件加工的高速五坐标大型数控机床和蒙皮镜像铣设备仍在开发中。我国基本上解决了飞机结构件制造装备的有无问题，但其可靠性、加工效率与国外先进制造装备相比仍有很大差距。近十年来，我国数控机床的无故障工作时间从 400～500 h 提升到 1 500 h 以上，距离国外的 2 000～3 000 h 仍有较大差距。加工效率与国外先进水平相比也有差距，主要是因为对多轴联动机床的动态特性、机电耦合特性分析得不够，正向设计能力不足等。

（2）飞机发动机加工装备 我国飞机发动机叶片的型面五坐标数控铣加工设备多数是从国外进口的，我国的"大飞机"专项，尤其是"两机"专项启动以来，西方国家对我国开始了新一轮高端制造装备禁运。我国需要逐步发展加工稳定、效率高并配有优化功能的叶片型面加工专用软件、方便快捷的 UG 编程后置处理软件，具有在线检测、叶片缺损修复等智能化功能的五坐标叶片数控铣加工设备。在叶片的精加工工序中，小曲率半径的进排气边需要机床具有高加速度的联动功能；还需要加工稳定且规格适宜的数控五轴联动磨床，以适应各种规格压气机叶片圆弧榫头和导向器叶片圆弧安装板的成形加工。对于机匣和盘轴等部件，五坐标精密镗铣中心、五坐标立式加工中心、五坐标车铣加工中心、精密数控万能外圆磨床缺一不可。在现有的切削加工设备中，国产数控设备占 25%、进口数控设备占 75%。国产数控设备出厂时的精度基本能够满足一般精度等级的零件精加工需求，但精度保持时间较短，并且精度下降得较快，而进口设备的精度保持时间较长。在发动机结构件中，整体叶轮盘、涡轮盘等应用得越来越多，对数控机床的五轴联动及高效加工能力提出了新要求。增材制造为这一类结构件的加工提供了高效、低成本的新途径。增减材一体化的技术和装备将是未来重要的发展方向。

（3）复合材料成形与加工装备 随着军用飞机、民用飞机中的复合材料结构件向大型化和整体化方向发展，传统的手工铺层方法已经不能满足大型整体构件的生产要求。国内尚无大型复合材料结构件自动铺带设备，复合材料自动丝束铺放技术和设备一直受到发达国家对我国的技术封锁。复合材料自动丝束铺放设备要具备预浸丝束的送进、定位、加热、滚压和裁断等功能。此外，还需进一步研制直径在 5m 以上、长度在 15m 以上的大型热压罐，以满足复合材料大型整体结构件的研制生产需求。飞机结构件中复合材料应用得越来越多，与金属材料的切削加工不同，复合材料的加工要求分层劈裂小、纤维切断能力强、表面质量好。目前国内复合材料结构件的加工设备主要依靠进口，适合大型复合材料薄壁件外缘加工和钻孔的设备，以及柔性夹具系统缺口较大。

2. 航天装备

据粗略估计，我国需要发射的卫星按照卫星质量分类，1t 以下的卫星约占 45%，1 ~ 4t 的卫星约占 30%，5t 以上的卫星约占 25%。在近地轨道，有效载荷超过 5t 的航天器基本都是载人航天工程用的货运飞船、空间站等；在太阳同步轨道，1 ~ 4t 重的卫星所占比例超过了 50%；在地球同步转移轨道、地球同步轨道，1 ~ 4t 和 5t 以上的卫星所占比例基本相当，但是随着我国未来新卫星平台的研制，地球同步轨道卫星质量加大将是必然趋势。从上述需求来看，中型运载火箭需求比较旺盛，在近地轨道，采用正在研制的长征 -7 运载火箭基本可以满足发射需求，而在太阳同步轨道的 1 ~ 4t 卫星及地球同步轨道的 5t 以上卫星，现有的中型运载火箭的运载能力还不能完全满足上述需求，由此可见，中型运载火箭是需要发展的重点领域。航天装备的发展趋势表现在以下几个方面：

一是朝大型化、重型化方向发展。为适应一星多用、卫星功能多样化、长寿命运行的发展要求，卫星载荷越来越大，卫星在轨维持时间越来越长，航天器所需携带的机动燃料将越来越多，因此，需要制造大型、重型运载火箭。

二是向超高精度方向发展。航天装备结构、形状、各零部件间的配合关系复杂，其尺寸精度、表面质量及装配精度要求很高，对航天制造技术的加工提出了较高要求。

三是朝微小型化方向发展。微小型航天器已成为国际宇航界的发展趋势，高性能微小型航天器的设计与制造对航天装备制造领域提出了新的要求和带来了新的挑战。

（1）光学遥感器制造技术与装备　光学遥感器用于卫星对地及空间物体进行观测，我国在空间遥感器制造方面，瞄准国际先进制造技术，硬件设备和基础技术取得了长足进步，在加工精度和效率方面有了很大改进，但与国家需求相比还有一定差距。研制大口径等离子体抛光设备、超大口径超精密铣磨机、超大口径智能机械手研抛机等高端设备，实现大口径、超大口径光学零件的高效高精度加工是未来的发展方向。

（2）导弹、运载火箭及运载器制造装备　运载火箭要实现高性能、高可靠性和低成本的目标，需要在强度、刚度、质量稳定性等方面得到提升，对制造过程中影响产品可靠性和稳定性的因素进行控制提出了更高的要求，因此对运载火箭的生产提出了"快速、高效、高可靠、数字化、柔性化、自动化装配"的要求。尤其需要如下设备：制造重型运载火箭发动机钛合金喷管的大型热成形专用设备，钛合金真空超塑成形/扩散连接设备及热成形生产线装备，直径为 3.35~10m 的系列箭体结构件的高效加工设备及精密焊接装备，高精度的大型超高强度钢变壁厚封头、圆筒数控强力旋压装备，高精度的大型超高强度钢壳体高效化激光电弧复合焊接与自动化装配装备，用于大型吊挂式发动机厚壁鞍形焊缝的高精度激光电弧复合焊接与自动化装配装备。在切削加工方面，需要大型固体助推器分段金属壳体数控双主轴卧式车铣复合加工装备，大型固体助推器复杂结构连接环壳体与扩张段壳体立式车铣复合加工装备，大型薄壁复杂结构铝裙高效立式车铣复合加工装备。大型筒体的焊接还需要大型精密工装夹具及在线加工的大型装备。这些制造装备开发难度大、费用高。增材制造装备及增减材一体化装备可以实现这些创新工艺及技术，且可以避免加工过程中变形，应该大力发展。

（3）航天复合材料制造装备　与航空装备中的复合材料需求类似，航天装备中的复合材料构件需要复杂形面、高精度复合材料缠绕机、大尺寸复合材料铺丝机，以及高效、高速、高精度数控复合材料切削机床等。

（4）航天复杂结构精密/超精密制造装备　航天惯性器件、位标器光学组件、伺服阀和星敏感器中有许多尺寸和形状精度高、结构复杂、易变形、材料难加工的零件，因此亟需突破航天精密/超精密制造瓶颈，形成具有特色的航天精密/超精密制造检测设备研发能力，铣磨类设备力争达到加工形状精度为 0.5μm、表面粗糙度值为 80nm，车削类设备力争达到加工形状精度为 0.1μm、表面粗糙度值为 4nm。

3. 轨道交通装备

2015 年，我国轨道交通装备产业产值规模超过 4 000 亿元，居世界首位。我国已建成一批具有国际先进水平的轨道交通装备制造基地，全国具备年生产大功率机车 2 000 台，动车组、铁路客车、城轨车辆 8 000 辆，各型货车 60 000 辆，大型养路机械 500 台（套），以及年大修机车 2 000 台、动车组及各类轨道客车 5 000 辆、各型货车 70 000 辆的生产和服务能力。"十三五"期间，国内轨道交通装备需求旺盛，保持高位增长态势。轨道交通车辆及附属设备领域的配套产品越来越多，主机与市场份额逐年增长；用户需求日益个性化和多样化，劳动力成本不断攀升，产品价格却不断下降。产品配置多样化、设计复杂性增加、交货期缩短，使制造系统的全价值链都在提速，采用较低的成本生产出满足用户个性化需求的产品。轨道交通装备制造产业将向智能化、自动化、信息化、集成化、高速化和绿色化方向发展。

（1）板料成形装备　板料成形装备包括面向机车及城轨产品各种零件折弯的大功率数控成形机、数控压力成形机、数控拉弯机，用于板材切割的激光和等离子切割机，用于曲面零件成形的大功率液压机，用于薄板零件冲孔的数控步冲机。

（2）车体加工装备　需要面向大型车体加工的由高速龙门加工中心、大型立卧加工中心、数控镗铣床组成的高柔性生产线；面向车轮、车轴等加工的双刀塔立式数控车削中心、多轴联动车铣复合中心、高精度磨削中心。

（3）小型基础零件加工装备　齿轮传动系统和锻钢制动盘对加工装备有较高的要求，普通滚齿机生产效率低，加工精度低，难以满足批量生产要求，国外普遍采用六轴四联动数控滚齿机，国内生产厂家生产的六轴四联动数控滚齿机，尚不能保证机车车辆产品精度要求。在磨齿机方面，需求工件模数 $\leqslant 40mm$，齿宽 $\geqslant 580mm$、精度为 3~4 级的磨齿机。带散热筋锻钢制动盘是高速动车组基础制动系统中的关键零部件之一，其特点是盘体直径大、散热筋高、厚度小，属于大型薄盘类锻件，锻件材质为 30CrNiMoA，锻件质量约为 100 kg。由于锻钢制动盘的散热筋多达 24 条且均匀地分布于盘面上，不易于机械加工，需要在模锻时予以锻出。

（4）板材自动焊接装备　在大型板材的焊接工艺上，需要激光（等离子）－电弧复合焊接装备、搅拌摩擦焊接装备、面向焊缝精整的自动抛光及打磨机和各类自动化焊接设备。需要建立中厚板金属材料激光复合焊接工艺数据库，实现轨道交通车辆大部件激光复合焊接的工程化应用和厚板（车钩板及枕梁等）搅拌摩擦焊新工艺的应用。

4. 海洋工程装备

随着国际上海洋油气的开发和装备的蓬勃发展，南海等深水油气探区的勘探开发已成为我国中长期能源发展的重点。近年来，我国在海洋工程装备研发制造方面取得了显著进步，大型浮式液化天然气生产系统、大型浮式钻井生产储卸油系统、大型半潜式钻井和生产平台等新装备不断涌现，关键技术取得了重要突破。

大吨位的抱柱式起重机、超大型低压拖缆机等海洋工程配套设备已开始研发与建造。大力发展海底矿藏开发装备，建立和完善多种深海资源的开发与加工技术和系列装备，优先完成具有商业前景的矿产资源在商业开采前的系统设计加工和深海试验研究，建设国际一流的开放型综合试验基地。

面对性能要求不断提高的海洋工程装备，以及其具有的超大、复杂曲面多、部分制造环境狭小恶劣，关键设备精度要求极高等特点，制造高精度、高质量、高效率、低成本等的装置。

（1）高精度平台板材加工设备　海洋平台上安装有大量质量大、体积大、作业要求高的大型配套设备，对安装基础提出了很高的要求。1 000t 级的平台吊机需要直径为 10m 的高精度圆形底座，钻井月池的导轨长度达 60m、精度要求达到 0.5 mm，需要可以在平台狭小区域内对大型和超大型平面进行高精度加工的机床设备。海洋平台上的配套装备多为单件产品，分段布置，大小不一，板厚差异巨大，板材基本上按单件切割，因此要求加工机床的适应性强，易于对不同形状、厚度、材质的钢板进行准确加工。

（2）螺旋桨复杂曲面加工设备　大型螺旋桨制造工艺流程中的端面及轴孔加工、桨叶面加工是螺旋桨生产的关键步骤，在加工过程中大量使用数控机床，包括用于大型桨毂直径和深度加工的高精度立式车床，跨径超过 11m 的多轴联动数控铣床，以及满足更大尺寸的螺旋桨、螺旋桨叶面及导边和随边型面加工的全自动数控打磨机床、高端铣磨复合机床。

（3）深孔加工设备　船舶的尾轴孔、舵轴孔等均为深孔结构，且运行时承载的载荷大，加工时需要保证同心度和平整度。较大的加工误差将给尾轴安装造成极大影响，对船舶营运带来安全隐患。船舶尾轴孔、舵轴孔的直径往往达到 700 ～ 1 200 mm，深度超过 2 000 mm，且为在室外现场加工。现有的加工镗床由于受到本身结构挠度、加工时的环境温度影响，确保加工精度难度很大，需要研制一款适应室外环境的深孔镗床，并且需要具备在机精度测量功能和误差补偿功能，以克服导杆变形、刀具磨损及温度变化对加工精度的影响。此外，中速柴油机有大量复杂的贯穿油路，最大深径比超过 30，孔壁粗糙度（Ra）值不能大于 1.6，需要采用高精度的深孔钻削装备进行加工。

（4）船用主机加工设备　船用低速柴油机的机体由气缸体、机架和机座三部分组成，中速柴油机的机体则为独立的零件。上述机体零件的加工需要工作台在 4m×12m 以上的数控龙门镗铣床，主轴直径为 200 mm 及以上、X 轴行程为

10m 及以上的数控卧式镗铣床、数控钻床等。柴油机连杆和活塞杆的加工设备主要包括：数控龙门镗铣床、数控卧式镗铣加工中心、数控卧式大型车床、深孔钻机和精密磨床。

（5）现场修复用的 3D 打印装备　海洋装备工作时通常远离制造企业所在地，当其零部件损毁或磨损失效后，补给异常困难，而 3D 打印装备可以现场修复失效零部件或制造损毁零部件，需要根据易损件的成组分类及其安放空间，发展适用的 3D 打印装备。

4.2　行业领域数控系统需求分析

4.2.1　航空领域

飞机性能的提高取决于机体结构效率和发动机推重比的提高，机体结构效率和发动机推重比的提高取决于高性能材料和先进结构的采用，而高性能材料和先进结构的获得则取决于先进的制造技术。数控制造技术是航空工业先进制造技术的重要组成部分。数控技术应用的广度和水平是衡量航空工业综合技术水平和企业现代化水平的重要指标之一。航空制造业的制造技术是衡量一个国家工业水平的标志，航空制造业是一个国家高档数控机床创新与发展的策源地。各国数控机床厂商正紧密围绕航空制造技术不断发展的需求进行设备研制。

航空结构件是构成飞机机体骨架和气动外形的主要组成部分，现代飞机为满足高信息感知能力、长寿命、结构轻量化等方面的性能要求，大量采用新技术、新结构、新材料，其结构件主要向整体化、大型化、复杂化、精确化和材料多元化方向发展。随着技术的发展，现代大型飞机在材料选择方面呈现出新的特点和趋势，现代飞机材料已经从以前的铝合金独霸天下变成了铝合金、钛合金、复合材料三分天下的局面，而且复合材料、钛合金还有进一步扩大的趋势。

在航空结构件制造中，不同的材料特性和工艺方法对相应的数控装备提出了不同的要求，主要表现为：铝合金零件数控加工机床的轻量化和运行高速化；钛合金和高强度结构钢零件数控加工机床的大转矩和高刚性；复合材料零件制造设备的自动化和数控化。

1. 航空铝合金数控加工机床

高速切削技术是近些年迅速发展起来的一项先进制造技术，它不但极大地提高了加工效率，而且显著地改善了零件的加工精度和表面质量。由于高速切削时产生的切削力小，发热少，残余应力以及零件变形较小，因此在航空铝合金零件数控加工方面得到了广泛应用。高速切削机床以高速主轴系统、高速进给系统和高动态特性为典型特征。

目前，面向航空铝合金零件高效加工的数控机床以移动龙门结构为典型代表。由于移动龙门结构具有结构刚性好、加工范围大、占地面积小、操作方便等特点，成为用于航空铝合金加工的大型数控机床首选的总体结构形式。因铝合金材料若干年以来在航空领域占有重要的地位和具有较大的应用比重，各航空数控加工车间先后配置了大量的进口中高档龙门数控机床。鉴于此类高速数控机床的强劲需求，国内许多机床厂商也相继发展了自己的中高端龙门移动数控机床。多龙门多主轴机床是最具航空特色的龙门移动数控机床，工作台宽度尺寸大，机床纵向行程长，一台机床可配置多个龙门架（高架桥式机床为横梁），每个龙门（横梁）上可配置多个主轴，既可以同时加工多个相同的梁类零件，也可以只加工一个大尺寸的壁板、框类零件，机床的利用率和加工效率得到有效提高。多龙门多主轴机床在航空制造业大型机床中的占比相当高。当多龙门多主轴机床加工大型或超长零件时，每个龙门架的加工行程都可以覆盖整个机床工作台，可以让 1 个龙门架利用整个工作台进行加工，也可以让多个龙门架对同一个零件进行分段加工；当该机床加工尺寸稍小的飞机零件时，可以将每个龙门架限定在各自的加工区域内进行加工，也可以在一个区域内加工，在另一个区域内进行工件装卸、调整等辅助工作；当机床加工细长类零件或小零件时，多个主轴可以同时加工多个同样的零件。FOREST-LINE、CINCINNATI 等国际知名机床厂商均有多龙门多主轴的龙门机床应用于航空领域，北京航空制造工程研究所也形成了以双龙门四主轴为代表的系列产品，并交付飞机制造厂用于大型铝合金结构件加工。

高架桥式高速数控机床是近些年从龙门移动型机床发展出来的新型龙门数控机床，在航空工厂应用得比较广泛。为有效减少运动部件的质量，高架桥式高速数控机床在结构上进行了调整，将立柱从龙门中分离出来，根据行程的大小，设置数个固定立柱，将立柱与床身或地基固定在一起，使横梁在立柱上部进行移动。这样，运动部件只包括横梁、横滑板和铣头部件，并以最大刚质比为目标进行结构分析和优化，同时设计时尽可能使驱动点靠近移动部分的中心位置，有效地提高了机床的动态性能；并且床身和工作台剥离，减小了单个构件的重量及规格尺寸，方便了制造、装配，也降低了成本；另外，高架桥式高速数控机床的立柱由钢结构件改为钢板 - 混凝土件，这种立柱材料的阻尼特性为钢材的 7 ～ 10 倍，整个设备的抗振性和抗干扰能力得到很大提高。这种机床配置高速精密电主轴，可用于框和壁板类零件的高速高效加工，具有零件变形小、加工质量优良等优点，在生产中有很好的应用前景。

五轴联动精度是高档数控机床性能评价中最重要的指标，能够综合反映机床设计、制造、装配、调试及性能优化的技术水平。五轴联动精度检测一般采用NAS979标准规定的圆锥试件加工测试方法。近年来国内航空制造企业发明的"S"形渐变曲面试件加工测试方法，被广泛用于五轴联动高档数控机床的切削精度和性能测试，"S"形渐变曲面试件作为附加测试件被纳入 ISO 10791-7 标准组的精度测试件，成为国际标准测试件。

2. 航空钛合金数控加工机床

随着现代飞机高速、高精度性能要求的不断提高，具有比强度高、耐腐蚀性好、耐高温等一系列突出优点的材料（如钛合金、高温合金、沉淀硬化不锈钢等）在飞机设计中被大量采用，逐渐成为飞机结构件的主要材料。钛合金是其中最主要的代表材料。

在美国 F-22 飞机上，钛合金的占比高达 41%，成为该飞机使用比例最高的材料。民用波音飞机的钛合金应用比重也逐年增加，最新型的波音 787 飞机的钛合金用量已超过以前所有波音飞机钛合金用量的总和。钛合金等材料的特性导致其切削加工性能差，故将其统称为难加工材料，相对切削加工性在 0.05 ～ 0.4 之间，加工效率极低。若 45# 钢的切削性为 100%，则钛合金为 20% ～ 40%，其加工效率为铝合金的 10% 左右。以钛合金为代表的难加工材料航空结构件的低加工效率严重制约了现代飞机的批量生产，因此难加工材料的高效、高精度加工设备成为最近几年机床行业讨论和关注的热点，AB 摆角结构的机床受到了市场的再次青睐。

世界各国著名的机床制造商推出了不同型号的钛合金加工机床。尽管各自采取的措施不尽相同，但其共同特点是针对加工钛合金零件时切削力较大以及铣削过程的不连续，聚焦于提高机床的刚性和阻尼。钛合金材料的特性和加工特点，要求机床必须具有高刚性、高动态响应的结构，大功率、高转速的主轴，大转矩摆角驱动机构，高阻尼特性等特点，给数控设备的设计制造带来了严峻的挑战。

航空发动机作为飞机的心脏，直接影响飞机的性能、可靠性及经济性，是一个国家科技、工业和国防实力的重要体现。目前世界上能够独立研制高性能航空发动机的国家只有美国、俄罗斯、英国、法国等少数几个国家，技术门槛很高。近年来，国外航空发达国家在新型航空发动机结构设计中采用了整体叶盘的结构。

与传统的叶片和轮盘装配结构相比，整体叶盘将叶片和轮盘设计为一个整体，省去了榫头、榫槽和锁紧装置，避免了榫头气流损失，减轻了结构重量和减少了零件数量，提高了气动效率和可靠性，增大了推重比。整体叶盘一般采用钛合金、高温合金等难加工材料，叶片薄、扭曲度大、叶展长、受力易变形，且叶片间通道深而窄、开敞性很差，制造特别困难。美国的 GE 和 P·W 公司、英国的 R·R 公司等在生产整体叶盘时都采用了高精度五坐标数控加工技术。瑞士斯达拉格的 STC 系列机床和德国的 BOKO 机床几乎垄断该类设备的国际市场，价格异常昂贵。

钛合金材料以其独特的材料和力学特性，一直以来都是数控加工的难点。如何实现钛合金航空结构件的高效数控加工，是航空制造企业、数控设备制造商和刀具制造商共同的课题，需要各方密切配合、协同研究方能取得实效。在钛合金大量应用的今天，钛合金航空结构件的高效加工仍然是数控加工工艺技术和设备研发的焦点，也是推动数控制造技术发展的源动力。

3. 航空复合材料构件自动铺放设备

复合材料相比传统金属材料，具有质量轻、强度高、抗疲劳、耐腐蚀、可设计性强、成形工艺性良好、成本低等特点。复合材料在航空产品上的用量越来越大，且呈现快速增长的趋势，如大型飞机波音 787 的复合材料用量达到 50%，A350 飞机的复合材料用量达到 52%，先进无人机复合材料的用量更是达到 80%。随着这些飞机逐渐形成批量生产，复合材料在航空上的用量会继续增加，而且这一增加趋势将是长久和持续的。应用复合材料的部件由次承力结构件向主承力结构件发展，甚至开始向全复合材料结构飞机发展。随着工艺和技术的发展，复合材料结构件已经从一般尺寸规格（宽度在 2m 以下）的结构件发展到大型（宽度在 3m 左右）复合材料结构件、超大型（宽度在 5m 以上）复合材料结构件。以往手工操作生产线已经不能满足零件的精度及尺寸要求，特别是大型军用运输机和大型客机的大曲率复杂机身、机翼等大尺寸复合材料结构件，手工无法完成构件制造，同时由于手工操作无法保证质量，而相对成本非常高昂，因此必须采用包括自动铺放在内的智能化制造技术。

面对新一代先进飞机在机身、机翼等部位大面积应用复合材料的趋势，为保证复合材料整体结构件的质量稳定性和高制造效率，用于自动化铺放的自动铺带机与丝束铺放机得到快速发展，成为先进大型飞机制造的关键装备。自动铺带技术是通过多坐标联动的自动铺带机将一定宽度（一般有 300mm、150mm、75mm 3 种规格）的预紧料带，按照程序设定的路径，通过传送、切割、压实等，将预紧料带铺叠在模具上，制成复合材料预成型体。相比于手工铺叠，自动铺带在保证产品质量一致性，提高生产效率，降低制造成本等方面具有突出的优势。自动铺带主要适用于尺寸较大、曲率较为平缓的机翼、尾翼等翼面类结构件。经过40多年的发展，自动铺带技术在欧美国家已经成熟，并大规模应用于航空复合材料结构件的制造。目前，美国 MAG CINCINNATI 公司、美国 INGERSOLL 机床公司、西班牙 M-TORRES 公司以及法国 FOREST-LINE 公司等机床制造商积极推出了各具优势的复合材料自动铺带设备。

丝束铺放技术与自动铺带技术同样具有高效、低成本的特点，是专为曲率较大的双曲面构件的铺叠而开发的技术。典型的丝束铺放技术是通过多坐标联动的铺放头将不同数量的预浸丝束在压辊下集束成带，通过传送、加热、压实等工序，按照程序设定的路径铺叠在模具上。与自动铺带技术相比，丝束铺放技术的优点主要在于：每一条丝束独立控制，可以根据结构件形状增减丝束根数以适应边界，并且可以适当控制纤维方向，对局部加厚、加筋、铺层递减、开口补强等，使复杂结构具有更强的适应性，因此，该技术广泛应用于机身、进气道、翼身融合体、机翼大梁等大曲率复杂复合材料构件的制造。为适应飞机制造业这种实际发展需求，国外一些大型数控机床制造商，如美国 MAG CINCINNATI 公司、西班牙 M-TORRES 公司以及法国 FOREST-LINE 公司借助在大型数控机床结构设计技术方面的优势，纷纷推出各具特色的大型丝束铺放机。北京航空制造工程研究所也研制了大型复合材料丝束自动铺放机，采用高架桥式结构，X、Y、Z 坐标轴采用先进的直线电动机双边同步驱动技术，其中铺丝头采用国外进口的成熟产品，能够实现最多 32 束 6.35mm 宽度预浸丝束的自动铺放，为我国大型复合材料结构件丝束铺放技术应用奠定了装备基础。

航空科技是国际竞争的战略制高点。航空工业的快速发展对航空结构件的材料和工艺提出了新的要求，也给设备制造业带来了新的挑战。为使我国航空制造技术尽快赶超世界先进水平，需要发展相当数量的高性能数控机床和航空专用装备。但国内数控加工技术远不能满足快速发展的航空制造业需求，还需要结合航空制造工艺技术的发展，深入研究各种高性能航空结构件的制造技术和装备。国外航空装备研发模式值得我国借鉴，设备研制单位和用户企业"抱团发展"应该成为我国高档数控机床和航空专用装备研发的主要模式，这样做可以使产品设计最大限度满足制造工艺需求，并优化相关性能，提升设备的使用效能。随着航空结构件制造需求的不断升级，国际高端设备制造商开发了卧式翻转工作台和虚拟轴加工等先进技术，使得设备动态性能大幅提高，加工效率、加工精度和表面质量大为改善，是目前高档数控机床研发的重点。伴随着信息、智能相关技术的发展和环保要求的提高，高速、高精、智能、环保将成为高档航空数控机床和专用装备未来的发展方向。

4.2.2　航空发动机领域

我国航空发动机制造业从引进斯贝发动机开始，随着 20 世纪 90 年代一些攻关项目的投入，逐步引进了一些精铸、精锻方面的全套设备，各类金属切削机床，焊接和热处理设备，计量仪器和理化测试仪器等，尤其是后来承担了大量 RR、GE、PW 的外贸转包业务，引进了大量高档数控设备，学习到了很多发动机先进制造技术。经过 30 多年的学习和自主攻关，在数控加工、缓进磨削、拉削、电子束焊、等离子喷镀和各种无损探伤检验等方面的技术和装备都通过反复实践而得到巩固和发展。但是这些零件大部分都是在国外品牌机床上加工制造的，该类机床主要是高档五轴立 / 卧式加工中心、数控坐标镗加工中心、数控坐标磨削加工中心、立式车磨复合加工中心、高速叶尖磨机床、高精度数控拉床以及各类多功能复合专用金属切削设备。

1. 高刚性、高效率

航空发动机零件大多采用难加工材料，高效加工常采用强力切削方法，因此对数控机床的刚性要求较高。床身和进给系统：一般要求机床基座和床身结构是整体经过动力学仿真与验证的最佳结构，具有 ±2μm 的平面精度，机床直线轴、旋转轴热稳定性好。切削主轴：钛合金切削的最佳线速度约为 200m/min，高温合金切削的最佳线速度为 120m/min。航空零件的多特征需要不同直径的刀具，不同阶段的加工需要设定不同的切削深度，这就要求切削主轴可以在较宽的切削速度范围内具备较大的恒转矩输出能力，高速下主轴刚性要好。对主轴结构、线圈缠绕工艺、冷却润滑系统、密封、轴承及支撑方式等都提出了很高要求，如采用动静压轴承（陶瓷球）保障最低磨损状态下实现高主轴转速，提高刚性，带有高端的槽口润滑，防漏端面迷宫密封接头可提供良好的空气密封。

2. 高精度、高动态响应

航空发动机零件对尺寸精度、几何元素的形位精度要求高，特别是薄壁零件刚性差、加工过程易变形，加工后尺寸和位置度等难以检查，需要一次成形，并采用在机方式进行测量，对数控机床的加工精度要求较高。机床动态性能不足够好引起的动态误差是机床高速切削过程中影响加工精度的最主要因素之一。通过选择带有光栅尺的全闭环反馈系统和稳定的静压导轨，可保证数控机床具有较高的定位精度和重复定位精度。要求伺服进给机构具有高加速性和较短的定位及启动时间，对主轴振动、漂移和温度进行实时监控并调整，并具有较好的精度保持性，具有在机检测功能。同时要求一机兼备粗加工和精加工能力，可以提供粗加工、预加工、快速加工、精加工和超精加工等多种功能的最佳配置，以保证工件的高质量和高精度加工。

3. 高可靠性、高精度保持性

机床的可靠性涉及的因素很多，是一个系统问题。从用户角度看，像 Starrag（斯达拉格）等精度保持性比较好的机床，其结构的各个环节都有合理分配承载力和切削力的机构或装置。例如，为避免切削扭力集中，摆动头采用锥齿轮和蜗杆结构，并通过增加多齿接触和增大接触面，有效分散切削承载力，从而减缓磨损；主轴和立柱箱有中空的减振和水冷功能，可以衰减振动并减小重载切削变形；工作台和进给轴等装有过载切削保护传感器，在崩刃等突发情况下可以保护机床不受损。主轴采用静压轴承（陶瓷球），可以在最低磨损状态下实现主轴的高转速和高刚性，并且控制主轴精度、基础件几何精度和各轴的运动精度，可以有效地降低非正常磨损造成机床精度衰减。总体上，机床整体采用稳定的热对称结构，可靠性比较好的机床主轴头、主轴、回转摆动工作台，关键部件提供连续水冷功能，可以长期保持机床的高可靠性。

4. 强大的冷却功能与绿色加工环境

航空发动机难加工材料在加工过程中会产生大量的切削热，从而降低刀具的使用寿命，还会使零件产生较大的加工应力，在加工后甚至在使用过程中产生较大的变形，影响发动机零件的使用可靠性。因此需要机床具有良好的切削冷却功能，如内冷和水基油基方便切换的高压外冷，带有油雾润滑、液氮冷却、干切削吸尘等功能。

5. 操作便捷且易于维护

航空发动机零件装夹复杂且易出现异常切削现象，因此要求机床上下料装夹和找正操作可达性好，采用大尺寸车门和观察窗，窗口工位姿态舒适。排屑器需有宽大的排屑口且没有死角区域，带工件喷淋功能的综合清洗系统，能够适用于湿式或干式加工。所有需要定期维护的组件均应易于操作，如过滤器、刮水器等要易于更换零件。同时，为维护人员提供安全工作区域，例如平台和固定点。可配置状态监控机器，预测组件的潜在故障。

6. 功能强大的控制系统

数控机床的加工运动是通过控制系统的指令实现的，因此一个稳定的、功能强大的控制系统是数控机床充分发挥作用的可靠保证，否则数控机床无异于普通机床。功能强大的控制系统可根据不同的加工工况，对各运动部位的传动参数进行实时调节，对控制行为和数控路径规划进行详细的开发和优化，以实现几何精度、表面质量和生产率的完美结合。

7. 专机化、智能化

整体叶盘、涡轮叶片、喷嘴组件、涡轮盘、机匣等零件的附加值非常高，该类零件的加工质量要求高、加工难度很大，而且机械加工往往是最后一道工序，一旦超差将造成整个零件报废，因此针对该类典型零件的复杂结构与表面特征开发专机设备非常必要。针对典型零件提供综合解决方案，除了传统的数控加工工艺方案和切削方法外，还包括 CAM 系统、加工系统及过程监控系统的集成；提供个性化的夹具，设计单独的适配器方案，夹爪可针对复杂表面和预加工面进行灵活操作，不同夹具之间的基准转换几何偏差可在系统中进行自动偏置补偿，并可兼容多种夹具，自动托盘交换装置夹具更换方便；通过预见性特征和动态预选功能提高高速加工时的轮廓精确度；甚至针对不同零件开发系列化刀具方案。航空发动机零件加工对智能化需求的难点和亮点主要体现在工艺过程中，如加工过程的自适应控制、工艺参数自动推荐与生成系统，简化编程、操作智能系统，集成装/卸单元中的精密定位托盘，智能监控、智能诊断及维修等。

4.2.3 汽车及零部件制造领域

汽车工业是拉动机床工业发展的"火车头"，在国际上，汽车强国一般同时也是机床强国。不仅美国、日本、德国、意大利诸国，新兴机床强国韩国、西班牙的机床工业也是靠汽车工业拉动的。同时，在世界范围内，凡能满足汽车工业需求的机床企业，必定是世界上一流的机床企业。汽车工业对机床工业在技术上的带动，主要体现在以下几个方面：第一，轿车零件的尺寸和精度比一般机械高一到两个精度等级，带动了机床向高精度发展；第二，汽车制造属于大批量生产，采用自动流水生产线，核心技术是系统集成技术—将工艺系统、物流系统、信息系统集成为自动流水生产线集成技术。

中国汽车产业是数控机床最重要的应用市场，在国内汽车及关键零部件制造行业，发动机、全电动变速器、高压油泵驱动单元、轮毂单元、万向联轴器、车桥、轴承、汽车底盘类等关键零部件制造需要大量的数控机床，按我国机床消费的

50% 以上用于汽车工业，每年至少有 20 万台以上的数控系统需求。

在汽车及零部件行业，用于发动机缸体、缸盖、曲轴、凸轮轴等加工的数控机床必须满足高精、高效、高可靠性的要求，以适应柔性生产线自动化加工的特点。目前，国产的该类机床与国外产品相比还存在较大差距，实现替代进口还有相当长的路要走。

近几年来，我国汽车产量稳步增长，为应对国内外市场竞争，汽车行业加大固定资产投资。据统计，汽车行业固定资产投资的 70% 用于采购生产设备，其中 70% 用于进口机床及锻压设备。预计未来 5 ～ 10 年，汽车产业将迎来新一轮大变革，同时国家发展新能源汽车的战略，将深入推进节能与新能源汽车产业发展。车身结构件向高强度轻量化发展，铝、镁合金等轻质材料的应用，动力系统的关键零部件向精密化制造发展等。我国机床制造业已经丧失了上一次与汽车工业同步发展的大好机遇，现在又面临自主品牌汽车、新能源汽车与制造装备国产化互动发展的一次重要机遇，迫切需要国产数控机床及基础制造装备在可靠性、精度稳定性、工艺适应性和成套成线、智能化方面得到提升，以适应市场需求。

汽车产业对机床的需求量很大，主要体现在两个方面。一是用于汽车整车生产的冲压、焊接、涂装和总装线四大工艺中；二是用于包括发动机、变速器、传动系统等在内的汽车零部件加工。其中，整车生产四大工艺中除冲压线需要的机床比较多外，其他工艺主要应用自动化装备、测量设备、机器人等设备。在汽车制造领域，机床主要用于占整车全部装备价值 70% 左右的汽车零部件的加工和制造，汽车零部件加工对机床的需求量比整车大 10 倍以上。汽车工业已经成为机床消费的主体，有关分析认为其比例已经占机床消费总量的 40% 以上。

根据中国机床工具工业协会的数据，2019 年中国金属加工机床消费总额为223.1 亿美元，其中汽车工业的机床消费额约为 80 亿美元，并且这些机床大部分是国外进口的中高档数控机床。在上汽、一汽、东风、广汽等大型汽车集团的相关制造企业中，进口的中高档数控机床占比更高。

汽车制造对数控机床的需求可以分为两个市场：存量市场和增量市场。

增量市场：当前，我国新能源汽车产业正处在飞速发展阶段。由于政策导向的作用，目前以纯电动车为主，比例约为新能源汽车产量的 3/4。然而在世界范围内，新能源汽车的飞速增长却更多地由混合动力车贡献。在未来相当长的一段时间内，对于制造业而言，新能源汽车制造所需的机床会保持持续增长的态势。新能源汽车的主要零部件包括电动机、电池、电控设备三大核心零部件，即新能源汽车的"三电系统"的相关零部件。

存量市场：未来一段时期内，传统燃油车仍将是主流产品。随着整车企业新车型的加速推进，汽车的轻量化发展趋势使得汽车的发动机缸体、缸盖材料由铸铁向铝镁合金转变，需要采购更高效、更高性能、更高可靠性的数控机床。其中，缸体、缸盖加工柔性生产线大多由卧式加工中心组成，另外还需珩磨机等；曲轴加工设备主要是车拉机床、数控曲轴内铣或外铣床、数控曲轴磨床、曲轴抛光机等；凸轮轴加工设备主要是凸轮轴数控车床、凸轮轴磨床等。

4.2.4　消费电子领域

消费电子产品是指供日常消费者生活使用的电子产品，包括手机、计算机、电视机及其他终端电子类产品。电加工机床、数控加工中心、数控钻床、数控铣床等广泛应用于消费电子行业，金属切削机床在消费电子行业主要用于加工金属外壳、金属零部件等。消费电子行业主要应用的技术有冲压、车铣加工、电加工和激光加工，消费电子产品内部的钣金件多是由冲压完成，而产品壳体部分需要车铣工艺。随着全球范围内消费电子产品用户规模的不断扩大，尤其是各类智能终端产品的普及，使得消费电子产品下游需求持续旺盛。

目前，我国已经成为世界消费电子产业的制造中心，同时，居民收入水平稳步提高和手机等消费电子产品的普及率不断提高，使得我国也成为世界消费电子产品的最大消费国之一。伴随着如 VR 设备、车用电子设备等新产品的不断涌现和新技术的不断应用，消费电子产业的产品种类更为丰富，未来全球消费电子产业规模有望保持增长态势。与此同时，我国消费电子产业将逐步成长为规模大、自主配套能力强的成熟产业，未来我国消费电子产业的产值与销售额将保持稳定增长态势。

智能手机市场仍然是消费电子市场增长的重要引擎，自手机进入智能时代以来，全球智能手机的出货量一直保持增长势头，虽然近几年增速有所放缓，但全球智能手机市场变化稳定，2016 年全球智能手机出货量达到 14.71 亿部，2020 年出货量达到 12.9 亿部。我国仍然是世界上最重要的消费电子产品生产国和消费国之一，近年来手机产量和彩色电视机产量均保持稳定增长的态势，虽然增速有所波动，但总体增长态势稳定。消费电子市场在未来将延续近几年的整体态势，主要依靠智能手机、超高清电视机、可穿戴设备等带动市场增长。

随着数控机床产业的发展，各行各业对于数控机床的需求也逐渐增多。值得一提的是，3C 产业对于数控机床的需求也在逐年增加。未来，3C 产业对数控机床的需求将变大。

1. 我国 3C 产业市场巨大

3C 产品即计算机、通信和消费电子三类产品的总称。通信主要是指手机，消费电子则包括数码相机、电视机、随身听、电子词典、影音播放器等。3C 产业链非常庞大。

据美国高德纳咨询公司（Gartner）预计，未来 3C 产品的年复合增长率将达到 2.6%。虽然 3C 产品增长趋于平稳，但是市场存量规模庞大，目前年出货总量接近 25 亿台（包括手机、计算机、平板计算机）。

我国是 3C 制造大国，占据了全球 70% 的产能，其中手机制造产能最高，占全球产能的 32%。这意味着 3C 产品的加工和组装工厂绝大部分在我国。

3C 产品制造设备自动化趋势明显。3C 制造业人工数量多、重复工作多，自动化设备的应用可以节省人力、缩短生产周期。近几年，电子制造设备自动化功能部件增长率呈上升趋势，自动化升级需求明显。

3C 终端生产商都在加大自动化升级改造的投资力度，苹果公司每年在自动化生产线上投入 3 亿～ 5 亿美元。富士康作为国内较大的 3C 产品代工商，在自动化领域也有相当大的资本投入。此外，中兴通讯股份有限公司、美的集团、海尔集团、格力集团等都在自动化生产线升级方面有很大的投入，3C 自动化升级已经启动。3C 产品制造产业链如图 4-6 所示。

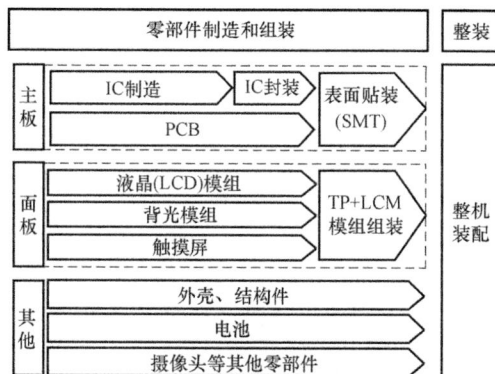

图 4-6　3C 产品制造产业链

2. 手机制造设备对数控机床需求旺盛

手机金属壳渗透率在逐年增长，目前渗透率在 25%～ 30%。《畅销手机排行榜金属机身分析报告》显示，在上榜的机型中，金属机身的占比超过一半，因此从需求端看，未来金属机身渗透率仍将持续上升。

随着5G和无线充电技术的推进，智能手机上的金属中框逐渐成为市场主流选择。华金证券分析师认为，金属中框作为手机关键结构件，可以固定、支撑显示屏与玻璃后盖。例如，华为P30 Pro选择的是比亚迪电子提供的3D玻璃背板 + 金属中框打包方案，vivo NEX也是采用3D玻璃背板与金属中框组合。

5G时代，手机主屏的面积增大，厚度趋薄，因此手机框架的强度急需增强。从材质的强度、重量、价格、易加工性等特点来看，目前业内选择应用于手机金属中框的材料主要有铝、不锈钢及无磁金属材料。不过，不同于金属机壳的加工工序，金属中框对现有市场中的精密件加工企业提出了更高要求，金属中框加工技术壁垒的突破将显著提升金属中框产业价值空间。业内人士分析称，对于手机金属部件制造厂商而言，无论手机采用金属外壳还是金属中框，必然要用高速加工数控机床进行雕铣，不同之处在于金属中框要做成一个组件，需要纳米注塑、支撑部件加工工艺等更为复杂的工艺，金属中框加工存在较高的壁垒。因此，单价上金属中框高于金属机壳30%左右。同一家企业制造金属后盖和金属中框，冲压式后盖的价值量为20元左右，而金属中框的价值量在80元以上。2016年智能手机全球出货量达14亿部，金属化率达到38%，需求高速加工数控机床约5万台，其中，仅国内品牌就有1亿部，需要新增1.5万台高速加工数控机床产能。这些高速加工数控机床对国产高性能数控系统的需求非常迫切。

与老基建不同，"新基建"以科技建设为主体，离不开精密加工机械的助力。以"新基建"中最关键的新基础设备——5G基站建设为例，据工业和信息化部发布的2019年通信业统计公报显示，截至2019年年底，我国5G基站数量超13万个，2020年全国建设的5G基站超过60万个。5G是移动通信领域的重大变革点，是当前"新基建"的领衔领域，由基站建设所带来的经济产出，将为机床产业带来新的机遇。最明显的一点是5G基站的建设为机床产业带来了新业务、新订单，智能装备供应商因此获得更多设备订单。基于5G周边产品（如通信滤波器、5G新材料应用机床等）也将获得全面爆发的契机。

此外，大数据中心、人工智能、新能源汽车充电桩、工业互联网等"新基建"领域也与机床行业密切相关，有望进一步激发智能数控机床等其他工业智能终端设备的需求。

一方面，"新基建"有高技术、能补短板，可推动我国经济发展，让大力发展高科技成为社会共识，加深了制造企业对自动化生产的认知，提高了人们对人工智能、工业物联网的需求；另一方面，它能进一步激活存量制造产能，有效提升制造效率，推动我国制造业向智能化、高端化转型，让机床产业真正向高端领域发展。

4.2.5 其他制造领域

其他用户领域，如通用机械和零部件、轻工家电、铁路和轨道交通、冶金钢铁、能源、机床工具、木工机械、模具、船舶等行业，在国际招标采购中均占有一定比例。铁路和轨道交通行业对机床的需求具有特定性，主要需要的设备是大型铣床、磨床、重型机床等；能源和船舶行业是大型、重型机床的重点用户，对机床的要求越来越高；模具行业以及通用机械和零部件行业产品种类较多，对各类加工中心均有需求。在上述应用领域中，除部分对专精特要求较高的加工中心外，多数加工中心机型国内厂家已具备生产能力，通过努力提高产品内在品质，可以在替代进口上实现突破。

第 5 章

国内外数控系统产业
发展比较

5.1 技术水平比较

5.1.1 国内外数控技术和产品发展趋势

第十七届中国国际机床展览会（CIMT2021）于 2021 年 4 月 12—17 日在北京中国国际展览中心（新馆）举行，来自全球 27 个国家和地区的 1 500 多家展商携 10 多万台（套）机床工具产品共享盛会。境内外著名机床工具制造商悉数到场，其中德国、美国、英国、瑞士、意大利、西班牙、法国、捷克、日本、韩国、印度 11 个国家，以及中国台湾地区和中国香港地区的机床协会或贸促会等机构组团参展，中国内地的武汉华中数控股份有限公司、广州数控设备有限公司、沈阳中科数控技术股份有限公司、大连光洋科技集团有限公司、山东山森数控技术有限公司、超同步股份有限公司、北京计算机技术及应用研究所、上海维宏电子科技股份有限公司、新代科技（苏州）有限公司、北京凯恩帝数控技术有限公司、成都广泰威达数控技术股份有限公司、武汉迈信电气技术有限公司、浙江德欧电气技术有限公司、江苏美事科电机制造有限公司、江苏赛洋机电科技有限公司、武汉华大新型电机科技股份有限公司、佛山登奇机电技术有限公司等 20 余家数控系统及配套企业参展。

1. 技术趋势

（1）数控系统软硬件技术持续升级　知名数控系统企业不断采用计算能力更强的 CPU、DSP、FPGA 芯片，并向集成 AI 芯片方向发展。升级后的数控系统支持多传感器介入、支持互联互通协议，应用大数据、云计算、边缘计算技术等新兴互联网技术，支持健康自诊断、远程健康诊断、远程运维等功能。数控系统向大屏化、触摸屏化方向发展趋势明显，操作界面更方便。

（2）智能化技术应用广泛　智能化技术引领着高档数控技术的未来发展方向。在 CIMT2021 展会上，许多数控系统企业展示了其数控系统的智能化技术。这些技术的实施可提高加工效率、提高加工精度、保证机床的运行安全、改善人机交互界面、实现辅助加工和管理功能。

（3）普遍采用互联互通标准，推进智能制造协同发展　国内外数控系统都使用了开放的、标准化的接口，保障数控系统的控制和加工数据在整个制造过程中的数字化工具之间实现互联互通，例如中国的 NC-Link、美国的 MTConnect、德国的 Umati 等。

2. 产品趋势

1）国外品牌数控系统企业针对我国市场，不断推出技术上升级的新产品，以保持在我国数控系统市场的技术优势。如西门子公司推出基于数字双胞胎的 ONE 数控系统；FANUC 公司主推 0i-F Plus，全面取代其 0i 系列。

2）国产数控系统企业不断对原来的数控系统产品进行升级，推出智能数控系统、一体化驱动、直线电动机等产品。如华中数控推出全新的 HNC9 型新一代人工智能数控系统，广州数控持续升级 25i 数控系统。台湾地区品牌数控系统，产品性能好，价格低，市场销量持续提升。如新代数控推出五轴数控系统，支持五轴联动、高精度轨迹控制、平滑刀尖点控制等。

5.1.2　国内外数控系统技术发展趋势

新一轮工业革命的核心技术是智能制造——制造业数字化、网络化和智能化。智能制造作为我国"制造强国"、美国"工业互联网"和德国"工业 4.0"战略的主攻方向，将先进信息技术（特别是新一代人工智能技术）和制造技术进行深度融合，以推进新一轮工业革命。机床是中国制造业的工业母机，机床和数控系统的智能化对智能制造的实施具有重要影响。

二十多年来，随着互联网与信息技术的发展，数控加工逐渐呈现出网络化与智能化的趋势。

首先，传感器技术不断在数控系统中应用。为了更好地感知机床加工过程的信息，传感器技术得到广泛应用，并实现了与数控系统集成。如国外的大隈（OKUMA）数控系统通过引入温度、振动、噪声等多种传感器，可全面感知加工过程的信息，可进行自适应控制。西门子与发那科等品牌的数控系统将 RFID 技术应用于生产加工过程的刀具管理中，可实现对每一把刀具的识别、追踪，完成刀具信息的数字化管理。发那科数控系统基于多传感器与网络技术，实现了智能故障诊断，并提供了远程服务系统解决方案，维护工程师在远程维护中心即可了解机床用户的操作信息并解决用户的问题。DMG-MORI 公司与舍弗勒公司通过"机床 4.0"创新项目共同开发了智能机床——DMC 80 FD duoBLOCK 车／铣复合加工中心，在机床的关键部件处加装了 60 多个传感器，可在加工期间获取振动、受力及温度大数据。

其次，智能化功能初步实现。数控系统的智能化功能也随着机床的精密和复杂化要求日趋发展，典型的智能化数控系统有 DMG-MORI 的 CELOS 系统、海德汉的 TNC 640、大隈和马扎克的第七代数控系统等。2018 年，发那科推出的 30i、31i 等系列数控系统，能够利用机器学习监控主轴异常；通过伺服控制技术降低位置误差；利用机器学习生成的学习模型提升机床性能，预测机床故障；还可以通过 AI 的伺服调整和 AI 的热位移补偿功能，提升加工性能；通过 AI 的主轴监视器功能对故障进行预测。在国产智能数控系统方面，华中数控与佳时特、宝鸡机床、富强科技、纽威机床、台群机床等主机厂合作，成功地进行了智能机床的研制。在 CIMT 2019 展会上，华中数控率先推出了全球首台带 AI 芯片和众多智能化应用程序的 HNC9 型智能数控系统，利用 NC-Link 进行互联互通，通过 iNC-Cloud 进行大数据采集与管理，并开发了质量提升、工艺优化、健康保障、生产管理等诸多智能化功能，引起了广泛关注与好评。华中数控通过与佳时特合作，成功研究出定位精度为 1μm，重复定位精度为 0.5μm 的超精密智能数控机床。沈阳机床集团研制了 i5 数控系统，建立了 iSESOL 云平台，形成了基于 iSESOL 云平台的智能机床互联网应用框架。上述数控系统中的智能化功能，其技术水平和应用效果尚处于智能化的初级阶段。

再次，网络化技术和数控系统不断融合。基于互联网与无线网实现远程监控与维护，OKUMA 和 SIEMENS 系统采用了视频显示技术和手机 SMS 技术，以支持数控机床的远程监控与维护。国外诸多企业进行了基于开放式网络数控平台的数字化车间管理系统的开发，如发那科联合美国 Hardings 公司研制的开放工厂数控 Open Factory CNC，西门子的开放式制造环境 Open Manufacturing Environments，日本大隈的信息技术广场 IT plaza，日本马扎克的智能生产控制中心 CPC，日本日立精机的 SEIKI-FLEXLINK，美国的制造数据系统公司 MDSI 与机床公司 Hurco 合作研制的 SoftCNC 等。德马吉提出机床服务热线方案，用户通过操作机床专用消息模块关联的热线按钮，即可与德马吉的网络热线连接，获取维修维护指导。海德汉提出数控机床联网监控方案，借助分布式数控技术同时监控多台机床运行状态、主轴等的过程信息、报警信息以及进行文件管理等。国内数控系统厂商华中数控提出了 NC-Link 协议，实现数控机床及相关智能化设备的互联互通，网络管理服务通道采用 VNC（Virtual Network Console）技术，实现远程管理终端与数控系统端的信息交互，为制造过程中工艺参数、设备状态、业务流程、多媒体信息以及制造过程信息流的汇集提供基础支撑，通过智能化数控系统网络化平台提供网络管理服务通道，实现对数控系统的远程设置与管理。

最后，制造系统和数控系统开始向平台化发展。随着工业互联网、云计算、物联网技术的发展，国外公司相继推出了大数据处理技术平台。如 GE 公司推出了面向制造业的工业互联网平台 Predix；西门子发布了开放的工业云平台 Mindsphere；美国的 PTC 公司则形成了以物联网开发平台 ThingWorx 为基础的整体解决方案；我国三一重工推出了"树根互联平台"；华中数控率先推出了数控系统云服务平台，并推出了基于 IEC 61131-3 的数控系统二次开发平台，为数控系统的二次开发提供标准化开发和工艺模块集成方法，并且提供跨语言 / 跨平台的二次开发接口库、指令域大数据访问接口、基于 SPARK 并行计算引擎的分布式函数库、基于 Hadoop 分布式文件系统的大数据存储技术等。当前，这些平台主要停留在工业互联网、大数据、云计算技术层面上，随着智能化技术的发展，其应用到智能机床上的潜力与趋势将逐步显现。

5.2 发展模式比较

目前，国际上的数控系统发展模式有西门子模式、哈斯模式和马轧克模式三种，每种模式各有其优缺点。

5.2.1 西门子模式

数控系统厂专业生产各种规格的数控系统，提供各种标准型的功能模块，为全世界的主机厂批量配套。例如：发那科、西门子、三菱等公司主要生产数控系统。SIEMENS 840D 系统、FANVC 30i 系统、三菱 M70V 系统如图 5-1 所示。

a) SIEMENS 840D系统　　　b) FANUC 30i 系统　　　c) 三菱M70V系统

图 5-1　SIEMENS 840D 系统、FANUC 30i 系统、三菱 M70V 系统

这种模式的优点是：主机厂和数控系统厂发挥各自的优势，有利于形成专业化、规模化生产。有些数控系统厂（如西门子）为用户提供开放的二次开发平台，用户可以将其工艺以二次开发的形式与系统集成，系统品牌仍归系统厂所有。

这种模式的缺点是：数控系统厂和主机厂主要是买卖关系，双方结合得不够紧密。如果数控系统厂在技术上不向主机厂开放，主机厂所需要的特殊控制要求、加工工艺和特色使用要求就难以实现。

5.2.2　哈斯模式

主机厂独立开发数控系统，并与其自产的数控机床配套销售。如美国的哈斯（Haas）公司、意大利的菲迪亚公司等，这些公司创立之初是从数控系统研发起步的，为了销售数控系统，开始了数控机床的生产销售。目前，哈斯公司的数控机床销量已经处于世界前列。哈斯公司的数控系统及机床如图 5-2 所示。

图 5-2　哈斯公司的数控系统及机床

这种模式的优点是：主机销售带动系统销售；主机厂全面掌握数控系统技术，可以将主机厂积累的经验集成到数控系统中，可以方便地实现特殊控制和满足加工工艺要求。

这种模式的缺点是：主机厂独有品牌的数控系统很难被其他主机厂选用；数控系统的研发涉及机械、电子、计算机、自动控制、通信、电力拖动、电动机等多学科的技术融合，难度极大，其生产、管理和质量控制模式也与主机生产明显不同，其所需的技术积淀和人力、物力投入，不是一般主机厂所能承受的。

5.2.3　马扎克模式

主机厂在数控系统厂提供的开发平台上，研发自主品牌的数控系统，并与其所生产的数控机床配套销售。如日本马扎克、森精机等公司，在三菱、发那科提供的数控系统平台上，共同研发形成马扎克、森精机的数控系统品牌。马扎克数控系统如图 5-3 所示。

图 5-3　马扎克数控系统

　　这一模式既避免了"西门子模式"和"哈斯模式"可能出现的缺点，又发挥了其自身的优点。这使得主机厂所需要的特殊控制要求、加工工艺和使用特色要求可方便地融入数控系统中；主机厂用较少的投入，形成了自己的特色技术、知识产权和数控系统产品；主机厂自主品牌数控系统的销售，还可以进一步强化主机厂的机床品牌，增加用户对主机厂的忠诚度；降低主机厂采购数控系统的成本，带动数控系统产业发展。沈阳机床厂的"飞阳"牌数控系统，可以说是马扎克模式。沈阳机床厂与意大利菲迪亚公司达成协议，由菲迪亚公司提供散件，沈阳机床厂组装和进行界面定制，数控系统配置在沈阳机床厂生产的机床上销售。

5.3　我国数控系统与国外的差距

5.3.1　通用高档数控系统

　　"十二五""十三五"期间，国产高档数控系统虽然在功能、性能和可靠性方面取得了巨大进步，打破了我国在航空、航天等领域高档数控系统被国外垄断的局面，但是与国外产品相比仍有差距，需要进一步提升。

1. 市场认同度不够

以日本发那科、德国西门子等为代表的国外企业，在数控系统领域均发展了近60年，积累了大量的先进技术，已在全球范围内建立起技术壁垒和确立了市场优势地位。在我国市场，这些国外企业也已经耕耘了40多年。凭借产品在技术上、性能上的优势，这些国外企业已拥有很好的市场品牌与客户美誉度，大多数客户已经习惯于使用他们的产品，形成了一个"市场生态圈"。其实，国外数控系统早期的技术成熟度也不太高，但在我国高端用户的大规模长期应用下，国外数控系统得到了全面测试验证和长期应用考核，发现并反馈了大量的国外数控系统问题，促使国外数控系统的技术成熟度不断提高，并同步提升了市场认同度。

2. 数控系统技术研发难度大、投入大

数控系统的技术难点是：对可靠性要求高、多学科技术交叉性高、配套机械设备品种多。自主研制几台高档数控系统并在试验室和实际生产中完成各种测试验证并不难，难的是如何实现国产数控系统的大批量、长期应用验证。一台数控系统不出问题，不意味着批量不出问题，一年不出问题不意味着十年不出问题。只有在应用中发现问题，并根据发现的问题进行持续改进，形成技术迭代，才有可能实现"弯道超车"。

3. 技术成熟度不高

典型的差距主要体现在以下四个方面：

1）功能——某些数控机床特殊控制要求的满足度不够。

2）性能——全闭环控制的高速、高精度指标差距明显。

3）成套性——伺服电动机和驱动器的规格不够齐全。

4）应用——重点领域应用测试验证不够。

5.3.2 高档专用数控系统

高档齿轮加工机床数控系统多年来一直被国外一些著名品牌所垄断，国内齿轮数控机床、数控系统企业均没有完全掌握核心工艺技术（尤其是齿轮精加工和特殊修形工艺技术），限制了设备性能的最优发挥，因此迫切需要我国企业完全掌握数控系统、机床、工艺的核心技术；我国自主研发的数控系统产品只实现了滚齿、铣齿、插齿数控系统的产业化应用，需要国家在产业化推广方面的政策支持，尤其是高档齿轮数控系统（剐、磨、珩齿）及其核心技术研发还需要加大投入，早日实现产业化。

在高端激光切割机专用数控系统及其配套产品研发上，目前国内外对标的是德国 Trumpf 公司使用的 SIEMENS 840D、REXROTH MTX 等数控系统，瑞士 Bystronic 公司的数控系统以及德国 Beckhoff TwinCAT 公司的数控系统。在高端激光切割行业，国内几乎没有自主品牌的数控系统，即使有，在运动控制方面也很难兼顾速度、精度、稳定性的要求，更没有能提供全套解决方案的公司，高端设备的 OEM 大都依靠进口数控系统以及其他部件组装成需要的产品，基本停留在应用层面，国产化率很低。

华工激光科技有限公司研制的三维五轴激光切割机打破了高端三维五轴激光切割机被国外企业垄断的局面。但数控系统仍依赖进口，国产数控系统的控制精度、算法、稳定性等亟待提升。

在高速高精度雕铣、钻攻类数控系统方面：北京精雕的数控系统能实现智能加工，在复杂程序和大数据处理方面具有优势；在软件方面，北京精雕的 CAM 软件融合了虚拟制造技术，能够减少机床工艺的调试时间，实现了智能加工。

精雕高速加工中心的对标产品为日本牧野和瑞士 GF 的产品，北京精雕的高速加工中心在硬件技术和精致度方面难以超越对标产品，但是北京精雕的高速加工中心通过软硬件的结合，提升了机床性能，在机床使用效果上优于对标产品。如：将空间精度补偿技术应用于精雕设备，加工圆度由 $5\mu m$ 提高到了 $2\mu m$；北京精雕在 CAM 技术上有所突破，加工小叶轮时间由 9.5min 减少到 4.5min，达到了国际水准。

当前，国产数控系统与功能部件在重点领域用户的重点产品生产中的应用情况及其贡献度评价是：沈飞公司参与"04 专项"，配置的国产数控系统达 100 多台（套），包括华中数控的数控系统、沈阳中科的数控系统及沈阳机床的 i5 系统，这些数控系统大部分能达到应用要求，但也暴露出国产数控系统存在的五轴数控系统调研周期长、同等规格伺服电动机与进口差距大等问题。

数控系统技术及产品国内外比较见表 5-1。

表 5-1　数控系统技术及产品国内外比较

技术 / 产品	国内现状、国际前沿水平	国内优势单位	需突破的关键技术
数控高阶算法	国内产品主要以中低端产品为主，在高阶算法方面投入少，效果差；国外如西门子、发那科、海德汉等深耕高性能算法，投入多，研究时间长，在高端产品应用上占据绝对优势	华中数控依托华中科技大学，在前沿算法研究上具有先天优势；中国台湾新代科技股份有限公司凭借庞大的中低端市场和多年的工艺积累，其核心算法经过实践洗礼并优化迭代，效果显著	轨迹优化算法、高性能自适应前瞻算法、柔性加减速算法、高性能空间轮廓误差补偿算法、过象限误差补偿算法、空间刀补算法、五轴进给率优化算法、高性能 RTCP 算法、样条曲线插补算法等
数控机床高精密伺服控制系统	国内产品在功能和性能上基本能媲美国外优势产品，但在易用性和稳定性上还有一定差距，因此在市场上以低价格产品占据一定的市场份额，但在高性能需求场合难以进入	深圳市汇川技术股份有限公司经过多年的技术沉淀，在伺服驱动技术上已达到国际领先水平，在性能上已不输于国际优势产品，并在多个行业具有一定的市场占有率，经过了大量的实践洗礼和优化迭代	摩擦补偿技术、转矩补偿技术、高精度编码器技术、高功率密度驱动和电动机技术、自适应调试技术、OneCable技术，无电池多圈编码器技术，驱动电动机编码器一体化技术
软实时操作系统和 EtherCAT 主站	国内企业大部分基于嵌入式平台采用商用、开源实时操作系统和实时总线主站，自身无实时操作系统和总线主站研发能力；国外企业如西门子、发那科等都拥有具有自主知识产权的实时操作系统和相应的总线主站	大连光洋具备自主研发实时操作系统的能力，并在自己的五轴联动机床上应用，有较好的效果；北京翼辉信息技术有限公司拥有国内完全自主知识产权的大型实时操作系统，目前正逐步应用于工业自动化领域	Windows 平台实时操作系统和软 EtherCAT 主站，Linux 平台实时操作系统和 EtherCAT 主站

技术／产品	国内现状、国际前沿水平	国内优势单位	需突破的关键技术
数控机床和机器人一体化控制系统	目前，国内的数控系统和机器人控制系统分别实现各自的数字控制功能，或采用 PLC 进行简单的控制，机床和机器人之间简单进行交互。国外已出现机床和机器人融合控制的样机，未来数控系统和机器人系统将不分彼此，能实现更深层次的交互	华中数控和广州数控均拥有具有自主知识产权的数控系统和机器人控制系统，并占据了一定的市场份额，在两者融合领域具备先天优势	数控机床和机器人融合控制技术、实时操作系统、多核异构技术
数控机床工业互联网应用技术	国内外大部分产品具备互联互通接口，或采用外挂设备进行有限的互联互通，主要应用于设备监控、简单操作和生产计划等浅应用，未来基于大数据采集分析、边缘计算等，可实现更深层次的应用，如实时智能诊断、实时刀具寿命管理、实时加工优化等	华中数控在工业互联网前沿应用领域具备独特优势	互联互通接口、实时大数据采集和分析、基于大数据分析结果的智能诊断和加工优化等
自主知识产权 PLC-IDE 数控平台	国内产品多采用向第三方付费的 PLC 平台或开源 PLC 平台，实现简单的梯形图编程控制；国外如西门子、发那科等拥有具备自主知识产权的 PLC 平台，能与 CNC 进行深度交互，应用效果更优	大连光洋具有自主研发的软 PLC 系统，并在自己的五轴联动机床上使用，效果较好	PLC 编程 IDE、PLC 编译内核、PLC 实时运行内核、PLC 仿真模块

5.4 我国数控系统发展的短板和瓶颈

5.4.1 高档数控系统技术难题

高档数控系统的技术难点：对可靠性要求高、多学科技术交叉性高、配套机械设备品种多。关联技术包括：开放式平台、现场总线、实时内核、高速高精度、多轴多通道、同步控制和可靠性等一批核心关键技术。

发展国产数控系统的关键是实现产业化。而实现产业化的关键是支持国产数控系统尽快提升技术成熟度。自主研制几台高档数控系统并在试验室和实际生产中完成各种测试验证并不难，难的是如何实现国产数控系统的大批量、长期应用验证。一台数控系统不出问题，不意味着批量不出问题，一年不出问题不意味着十年不出问题。只有在应用中发现问题，并根据发现的问题进行持续改进，形成技术迭代，才有可能实现"弯道超车"。

数控系统技术研发难度大、投入大。而打破国外的"市场生态圈"实现产业化的难度更大。需要有雄厚的资源做支撑，需要巨大的投入，这远超出了一个企业的承受能力。进行核心技术研发，可能在几十年都不盈利，一般企业承受不了如此风险。因此，充分发挥我国社会主义制度的优越性，在市场、资金、政策等方面支持自主核心技术研发和产业发展，至关重要。

国家应为国产数控系统营造有利的市场环境，在政府采购招标中，应给予国产数控系统企业参与公平竞争的机会，鼓励用户企业在同等性价比的情况下，优先选用国产数控系统。要给予国产数控系统在应用中试错的机会，技术成熟度是在试错中实现螺旋式提升的。

国家应继续支持"高档数控机床与基础制造装备"国家重大科技专项，加大力度支持国产数控系统的自主技术创新和产业化；从自主可控和工业信息安全的高度，继续推动重要制造领域应用国产数控系统；在国家智能制造等科技项目中，优先使用国产数控系统和机床；从增值税等方面加大对数控机床的支持力度；参照国家首台（套）重大技术装备保险政策，将国产高档数控系统列入实施目录；加大力度宣传国产数控系统的成功应用案例；在教育部、人社部等部委组织的各类数控加工、智能制造大赛和实训基地建设项目中，支持使用国产数控系统。

5.4.2 高档数控系统产业化应用难题

"十二五"以来，国产数控系统技术取得了较大进步，与国外的差距逐步缩小。但技术差距的缩小，不等于市场的突破。国产数控系统的市场美誉度与国外相比仍存在巨大差距，产业化之路仍然任重道远。

以日本发那科、德国西门子等公司为代表的国外企业在数控系统领域发展了近60年，积累了大量的先进技术，已在全球范围内建立起技术壁垒和确立了市场优势地位。这些国外企业在我国市场上也已经耕耘了40多年，其产品凭借在技术上、性能上的优势，形成了很好的市场品牌与客户美誉度，大多数客户已经习惯于使用他们的产品，形成了一个"市场生态圈"。由于某些单位的采购招标通常指定国外数控系统产品，导致我国数控系统产品失去了同台公平竞争的机会。这些实际情况的存在增加了国产数控系统打破国外产品市场生态圈的难度。

此外，我国数控产业还面临国外企业降价抢占市场的巨大竞争压力。在高端领域，国外企业对我国实施封锁或抬高价格；在低端领域，国外企业以低价产品向我国倾销，压榨我国数控产品的利润空间和市场空间。

当前我国中、高档数控系统企业发展的最大瓶颈是市场认同度不够。政府应该在支持自主创新的同时给予数控系统企业更大的市场空间，营造选用国产产品、支持国产品牌的市场环境。给予国产数控系统企业参与竞争的平等机会，鼓励用户企业在同等的性能价格比下，应该优先选用国产数控系统。国产数控系统企业应该奋发拼搏，缩小与国外的差距，做好自己的产品和市场。

政府、专家和媒体对国产数控系统的支持还应体现在舆论导向和政策引导上。在国产数控系统成长和发展历程中，既需要专家、用户和媒体的批评和鞭策，以加快自主创新的步伐；更需要各方对我国数控系统行业取得的最新成绩和进步给予充分的肯定和正面宣传，这是对国产数控系统的最大支持。

习近平总书记指出："只有把核心技术掌握在自己手中，才能真正掌握竞争和发展的主动权，才能从根本上保障国家经济安全、国防安全和其他安全。"我国数控系统产业的发展历程证明，高档数控系统的关键核心技术是买不回来的，必须立足自主创新。国产高档数控系统产业已经"曙光在前头"。我们坚信：再经过5～10年的努力，我国家电、手机、高铁等行业的今天，就是我国数控系统产业的美好明天。

第 6 章

国家科技重大专项推动数控系统发展

2008 年 12 月 24 日，国务院审议并通过"04 专项"的实施方案。科技部、国家发展改革委、财政部于 2009 年 1 月 25 日正式批复，该方案进入实施阶段。"04 专项"提出："到 2020 年，中国将实现航空航天、船舶、汽车、发电设备制造所需要的高档数控机床主要品种 80% 立足于国内。"

2009 年以来，我国立项的高档数控系统的数控系统装置、伺服电动机及驱动装置、主轴电动机/电主轴及驱动装置、力矩电动机及驱动装置、直线电动机及驱动装置等方面的"04 专项"课题，攻克了一批关键核心技术。支持华中数控、广州数控、大连光洋、沈阳高精等国内数控系统骨干企业，立足自主创新，研制高档型、标准型数控系统、伺服驱动系统和伺服电动机。支持在航空航天、汽车制造领域建立应用国产数控系统的示范工程，国产高档数控系统已在航空航天和汽车制造等重点领域开始批量示范应用，产业化也进展很快。

6.1　国产数控系统产品汇编

6.1.1　武汉华中数控股份有限公司

1. HNC-948 智能数控系统（图 6-1）

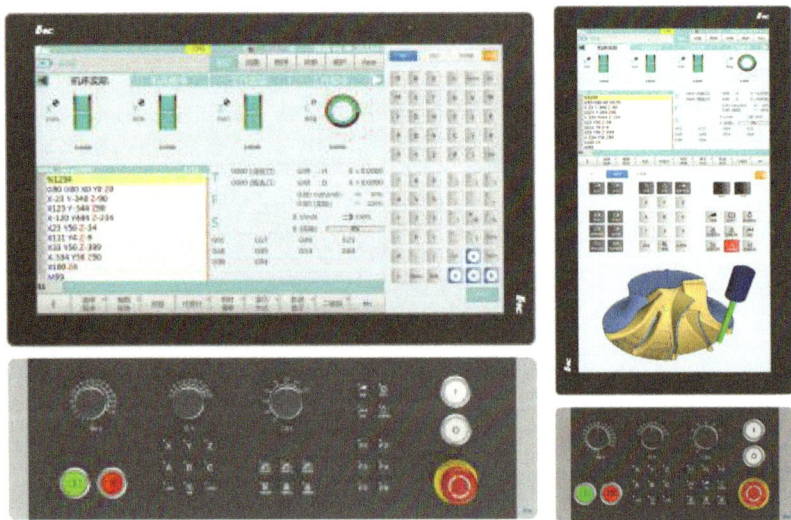

图 6-1　HNC-948 智能数控系统

（1）产品介绍　HNC9型智能数控系统，是具备自主学习、自主优化补偿能力，具有真正智能化功能的数控系统。该系统配置了机床指令域大数据汇聚访问接口、机床全生命周期"数字双胞胎"的数据管理接口和大数据智能（可视化、大数据分析和深度学习）算法库，为打造智能机床共创、共享、共用的研发模式和商业模式生态圈提供开放式的技术平台，为机床厂家、行业用户及科研机构研制智能机床产品和开展智能化技术研究提供技术支撑。

（2）产品主要参数

1）24in（1in=25.4mm）高清触摸液晶显示器。

2）最多支持8个通道。

3）单通道最多支持32个进给轴、4个主轴。

4）单通道最多联动轴数为9个（支持RTCP）。

5）典型适配机型：车铣复合加工中心、五轴机床、曲轴/凸轮磨床等。

（3）产品技术特点

1）自主感知。通过独创的"指令域"大数据汇聚方法，按毫秒级采样周期汇集数控系统内部电控数据、插补数据，以及温度、振动、视觉等外部传感器数据，形成数控加工指令域"心电图"和"色谱图"。伺服驱动系统既是执行器，又是感知器。实现了数控加工过程的状态信息和工况信息的自主感知，建立了数控机床的全生命周期"数字双胞胎"（DigitalTwins）和"人 - 信息 - 物理系统"（Human-Cyber-Physical Systems，HCPS）。

2）自主学习。在大数据、云计算和新一代人工智能技术的基础上，建立了基于大数据的智能（可视化、大数据分析和深度学习）开放式技术平台，以打造智能机床共创、共享、共用的研发模式和商业模式生态圈。从大数据中隐含的"关联关系"中，应用大数据智能技术，进行自主学习，获得数控加工的智能化控制知识，通过开放的技术平台，实现智能控制策略、知识的积累和共享。

3）自主决策。根据数控加工的实时工况和状态信息，利用自主学习获得的智能控制策略和知识，形成多目标优化加工的智能控制"i代码"。

4）自主执行。通过独创的"双码联控"控制技术，实现了传统数控加工的"G代码"（第一代码）和多目标优化加工的智能控制"i代码"（第二代码）的同步运行，达到数控加工的优质、高效、可靠、安全和低耗的目的。

2. HNC-848Di 数控系统（图 6-2）

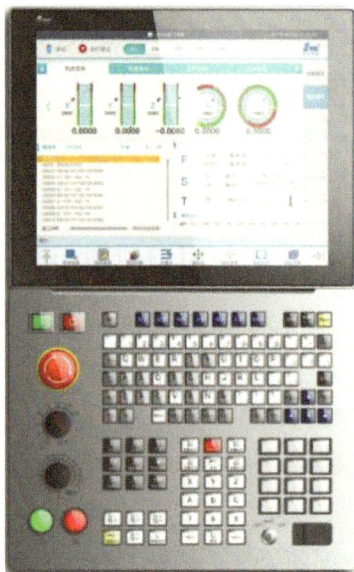

图 6-2　HNC-848Di 数控系统

（1）产品介绍　HNC-848Di 为全数字总线式高档数控系统，支持自主开发的 NCUC 总线协议及 EtherCAT 总线协议，支持总线式全数字伺服驱动单元和绝对值伺服电动机、支持总线式远程 I/O 单元，集成了手持单元接口。系统采用双 IPC 单元的上下位机结构，具有高速高精加工控制、五轴联动控制、多轴多通道控制、双轴同步控制及误差补偿等高档数控系统功能，友好人性化的 HMI，独特的智能 APP 平台，面向数字化车间的网络通信能力，将人、机床、设备紧密结合在一起，最大限度地提高生产效率，缩短制造准备时间。该系统提供五轴加工、车铣复合加工完整解决方案，适用于航空航天、能源装备、汽车制造、船舶制造、3C（计算机、通信、消费电子）领域应用。

（2）产品主要参数

1）17in 高清液晶显示器（可选配触摸屏）。

2）可选单机版或上下位机两种控制方式。

3）最多支持 8 个通道。

4）单通道最多支持 32 个进给轴、4 个主轴。

5）单通道最多联动轴数为 9 个（支持 RTCP）。

6）典型适配机型：车铣复合加工中心、五轴机床和凸轮磨床等。

（3）产品技术特点

1）五轴 RTCP 功能。采用通用机床结构模型，支持任意机床结构类型和旋转轴的任意旋转方向，最多可支持 3 个直线轴 +4 个旋转轴机床结构，可用于 21 种常用五轴结构机床；支持 RTCP 功能，提供两种编程方式：旋转轴角度编程和刀具矢量编程。

2）运动链结构尺寸自动校验。为解决手工测量精度不高的缺陷和使用中的局限性，该数控系统提供运动链结构尺寸自动测量方案，配合主轴侧头和标准球，完成五轴机床结构参数标定，保证旋转刀具中心点精确控制。

3）倾斜面加工。该功能可以在斜面上建立一个特性坐标系（TCS），并在该坐标系中进行编程。系统可支持建立 20 个特性坐标，方便用户使用。

4）多轴多通道控制技术。多轴多通道控制满足了数控机床的复杂加工工艺及工序控制要求，解决了复合加工机床、柔性生产线等的多轴协同控制难题。

3. HNC-818Di 数控系统（图 6-3）

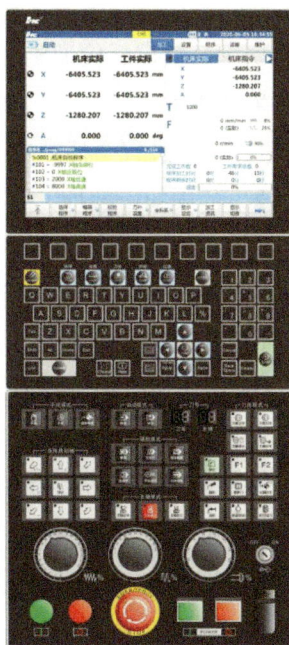

图 6-3　HNC-818Di 数控系统

（1）产品介绍　HNC-818Di 数控系统是基于成熟的 HNC8 型数控系统平台开发的总线式数控装置，产品稳定可靠，属 8 型系列数控系统的中高端产品；采用全铝合金外框，造型简洁大方，挂件式安装方式；硬件平台已升级，标配 8GB 固态盘，整体硬件性能提升了 50%；MCP 面板采用分体式结构，模块化设计，采用组合式水晶按键，可支持客制化；显示器有 12.1in 和 17in 两种规格可供选择，可选配触摸屏；支持 USB、以太网等程序扩展和数据交换功能；支持 NCUC 和 EtherCAT 两种总线协议，支持多种安装方式，外观与机床更加融合。采用全新设计的 IPC 单元，更薄更小，功耗更低，运算速率更高。

（2）产品主要参数

1）12.1in、17in 高清液晶显示器（可选配触摸屏）。

2）最多支持 2 个通道。

3）单通道最多支持 5 个进给轴、4 个主轴。

4）单通道最多联动轴数为 3+2（不支持 RTCP）。

5）典型适配机型：走心机、车削中心、雕铣机、玻璃机和双通道组合机床等。

（3）产品技术特点

1）优速铣技术。通过首件试切，采集加工过程中的实时数据，获得加工过程指令域"心电图"，建立实时数据、材料去除率和加工程序之间的对应关系。在后续加工中，依据试切中的切削负载自适应调整进给速度，充分挖掘机床的切削性能，提升加工效率，降低生产成本。

2）智优曲面技术。针对零件特性进行全局速度规划并生成 i 代码，通过 G-i 代码的联合控制，提升轨迹、速度的横向一致性，提升产品加工效率及表面质量，实现零件的高速高精加工。

3）智能高速刚性攻螺纹技术。根据攻螺纹旋转轴与进给轴的运动状态信息，建立同步误差模型，伺服驱动系统根据预测误差及实际误差进行自动修正，实时调整控制参数，从而极大地降低同步误差，实现更高速度和质量的智能刚性攻螺纹。

4）多轴多通道控制技术。多轴多通道控制满足了数控机床的复杂加工工艺及工序控制要求，解决了复合加工机床、柔性生产线等的多轴协同控制难题。

5）伺服参数自整定技术。通过信号激励，自动实现惯量辨识，选定性能指标，自动设置控制及滤波参数，根据机床振动特性，自动快速地进行运算、分析，实现参数自优化，明显改善机床的动态特性，同时可量化评估机床的装配质量和机床的动态特性；改善零件加工质量和效率。

6）自适应象限突跳补偿技术。建立速度补偿模型，在轴反向时对伺服系统进行速度补偿，抵消摩擦力的滞后影响，消除象限刀纹。

7）iNC-Cloud 数控云管家。iNC-Cloud 轻量级数字化车间整体解决方案，帮助用户实现远程运维、生产管理、云盘和手机编程等。

4. HNC-808Di 数控系统（图 6-4）

图 6-4　HNC-808Di 数控系统

（1）产品介绍　HNC-808Di 系列铣床数控系统是基于成熟的 HNC8 型数控系统平台开发的总线式数控装置，产品稳定可靠；采用全铝合金外框，造型简洁大方；硬件平台已升级，整体硬件性能提升了 50%；采用新平台软件和定制化的软件，开发更加简便快捷；MCP 面板采用分体式结构，模块化设计，可支持客制化；10.4in 高亮液晶显示屏；支持 NCUC、EtherCAT 两种总线。

（2）产品主要参数

1）10.4in 高清液晶显示器。

2）单通道控制。

3）单通道最多支持 4 个进给轴、2 个主轴。

4）单通道最多联动轴数为 4 个。

5）系统自带 UPS 电源。

6）典型适配机型：平车、斜车、加工中心和平/外圆磨床等。

（3）产品技术特点

1）优速铣技术。通过首件试切，采集加工过程中的实时数据，获得加工过程指令域"心电图"，建立实时数据、材料去除率和加工程序之间的对应关系。在后续加工中，依据试切中的切削负载自适应调整进给速度，充分挖掘机床的切削性能，提升加工效率，降低生产成本。

2）智优曲面技术。针对零件特性进行全局速度规划并生成 i 代码，通过 G-i 代码的联合控制，提升轨迹、速度的横向一致性，提升产品加工效率及表面质量，实现零件的高速高精加工。

3）智能高速刚性攻螺纹技术。根据攻螺纹旋转轴与进给轴的运动状态信息，建立同步误差模型，伺服驱动系统根据预测误差及实际误差进行自动修正，实时调整控制参数，从而极大地降低同步误差，实现更高速度和质量的智能刚性攻螺纹。

4）多轴多通道控制技术。多轴多通道控制满足了数控机床的复杂加工工艺及工序控制要求，解决了复合加工机床、柔性生产线等的多轴协同控制难题。

5）伺服参数自整定技术。通过信号激励，自动实现惯量辨识，选定性能指标，自动设置控制及滤波参数，根据机床振动特性，自动快速地进行运算、分析，实现参数自优化，明显改善机床的动态特性，同时可量化评估机床的装配质量和机床的动态特性；改善零件加工质量和效率。

6）自适应象限突跳补偿技术。建立速度补偿模型，在轴反向时对伺服系统进行速度补偿，抵消摩擦力的滞后影响，消除象限刀纹。

7）iNC-Cloud 数控云管家。iNC-Cloud 轻量级数字化车间整体解决方案，帮助用户实现远程运维、生产管理、云盘和手机编程等。

6.1.2　广州数控设备有限公司

1. GSK25i 五轴加工中心数控系统（图 6-5）

（1）产品介绍　GSK25i 五轴加工中心数控系统属于高档数控系统，支持五轴联动，适用于叶轮、叶片、机匣和模具等复杂零件的多轴加工，已在航空航天、汽车制造、能源动力和五金模具等行业广泛应用。适用于高速加工中心、多功能加工中心、镗床、铣床、钻床、车床、磨床和复合机床等设备的控制。

（2）产品主要参数

1）控制进给轴数：32 个。

2）联动轴数：5个/通道。

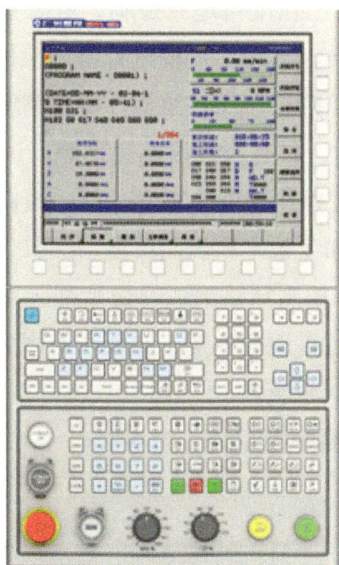

图 6-5　GSK25i 五轴加工中心数控系统

3）控制主轴数：4个/通道。

4）PLC 轴数：16 个。

5）进给轴同步控制：16 组。

6）最大进给速度：200m/min。

7）最小控制精度：1nm。

8）最大 I/O 点数：1 024 个 /1 024 个。

9）程序存储容量：4GB。

10）插补型螺距误差补偿点数：1 024 个 / 轴。

11）PLC 程序容量：24 000 步。

12）基本指令执行时间：0.1μs。

（3）产品技术特点

1）高性能、高可靠性。高性能嵌入式数控系统，轻松满足五轴联动、高速高精度和复合加工等复杂运算及加工要求，采用全金属全密封结构，具有低功耗、无风扇、免维护、长寿命设计及坚固耐用的特点。

2）五轴控制功能。五轴 RTCP 控制；支持工件摆动型、刀具摆动型、混合型和非正交等多种类型的五轴机床结构；支持五轴定位加工、五轴侧刃加工、五轴手动进给和进给速度自适应控制功能。

3）五轴侧刃加工的进给速度自适应控制。考虑参与切削刃上的整体速度分布及材料切除率的实时变化，对进给速度进行自适应控制，可限制切削力峰值，改善加工动态性能。适用于叶轮、飞机结构件型腔侧壁等的高效侧刃加工。

4）高速高精加工能力。具有小线段高速前瞻、速度平滑处理功能，可前瞻的段数高达 1 000 段，具有曲线智能化拟合功能，使曲线光顺过渡、加速度及加加速度平滑处理，可兼顾加工效率和表面质量。

5）摩擦补偿功能。在控制环路增加补偿脉冲，克服沿圆弧运动过程中转换为低速时的摩擦阻力，通过自适应补偿，实现在不同进给率下的准确补偿，降低圆周运动过象限时的反向跃冲误差。

2.GSK 988TD 车铣复合数控系统（图 6-6）

图 6-6　GSK988TD 车铣复合数控系统

（1）产品介绍　GSK 988TD 车铣复合数控系统支持单通道/双通道车削中心应用，支持车铣钻复合加工，支持主轴同步控制、多样路径间控制，支持高速高精小线段加工、支持机床自动化上下料集成，可满足多种机床布局需求，满足复杂的车削、铣削及复合加工应用功能需求。

（2）产品主要参数

1）控制通道数：1 ~ 2 通道。

2）总控制进给轴数：6 个 /12 个（单 / 双通道）。

3）路径内控制轴数：6 个。

4）最多控制主轴数：6个。

5）Cs轴数：6个。

6）PMC轴数：6个。

7）同步/混合控制：支持。

8）重叠控制：支持。

9）最小控制精度：1nm。

10）程序存储容量：120MB。

（3）产品技术特点

1）多通道车铣复合加工。具有丰富的通道间控制功能，使机床应用更加广泛，支持通道间同步、混合和重叠控制，支持通道M代码等待，支持高速主轴同步控制，支持进给轴同步控制，支持倾斜轴控制/多边形加工，可灵活用于多种机床布局，支持车铣钻复合加工、多主轴控制、多Cs轴控制和多主轴刚性攻螺纹，可进行高速螺纹加工和极速螺纹退尾。

2）纳米插补。基于GSK-Link工业现场总线、GR-L系列高响应伺服装置和25位及以上高分辨率绝对式编码器伺服电动机，可实现纳米级插补，使系统的输出精度与伺服电动机编码器反馈精度相匹配，充分发挥高分辨率编码器伺服电动机的性能，进而达到高光、高精的加工效果。

3）加加速度控制。加加速度控制使得轴运行时加速过程既快又柔，起停冲击小，加工误差小，还能延长机械寿命。

4）自动断屑。在加工过程中对进给轴施加一定频率的摆动力，使刀具在切削轨迹方向振荡，将连续产生的切削屑断裂成片状，避免切削屑缠绕在刀具或工件上。

5）热误差补偿。通过对机床进行多元线性回归建模及关键发热部位的温度采集，对机床进行热误差补偿，从而降低因机床零部件受热变形导致的刀具与工件之间相对位姿发生改变带来的精度影响。

6.1.3 沈阳中科数控技术股份有限公司

1. 蓝天数控GJ300系列专用数控系统（图6-7）

（1）产品介绍 基于二次开发平台的GJ300系列专用数控系统，采用开放式体系结构，具有自主知识产权的SSB3总线协议接口，并支持MECHA-TROLINK-Ⅲ和EtherCAT等总线协议，可与总线式全数字伺服驱动单元和绝对式伺服电动机、总线式远程I/O单元连接，集成了手持单元接口。具有高速高精加工控制、五轴联动控制、多轴多通道控制、双轴同步控制及误差补偿等高档数控系统功能，配置了满足用户二次开发的接口及 HMI。该系统支持电加工、激光加工、磨削加工及柔性组合加工单元的工艺数据库，可提供专用化数控系统解决方案，适用于航空航天、汽车制造等领域。

图 6-7　蓝天数控 GJ300 系列专用数控系统

（2）产品主要参数

1）支持扩展控制功能接口及运行环境的二次开发。

2）具有用户操作界面开发工具。

3）支持专家数据库的二次开发。

4）支持扩展数控编程语言。

5）具有宏执行器及 C 语言执行器。

6）最多控制轴数为 64 个，具有多通道控制、五轴联动 RTCP 功能。

7）最小插补周期为 0.125ms。

8）具有程序前瞻预读功能。

（3）产品技术特点

1）电加工工艺包。采用高速高精运动控制算法，可实现稳定高效的放电间隙与抬刀控制，支持多种平动循环指令，并具有专家系统、自动编程、自动找正和电极防碰撞等功能，可广泛应用于多轴电火花加工机床。

2）激光加工工艺包。通过采用多通道控制、RTCP、高速程序预处理、焦距测量、三维测量、光路切换、四光楔扫描以及功率检测等功能，实现一个通道五轴联动（用于叶片工件姿态转换），一个通道六轴联动（用于激光设备光束指向调整和打孔检测）。适用于各类金属、非金属材料表面的微结构处理，微腔、型腔、盲孔、通孔、异型孔、异型槽和复杂形貌微结构的切割加工。

3）磨削加工工艺包。通过采用多通道多轴联动砂带磨削运动控制方法、加工过程干涉检测技术、磨削轨迹优化技术、收放卷自适应磨削技术、数控系统与砂带磨削中心控制系统集成技术等关键技术，可实现一次装夹完成多种尺寸和规格的发动机叶片叶尖、型面、进/排气边、叶根圆角和凸台过渡区部位的磨削集成加工。

4）柔性加工单元加工工艺包。通过解决面向柔性组合加工单元的远程监控及网络化接口、多设备协调控制、安全防护等关键技术，可实现由集成送料机构、双组上下料机械手、多种类加工单元和料仓组成的自动加工柔性线的高度自动化集成加工。

2. 蓝天数控 GJ400 系列高档数控系统（图 6-8）

图 6-8　蓝天数控 GJ400 系列高档数控系统

（1）产品介绍　GJ400 系列高档数控系统是采用开放式结构设计的新一代全数字总线式高档数控系统，包括 GJ400、GJ430 等型号产品，可配套于具有多轴、多通道和五轴联动等功能的高档数控机床。该系统支持多总线（自主 SSB3 总线、M3 总线和 EtherCAT 总线）控制方式；具有多种位置反馈接口（绝对式/增量式编码器、光栅尺和磁栅等）；支持多种外部数字/模拟传感器接口，可接入车间管理系统，以实现设备状态的采集与监控。

（2）产品主要参数

1）最小插补周期为 0.125ms。

2）程序前瞻段数为 2 000 段。

3）程序段处理速度为 7 200 段 /s。

4）最小分辨率为 1nm。

5）最多支持 8 个通道。

6）每个通道最多支持 8 个轴联动控制，提供五轴加工控制功能和支持小线段连续高速加工。

7）每个通道支持 4 个主轴控制，任一个主轴均可适配伺服主轴，可实现主轴定位、C 轴快速切换和高速刚性攻螺纹等功能。

8）最多支持 512 个点的双向螺距误差补偿。

（3）产品技术特点

1）RTCP 功能。支持各种五轴机床运动学转换，包括双摆头、双转台、摆头加转台、正交和斜交等。

2）公用轴和耦合轴控制功能。支持动态建立轴耦合及解除耦合功能，达到两个伺服轴之间在有需求时进行同步运行，无需求时各自工作的目的。

3）拆卸轴及公用轴功能。该系统具备拆卸轴功能，实现设备伺服轴数量在线快速增减；具备公用轴功能，实现同一伺服轴在不同通道间的灵活使用。

4）同步消隙功能。该系统支持高速同步轴控制及消隙控制功能，实现动梁龙门的快速准确定位与传动机构的无间隙运行。

5）圆弧限速功能。在加工圆弧形工件时，可以有效地避免因向心力的作用产生过切现象，保证圆弧形工件的加工质量。

6）网络通信。用于交换 CNC 内部的各种数据，包括加工程序、坐标信息、加工件数和报警信息等内容，面向数字化车间提供网络接口。

3. 蓝天数控 GJ680 智能型数控系统（图 6-9）

（1）产品介绍　蓝天数控 GJ680 智能型数控系统的硬件平台采用分体式可重构设计，配置有智能传感器网关，支持多种外部接口传感器介入及现场设备组网；软件采用多插补器结构，满足多通道、多轴和复合工艺的加工需求。系统具有精优曲面加工、内置优化和诊断、进给率自适应、机床误差智能补偿和刀具工件智能管理等功能，具有基于数字孪生的机床加工过程仿真系统。该系统主要配套于五轴卧式/立式加工中心、车削中心、磨削中心及复合工艺加工机床，应用于航空航天、国防军工、汽车制造、能源动力和模具加工等行业。

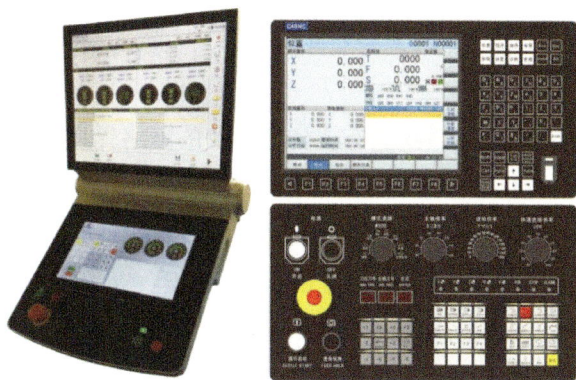

图 6-9　蓝天数控 GJ680 智能型数控系统

（2）产品主要参数

1）最多支持 8 个通道，单通道最多控制轴数为 16 个，总控制轴数最多 64 个，单通道支持 4 个主轴，最多支持 8 个主轴和 8 组同步轴。

2）插补周期为 0.125ms，支持纳米级指令解析和插补运算。

3）具有五轴联动 RTCP、倾斜面加工、极坐标插补和圆柱插补等控制功能，可实现偏心圆、凸轮等零件和模具的加工。

4）具有精优曲面功能，支持 5 000 段程序智能前瞻处理。

5）支持加工程序的刀具路径快速三维模拟仿真，支持平移、缩放、旋转和镜像等操作。

6）内置优化与诊断功能，可对机床的状态信息进行智能分析，给出参数优化建议和故障维修策略。可配置图形化工艺库，根据输入信息动态显示工件几何元素变化，降低编写工件程序的难度。

（3）产品技术特点

1）刀具设备智能管理。该系统内置刀具信息管理子系统，通过 RFID 读写设备，读取识别使用中的刀具数据编码，并通过主轴安装的功率和振动传感器，评估刀具的磨损趋势，实现刀具寿命智能预警和自动更换。

2）进给率自适应。该系统通过转矩传感器和加速度传感器采集主轴电动机的实时负载和颤振频率数据，通过进给率自适应算法实时调节进给倍率，实现切削负载突变下和切削颤振下的进给率自适应调节，有效提升加工零件的表面质量，避免主轴、刀具和零件损坏。

3）机床误差智能补偿。该系统内置了机床误差智能补偿算法，通过振动、温度和转矩等传感器的反馈数据，可对机床加工过程的误差进行智能补偿，包括机床几何误差智能补偿、热误差智能补偿、非同位控制执行末端动态误差补偿和进给轴换向冲击补偿等。

4）支持互联互通。该系统具有支持多协议的网络代理服务器，可将 LTConnect、OPCUA/DA、Modbus 和 FOCAS 等多源异构的不同种类数控系统通信协议进行协议融合，实现该系统与第三方产品及相关现场设备的互联互通和信息集成。

6.1.4 科德数控股份有限公司

1. GNC62 系列高档数控系统（图 6-10）

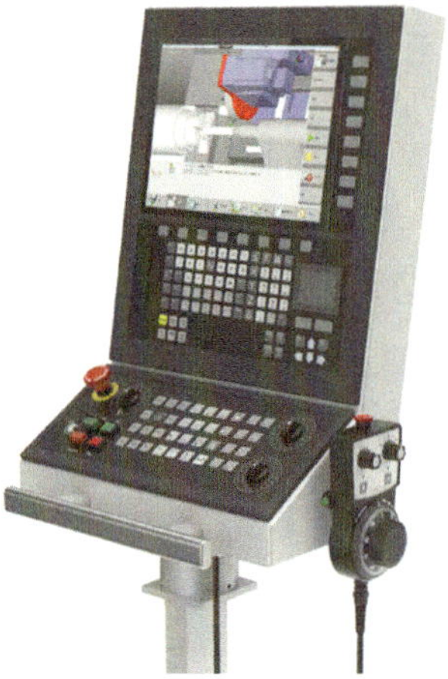

图 6-10 GNC62 系列高档数控系统

（1）产品介绍 高档数控系统是高端数控机床的控制核心，GNC62 系列数控系统是科德数控自主研发的旗舰级数控系统，拥有自主知识产权。经过 GNC60/61/62 的数次迭代，具有性能稳定、动态品质和控制精度表现卓越、产品的开放性及适配性较强的特点，已达到了国外先进产品的同等水平，广泛应用于各种高端数控铣、立、卧、龙门加工中心。

科德数控 GNC62 系列高档数控系统拥有强大的多通道控制能力，支持通道间协同及共享坐标；为机床工艺运动坐标布局提供无限可能；支持伺服驱动同一个运动坐标；支持斜轴控制；支持极坐标插补；支持多个电子齿轮并发；拥有优秀的五轴加工能力，简化的五轴编程；支持多种五轴机床结构、斜面加工、定向退刀和三维刀具半径补偿；拥有高速高精度控制。适用于各类高端数控机床、机器人和电动汽车等高端装备，应用领域涉及航空航天、能源装备、汽车制造、船舶制造和 3C（计算机、通信、消费电子）等。

（2）产品主要参数

1）GLINK 运动控制总线，100MB/bit 高速光纤传输。

2）最多通道数为 10 个。

3）每个通道的最多进给轴数为 16 个，最多主轴数为 4 个，最多联动轴数为 10 个。

4）最多同时运动轴数为 32 个。

5）可选配各种类型的全数字交流伺服驱动单元及主轴电动机（同步、异步、直线和力矩电动机）。

6）支持手持单元接口。

7）插补周期为 0.125 ～ 4ms。

（3）产品技术特点

1）多通道控制技术。GNC62 系列数控系统支持多个控制过程并发，即可以同时控制多个加工过程，多个加工过程可以是不同机床上的不同加工过程，也可以是单台机床上多主轴上的不同加工过程。该技术适合单台数控系统对生产线、FMS 或多主轴多刀架的复杂机床控制。单台 GNC62 系列数控系统最多可以支持 8 个不同加工任务的控制，最多可以支持 16 个伺服执行联动。

2）五轴控制技术。GNC62 系列数控系统支持多种结构的五轴机床控制，包括传统的回转轴线垂直的双摆角铣头、双回转工作台及一摆一转五轴机床结构，扩展了支持回转坐标不垂直不相交的通用五轴机床结构，极大地拓展了数控系统对五轴机床的适用性，为主机厂提供了更丰富的五轴机床布局可能性。GNC62 系列数控系统具有丰富的五轴控制功能，包括 RTCP、三维刀具半径补偿和斜面加工等。

3）双驱控制技术。为了满足重型机床驱动的需要以及"重心驱动"设计理念在精密机床上的应用，GNC62 系列数控系统提供了最多 4 个伺服驱动器同步控制一个坐标的功能；而且每个伺服驱动器可以拥有不同的传动机构 - 电子齿轮配比，可以配备半闭环、全闭环乃至多个伺服驱动器共享同一个光栅尺的多种闭环组合方案。

4）车铣复合技术。为了支持数控机床复合化加工，GNC62 系列数控系统

163

的旋转轴均可以实现主轴和 C 轴的双重配置，可自由通过 G 代码实现切换。GNC62 系列数控系统支持极坐标插补功能，可以在车床结构的机床布局下实现丰富的三维铣削功能。

6.1.5 北京凯恩帝数控技术有限责任公司

1. K2000TF3i 数控系统（图 6-11）

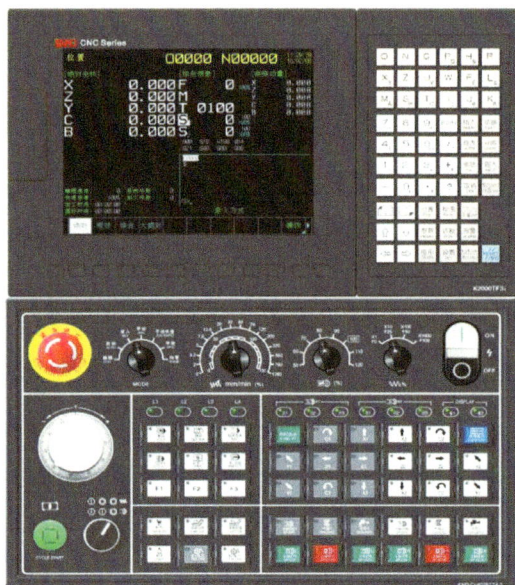

图 6-11 K2000TF3i 数控系统

（1）产品介绍 K2000TF3i 为全数字总线式高档数控系统，支持自主开发的 KSSB 伺服总线协议，支持总线式全数字伺服驱动单元和绝对值伺服电动机，支持总线式远程 I/O 单元、分离操作盒等外接口。系统采用新款高性能微处理器以及第 3 代高速高精控制算法，具有高速高精加工控制、多轴联动控制、多轴多通道控制、多轴同步控制及误差补偿等高档数控系统功能，可方便地自定义工艺界面。通过便捷的 KWS 云服务平台，将人工智能技术和网络技术紧密联系起来，最大限度提高生产效率，缩短制造准备时间。该系统提供多轴多通道加工、车铣复合加工完整解决方案，适用于航空航天、能源装备、汽车制造、船舶制造、3C（计算机、通信、消费电子）和机床等领域。

（2）产品主要参数

1）通道数为 4 个主通道和 8 个辅助通道。

2）每个通道的最多进给轴数为 16 个，最多主轴数为 8 个，最多联动轴数为 32 个。

3）最多同时运动轴数为 32 个。

4）最多进给轴数为 32 个。

5）可选配各种类型的全数字交流伺服驱动单元及电动机（同步、异步电动机，直线电动机，力矩电动机，同步、异步电主轴）。

6）可支持光栅尺、正余弦编码器和圆光栅等高分辨率检测部件，实现全闭环控制。

7）插补周期为 0.5 ~ 2ms。

（3）产品技术特点

1）多轴多通道功能。采用混合控制、重叠控制和同步控制，实现通道间轴控制、轴插补及轴补偿，可同时控制多台通用机床、专用机床、组合机床以及上下料等桁架的外设，在降低成本的同时，大大提高了控制效率。

2）倾斜轴、倾斜面加工功能。采用倾斜轴功能，可实现虚拟 Y 轴功能，在笛卡尔平面内完成对工件的编程，简化用户编程过程。可在倾斜面内进行打孔、攻螺纹，完成异形复杂工件加工。

3）自动断屑功能。在不增加机床刚性及成本的前提下，可实现直线、斜线、圆弧面及螺纹加工中的自动断屑，减少人为干预，为提高自动化率提供支持。

4）自定义界面、二次开发功能。界面图文并茂、优化交互、控件丰富，使人机交互更加直观、方便。无论标准机还是专用机，均可以方便地实现对系统界面的二次开发，方便用户定制属于自己的产品界面。

5）KWS 云服务。采用轻量级服务器，部署方便；自动采集生产数据及机床健康数据，提高设备利用率，保证产能稳定；结合"云盘"功能，可便捷地给设备下发生产任务。

2. K1000TF1i 数控系统（图 6-12）

（1）产品介绍　K1000TF1i 数控系统采用全新硬件平台，搭载高性能 CPU，系统速度快。一体式铸铝纯平面板，防油防水，8in 彩色液晶屏。系统升级为双手轮、双模拟主轴接口。开放式 PLC，功能丰富，安全可靠。本地 DI/DO 为 48 个/32 个点，可满足通用机床使用需求，总线模块可扩展。标配 23 位绝对值编码器电动机，加工效果更佳。可用于简易型车铣复合机、普通车削机以及滚齿机等专用机床。

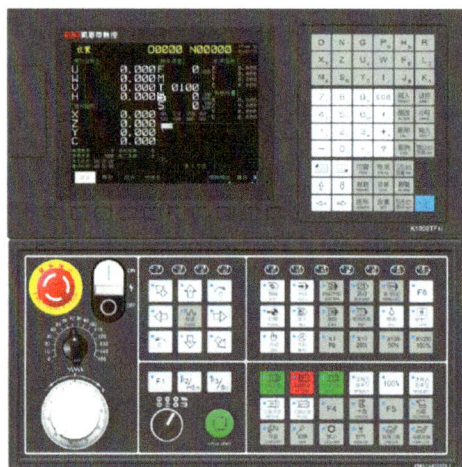

图 6-12　K1000TF1i 数控系统

（2）产品主要参数

1）最快速度为 120m/min，最高进给速度为 48m/min。

2）5 个进给轴，1 个伺服主轴。

3）可选配各种类型的全数字交流伺服驱动单元及电动机（同步、异步电动机，直线电动机，力矩电动机，同步、异步电主轴）。

4）可支持光栅尺、正余弦编码器和圆光栅等高分辨率检测部件，实现全闭环控制。

5）支持双向螺补。

6）支持极坐标、虚拟轴插补。

7）支持椭圆、抛物线插补。

8）支持断屑功能。

9）插补周期为 0.5 ～ 2ms。

（3）产品技术特点

1）升级的文件管理和程序编辑功能可快速预览文件、校验轨迹以及提高操作效率。

2）支持 G 代码 A/B 体系，具备所有攻螺纹、钻孔循环指令。

3）具有限位预测功能，确保停刀准确，不冲击行程极限。

4）具有移动重叠功能，快速时允许轴之间有移动重叠量，以提高加工效率。

5）标配以太网接口，具有 KAPI 功能，可接入 KND 的 KWS 数据服务系统。

3. K2000TC3i 数控系统（图 6-13）

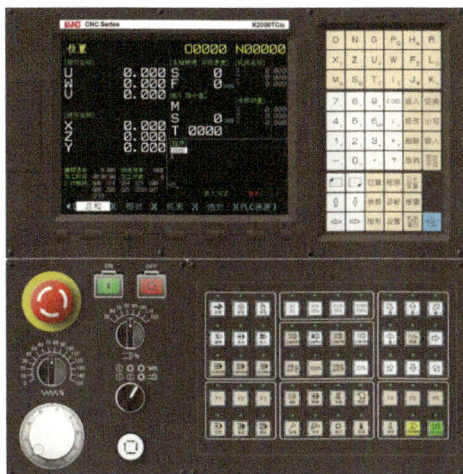

图 6-13　K2000TC3i 数控系统

（1）产品介绍　　K2000TC3i 数控系统采用 KND 串行伺服总线 KSSB（KND Serial Servo Bus），具有连接简单、维护方便、抗干扰能力强和可靠性高的特点。配套的伺服驱动器与高分辨率绝对值编码器电动机可实现 $0.1\mu m$ 级位置精度，可满足车铣复合加工需求。

（2）产品主要参数

1）采用 10.4in TFT 彩色液晶屏，分辨率为 640×480。

2）最多 5 个 NC 轴，最多主轴数为 8 个，配置车铣复合机床控制系统。

3）系统插补周期为 2ms，最小指令单位为 $0.1\mu m$。

4）最快速度为 240m/min，最高进给速度为 60m/min。

5）具有开放式 PLC，满足二次开发需要。DI/DO 最大可配置 512 个 /512 个点。

（3）产品技术特点

1）具有高速高精功能、前加减速控制功能和小线段预读与平滑处理功能。

2）具有伺服图形诊断功能，实时观察跟踪误差大小。在系统侧可显示和修改伺服参数，方便机床调试。

3）具有 A/B 两类 G 代码，B 类融合铣削指令，更适合控制车铣复合机床。

4）具有宏程序 B 功能，方便客户开发复杂工艺的加工程序。

5）具有工业以太网功能，可以在 PC 端管理程序、参数、刀补以及宏变量。

6.1.6 上海维宏电子科技股份有限公司

1. NK530M 铣床控制系统（图 6-14）

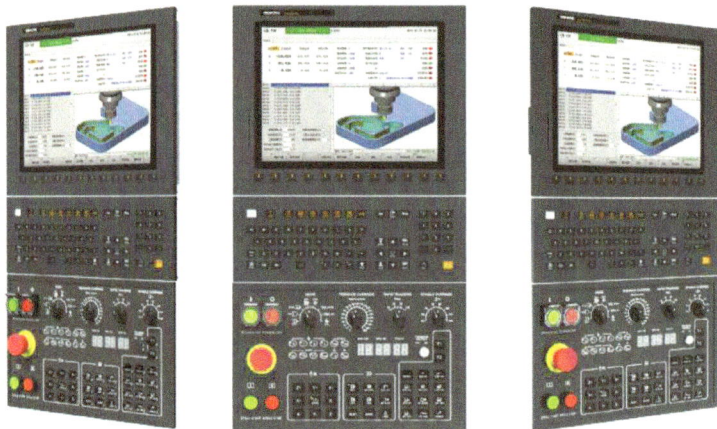

图 6-14 NK530M 铣床控制系统

（1）产品介绍 NK530M 铣床控制系统，集自适应速度规划、高精度轮廓光顺和柔性加减速于一体，可实现高精、高效和平稳加工，大幅提升了设备价值与效率。

（2）产品主要参数

1）最多支持 16 个轴，最多联动轴数为 5 个。

2）采用集成化朗达总线控制器，支持 M2/M3/EtherCAT 总线协议。

3）采用 15in 大屏，具有高分辨率，内容显示丰富。

4）定制化键盘面板，一键完成常用操作。

5）HST 高速梯形算法，可实现高速、高品质加工。

6）文件传输速度快，最大可载入 4GB 的文件。

（3）产品技术特点

1）针对金属铣床领域刀路复杂、短线段处理性能要求高等问题，NK530M 搭载 HST 高速梯形算法对系统处理性能进行优化，小线段处理性能提升了 2 倍以上，加工效率提升了 9% ～ 20%，能顺畅完成复杂刀路的高速加工任务。

2）NK530M 所具备的新一代轨迹预处理功能及自适应短线段光顺功能，有助于实现更高品质的加工效果。当 CAM 软件的刀路轨迹精细度不高时，会出现加工表面不良的情况，高精度轮廓光顺功能可以根据控制精度对刀路轨迹进行光顺处理，得到精优轮廓，获得更高、更平稳的速度特性和优良的加工效果。

3）在提升用户使用体验方面，NK530M采用全新交互设计，功能模块区分明显，集中操作，避免页面切换带来困扰。该系统支持选刀加工，可自由选择刀路中的刀具进行加工，并可修改所选刀具的加工起始行，可方便地对工件局部进行加工。当加工图形特征明显时，可通过鼠标拖动进行选中，并开始加工。操作方便快捷，在模具加工中应用广泛。

2. NcStudioV12 双通道双 CCD 控制系统（图 6-15）

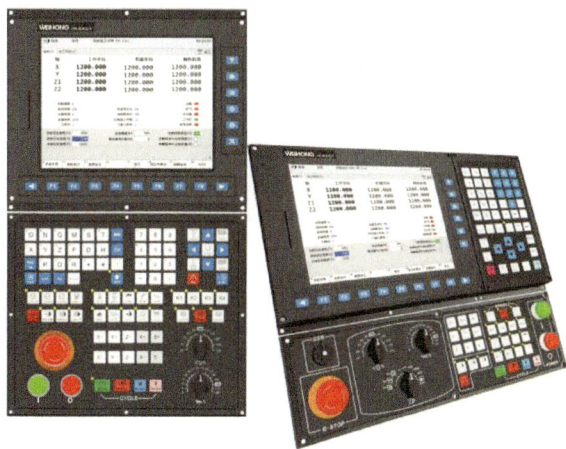

图 6-15　NcStudioV12 双通道双 CCD 控制系统

（1）产品介绍　维宏控制系统采用多轴多通道 CCD 解决方案，在计算机、通信和消费电子行业有着广泛的应用，在手机保护片、盖板、手机按键、手机边框和 TFT-LCD 玻璃加工等领域具有行业领先地位，目前维宏控制系统成功投入市场运行的系统支持 5 个通道 16 个轴。

（2）产品主要参数

1）可针对每个通道每个工位进行独立补偿，解决因机床、夹具等外部因素带来的加工精度问题。

2）每个通道与每个工位可支持刀具补偿、工件补偿、刀具区域补偿和工位补偿等一些补偿机制，提高产品的加工精度。

3）可独立运行各自通道中的 NC 程序，独立控制主轴加工，通道之间互不影响。

4）每一个通道都拥有独立的 Start/Stop/Resume 信号，在互不干涉的情况下，可进行起停操作。

5）各通道之间可进行信息交互，以此来协作完成部件的加工。

6）各通道都由独立的 PLC 模块及解析模块控制。

7）强大的可二次开发模块，可根据客户生产节奏灵活定制智能化视觉解决方案。

（3）产品技术特点

1）多台 CNC 机组组成一条生产线，为加工效率提供保障。

2）内嵌视觉定位及多种补偿机制，为加工时的精准定位提供保障。

3）二维码识别功能，为产品 ID 提供对应数据信息，实现产品身份信息追溯；自动补偿 AOI 系统检测数据，实现全闭环无人控制。

4）该系统采用多通道多视觉架构设计，提高了设备加工产能，减少了设备占地面积，可有效节约成本。

5）支持主流工业通信协议，如 OPCUA、MTConnect 等，并可根据客户需求扩展定制和提供联网技术辅导。

6.2 国产数控系统应用案例汇编

6.2.1 航空制造领域

1.武汉华中数控股份有限公司

应用情况：沈阳飞机工业（集团）有限公司、成都飞机工业（集团）有限公司等 12 家企业共应用了 200 多台（套）HNC8 型数控系统，其中五轴以上数控系统 100 多台（套）。主要用于飞机等多种梁、框、肋类零件的加工。HNC8 型高档数控系统在航空领域的应用情况如图 6-16～图 6-18 所示。

图 6-16　HNC8 型高档数控系统在航空领域首台应用

图 6-17　HNC8 型数控系统在沈飞五轴机床应用

图 6-18　华中数控的五轴系统在航空领域大规模应用

2. 沈阳中科数控技术股份有限公司

应用情况：中科数控的蓝天数控系列数控系统共配套了 40 余台（套）中航沈飞股份有限公司的数控机床（图 6-19、图 6-20），在航空关键零部件加工中发挥了重要作用。

其中，GJ400 系列数控系统配套于 GMC2060u 五轴动梁桥式龙门加工中心，采用 EtherCAT 高速总线通信技术，实现了 5 个进给轴、8 个电动机轴的同步控制，其中 X 轴采用 4 个电动机实现了龙门双侧同步，每侧设有双电动机消隙功能。该系统还提供了 RTCP、同步轴双零点归零的自动校验零点偏差、自动对刀检测和 DNC 数据采集等功能，同时根据飞机结构件加工的特点进行了一系列高速加工算法优化，满足了用户的实际生产需求。

图 6-19　蓝天数控系列数控系统在机床上的应用

图 6-20　GJ400 系列数控系统配套 GMC2060u 五轴动梁桥式龙门加工中心的应用

　　GJ430 数控系统配套于 GMC35120u 五坐标强力立式加工中心，采用低速大转矩电动机，主要用于航空复杂曲面钛合金零件类的强力铣削加工。该系统提供了 RTCP、自动对刀检测和 DNC 数据采集等功能，同时根据飞机结构件及钛合金加工的特点进行了控制参数优化及加工算法优化，满足了用户的实际生产需求。

3. 科德数控股份有限公司

　　应用情况：共有 12 台数控机床搭载了 GNC62 数控系统（图 6-21），其中，枣庄北航机床创新研究院应用了 6 台，配套于 QXP0601-1000 叶盘铣削机床；331 所应用了 2 台：1 台配套于 PJZ5.04-150W 四主轴矩形阵列抛光机床，1 台配套于 MJZ5.08-60L 八主轴矩形阵列磨削机床；460 厂应用了 2 台：1 台配套于 PJZ5.04-150W 四主轴矩形阵列抛光机床，1 台配套于 MJZ5.08-60L 八主轴矩形阵列磨削机床；410 厂应用了 1 台，配套于 MJZ5.08-60L 八主轴矩形阵列磨削机床；120 厂应用了 1 台，配套于 MJZ5.08-60L 八主轴矩形阵列磨削机床。

图 6-21 GNC62 数控系统的应用

6.2.2 航空发动机制造领域

1. 武汉华中数控股份有限公司

应用情况：中国航发动力股份有限公司（简称中国航发）、中国商用航空发动机有限责任公司（简称中国商发）等 6 家企业共应用了 100 多台（套）HNC8型数控系统[其中，五轴数控系统 20 多台（套）]。其中，中国商发应用了 7 台（套）HNC8 型五轴联动数控系统（图 6-22），中国航发应用了 38 台（套）HNC8 型数控系统（图 6-23），这些配置了 HNC8 型数控系统的机床主要用于航空发动机机匣、整体叶盘、叶片、盘轴、复杂壳体、精密偶件和转子柱塞等精密复杂零件的加工。

图 6-22 中国商发应用现场

图 6-23　中国航发应用现场

2. 广州数控设备有限公司

应用情况：广州数控的 GSK25i 数控系统配套于北京机电院的 XKH800Z 五轴叶片加工中心（图 6-24），用于航空发动机、燃气轮机叶片的加工。该数控系统的功能、性能都能满足使用要求，自 2013 年交付以来，一直可靠运行，用于批量产品加工，加工质量稳定。

图 6-24　GSK25i 数控系统的应用

3. 沈阳中科数控技术股份有限公司

应用情况：

（1）中国航发哈尔滨东安发动机有限公司的应用情况　中国航发哈尔滨东安发动机有限公司共应用了 5 台 GJ680 智能型数控系统，组建航空发动机机匣生产线和直升机变速箱齿轮生产线。该系统具有铣、车、钻、镗、绞、攻螺纹等复合加工功能，并具有齿轮加工所要求的误差检测及补偿功能。该系统通过运用误差智能补偿和精优曲面算法，提高了空间曲面加工质量，并可通过可配置图形化工艺库，提高图形化编程效率。装有该系统的设备在用户现场持续进行工件智能化加工，系统运行稳定、性能可靠，满足了用户使用需求。GJ680 数控系统配套于立式、卧式五轴加工中心，如图 6-25、图 6-26 所示。

图 6-25　GJ680 数控系统配套于立式五轴加工中心

图 6-26　GJ680 数控系统配套于卧式五轴加工中心

（2）中国航发沈阳黎明航空发动机（集团）有限责任公司（简称中航黎明）的应用情况　中航黎明现场共有 40 余台（套）磨床、镗床、加工中心等通用型数控机床，以及 3 台激光打孔机床配套了沈阳中科的蓝天数控系列数控系统。首次将国产数控系统批量应用于航空发动机典型零件的加工，配套的航空发动机典型零件加工设备类型涵盖了车、铣、镗、磨等，实现了航空发动机典型零件——

机匣、盘轴、叶片、钣焊、导喷等的加工。

双通道 11 轴激光叶片微孔冷加工机床如图 6-27 所示。

图 6-27　双通道 11 轴激光叶片微孔冷加工机床

（3）中航动力股份有限公司（原西安航空动力股份有限公司）的应用情况　　GJ430 配套于中航动力股份有限公司的 2MSS400 双过程 11 轴砂带磨削中心（图 6-28），实现了航空发动机精锻叶片的自适应砂带磨削。可实现复杂零件的高速加工，具备系统防碰撞安全检测和安全日志功能；具备 DNC 网络接口，支持 DNC 远程监控与程序传输及管理。同时将产品设计中的二次开发平台技术、轨迹优化控制技术和磨削专用控制功能等共性关键技术应用在蓝天数控磨床系列化产品中，实现了与平面内外圆磨床、刀片磨床、曲轴磨床、凸轮轴磨床等的配套应用，用户使用证明，系统运行稳定、性能可靠，既满足了控制精度要求，又可实现对复杂非圆磨削零件的快速加工，满足了航空发动机叶片的精加工要求。

图 6-28　GJ430 配套于 2MSS400 双过程 11
轴砂带磨削中心

6.2.3　航天制造领域

1. 武汉华中数控股份有限公司

应用情况：航天系统 15 家企业，应用了 200 多台（套）HNC8 型数控系统，其中五轴数控系统 60 多台（套）。航天领域国产数控系统柔性生产线如图 6-29 所示，航天系统应用 HNC8 型数控系统的铺丝铺带机如图 6-30 所示。

2. 广州数控设备有限公司

应用情况：广州数控的 GSK25i 数控系统配套于某公司的九轴五联动重载龙门搅拌摩擦焊机床如图 6-31 所示。

图 6-29　航天领域国产数控系统柔性生产线

图 6-30　航天系统应用 HNC8 型数控系统的
铺丝铺带机

图 6-31　GSK25i 数控系统配套于九轴五联动重载龙
门搅拌摩擦焊机床

3. 沈阳中科数控技术股份有限公司

应用情况：沈阳中科的蓝天数控系列数控系统共配套了北京某公司的近 20 台数控机床，包括 JET-40 立式加工中心、TH6563×63A 卧式镗铣加工中心、FK110 数控刨台卧式镗铣床等。

蓝天数控系列数控系统的应用现场如图 6-32 所示。

图 6-32　蓝天数控系列数控系统的应用现场

6.2.4　汽车制造领域

1. 武汉华中数控股份有限公司

应用情况：吉林通用机械制造有限责任公司、上海交大智邦科技有限公司、营口华润有色金属制造有限公司、东风楚凯汽车零部件有限公司、东风活塞等 9 家企业共应用了 600 多台（套）HNC8 型数控系统 [五轴系统 100 多台（套）]，其中，吉林通用机械制造有限责任公司应用了 400 多台（套）。装载了 HNC8 型数控系统的这些设备主要用于发动机缸体、缸盖、活塞、换挡毂、高压油泵壳体、轮毂、万向联轴器、车轮支架、控制臂等零件的加工。

吉林通用机械制造有限责任公司的应用现场如图 6-33 所示，上海交大智邦科技有限公司配置了 HNC8 型数控系统的汽车动力总成示范生产线如图 6-34 所示。

图 6-33   吉林通用机械制造有限责任公司的应用现场

图 6-34   上海交大智邦科技有限公司配置了 HNC8 型数控系统的汽车动力
总成示范生产线

2. 广州数控设备有限公司

应用情况：

（1）神龙汽车、中原内配等的应用情况　广州数控联合大河机床开展发动机缸体珩磨技术攻关，推出了国内第一款珩磨数控系统产品，配套于该系统的大河机床的珩磨机床已在神龙汽车、中原内配等多家发动机企业应用，如图 6-35所示。目前已累计在汽车行业应用了数百台。

（2）瑞丰动力集团的应用情况　广州数控的 GSK25i 数控系统配套了 60 余台瑞丰动力集团的高精度加工中心，批量用于汽车发动机缸体、缸盖加工，如图6-36 所示。

图 6-35　广州数控的数控系统在神龙汽车、中原内配应用

图 6-36　GSK25i 数控系统在瑞丰动力集团的应用

3. 北京凯恩帝数控技术有限责任公司

应用情况：

（1）上齿集团有限公司的应用情况　上齿集团有限公司应用了 4 台装配了 K1000TF1i 数控系统的数控滚齿机；其中，2 台威格森 3150CNC 四轴全数控滚齿机，1 台威格森 3150CNC 五轴全数控滚齿机，1 台威格森 3180CNC 四轴全数控

滚齿机。4台数控滚齿机组建了一条柔性生产线,如图6-37所示,已正常生产近一年。

图 6-37 由 4 台重庆威格森数控滚齿机
组建的生产线

(2) 浙江华昌液压科技有限公司的应用情况 浙江华昌液压科技有限公司共组建了7台液压缸加工车削中心,均配置了KND2000TF3i数控系统,如图6-38所示。其中,2台 CH6150YG-2TX3000 液压缸加工双刀架车削中心,采用双路径控制模式,配置了自动对刀仪、国产动力刀塔,与六轴关节机器人一起组建成液压缸加工生产线;2台 CH6150YGX3000 液压缸加工车削中心,配置了自动对刀仪、国产动力刀塔,与六轴关节机器人一起组建成液压缸和活塞杆可以柔性换产的生产线;2台 CH6150G 车削中心配置了自动对刀仪、国产动力刀塔,与六轴关节机器人一起组建成倾斜液压缸生产线;1台 CH6163YGX4000 液压缸加工车削中心,配置了自动对刀仪、意大利动力刀塔,用于加工混凝土泵送缸筒。

(3) 海宁上通优必胜轴承有限公司的应用情况 海宁上通优必胜轴承有限公司用自主开发的 160 台车削机床组成了 40 条轴承生产线,如图6-39所示,每条轴承加工生产线配置了 4 台 KND2000TC3i 数控系统。

图 6-38　KND2000TF3i 数控系统应用于液压缸加工车削中心

图 6-39　配置了 KND2000TC3i 数控系统的轴承加工生产线

6.2.5　3C 领域

1. 武汉华中数控股份有限公司

应用情况：深圳创世纪机床有限公司、宇环数控机床股份有限公司、惠州市誉东沅智能设备有限公司、湖北毅兴智能装备有限公司等数十家企业，配套HNC8 型数控系统的机床达数万台（套），用于 3C 手机、智能穿戴设备、5G 滤波器等零件的加工。配置 HNC8 型数控系统的机床车间如图 6-40 ～图 6-43 所示。

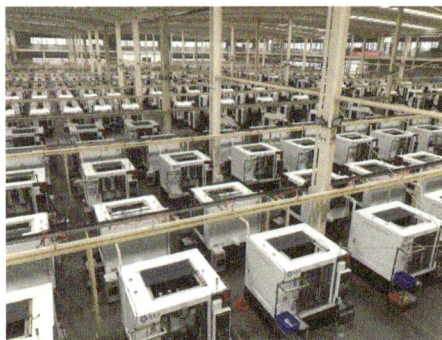

图 6-40　惠州市誉东沅智能设备
有限公司批量配置 HNC8 型数控
系统的钻攻中心车间

图 6-41 湖南宇环智能装备有限公司
批量配置 HNC8 型数控系统的
五轴抛光机车间

图 6-42　湖北毅兴智能装备股份有限公司
批量配置 HNC8 型数控系统的 5G
设备加工中心车间

图 6-43　汇专科技集团股份有限
公司批量配套 HNC8 型
系统的机床车间

2. 上海维宏电子科技股份有限公司

应用情况：某电子公司的多台设备配套了维宏双通道双 CCD 控制系统。

维宏双通道双 CCD 控制系统可支持一边加工一边上下料以及 CCD 定位，真正做到不停机加工，提高生产效率。多通道自动上下料，可一边加工一边自动上下料；自动上下料可减少工人数量，一个工人可以管理更多的设备；多通道机床相对比单通道多台机床占地面积更小，相同面积的工厂可放置更多的机床，可提高产能。

除了数控系统，维宏股份为该解决方案配套了 xFactory 智能工厂系统，智能工厂系统为生产线提供了生产管理功能，数控机床数据与客户信息在控制中心实现及时交互，方便客户实时监控机床状态、生产情况，追踪产品生命周期，提高机床的使用效率以及产品的良品率。维宏双通道双 CCD 控制系统在机床上的应用如图 6-44 所示。

a)   b)

c)

图 6-44　维宏双通道双 CCD 控制系统在机床上的应用

6.2.6　发电装备制造领域

武汉华中数控股份有限公司的数控系统应用情况：

东方电气集团东方汽轮机有限公司（简称东汽）、无锡透平叶片有限公司等企业配置 HNC8 型数控系统的机床共有近 20 台（套），这些机床主要用于火电汽轮机、核电汽轮机、燃气轮机等发电设备叶片的制造。东汽配置 HNC8 型数控系统的九轴六联动数控砂带磨床生产线有 10 条，如图 6-45 所示。

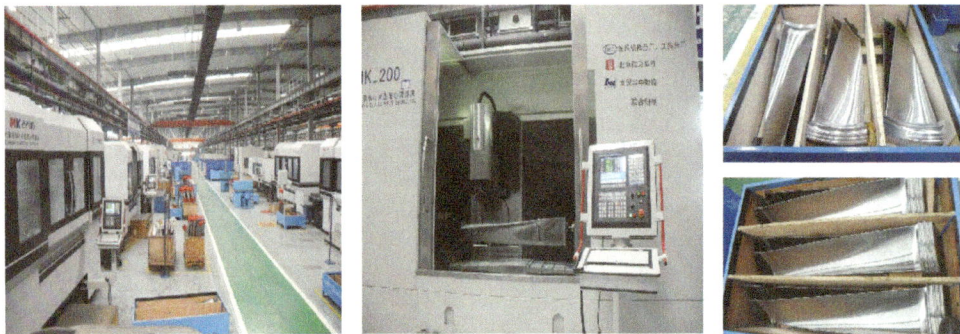

图 6-45 东汽配置 HNC8 型数控系统的 10 条九轴六联动数控砂带磨床生产线

6.2.7 船舶装备制造领域

武汉华中数控股份有限公司的数控系统应用情况：

武汉船用机械有限责任公司、陕西柴油机重工有限公司等企业配置 HNC8 型数控系统的机床共有 20 余台（套），这些机床主要用于舰船调距桨、桨毂体、活塞杆、桨毂液压缸和轴系零件的加工。武汉船用机械有限责任公司配套使用 HNC848 数控系统改造的重型龙门机床如图 6-46 所示，陕西柴油重工有限公司配套使用 HNC8 型数控系统的卧式加工中心柔性生产线如图 6-47 所示。

图 6-46 武汉船用机械有限责任公司配套使用 HNC848
数控系统改造的重型龙门机床

图 6-47 陕西柴油重工有限公司配套使用 HNC8 型
数控系统的卧式加工中心柔性生产线

6.2.8 兵器制造领域

武汉华中数控股份有限公司的数控系统应用情况：

内蒙古第一机械集团有限公司、江麓机电集团有限公司、湖南江滨机器（集团）有限责任公司等 9 家企业配置 HNC8 型数控系统的机床共有近 200 台（套），这些机床主要用于坦克、发动机、光机电一体化产品等零件的加工。应用 HNC8 型数控系统改造升级的西安昆仑五轴机床如图 6-48 所示。

图 6-48 应用 HNC8 型数控系统改造升级的西安昆仑五轴机床

第 7 章

我国数控系统产业
发展政策分析及
战略思考

7.1　国家重大科技专项

《国家中长期科学和技术发展规划纲要（2006—2020 年）》在重点领域中确定了一批优先主题的同时，围绕国家目标，进一步突出重点，筛选出若干重大战略产品、关键共性技术或重大工程作为重大专项，充分发挥社会主义制度集中力量办大事的优势和市场机制的作用，力争取得突破，努力实现以科技发展的局部跃升带动生产力的跨越发展，并填补国家战略空白。

"04 专项"主要瞄准的航空航天、船舶、汽车和发电设备四个行业有三个特点：一是行业发展迅速，汽车、船舶、发电设备产量上升很快，航空工业加工任务很重；二是行业发展前景好，企业普遍加大技改投入；三是需要大批高档数控机床进行装配。上述特点表明，我国高档数控机床发展获得了难得机遇，数控机床重大专项的启动正当其时。

2015 年 5 月，国家又发布了《中国制造 2025》行动纲领，《中国制造 2025》将数控机床和基础制造装备行业列为我国制造业的战略必争领域，目的是推动我国从制造大国向制造强国转变。要实现《中国制造 2025》的目标，形成"中国智造"的核心竞争力，必须大力发展我国自主的高性能数控系统、伺服驱动装置和伺服电动机等关键基础部件。

工业和信息化部自 2015 年启动实施了"智能制造试点示范专项行动"，在全国开展智能制造试点和示范，在实施以智能工厂、数字化车间、在线监测、远程诊断与云服务为代表的试点示范项目时，高性能数控系统是非常重要的一个组成部分。

7.2　发展高档数控系统的重要意义

2018 年，习近平总书记在两院院士大会上的讲话中指出："我国基础科学研究短板依然突出，企业对基础研究重视不够，重大原创性成果缺乏，底层基础技术、基础工艺能力不足，工业母机、高端芯片、基础软硬件、开发平台、基本算法、基础元器件、基础材料等瓶颈仍然突出，关键核心技术受制于人的局面没有得到根本性改变"。

数控机床是装备制造业最重要的"工业母机"，其技术水平代表着一个国家的综合竞争实力。长期以来，国防工业急需的高速、高精、多轴联动高端数控机床和高档数控系统一直是重要的国际战略物资，受到西方国家严格的出口限制。历史上的"巴黎统筹委员会""东芝事件""考克斯报告""瓦森纳协议"都充分证明，西方发达国家在核心技术方面不会放松对我国的封锁限制。

数控系统作为工业母机——机床的"大脑"，是决定数控机床功能、性能、可靠性及成本的核心部件，是国外对中国"卡脖子"的核心技术。据统计，我国每年从国外进口大量的高端数控机床，我国高档数控系统70%左右依靠进口。特别是工业母机制造、汽车、航空航天等重点领域所需的高精度机床、五轴联动机床、复合加工机床等，配套的高档数控系统主要是进口品牌产品。高档数控系统技术一直受到国外的封锁限制，是制约我国机床装备迈向高端化的主要短板。

综上所述，发展技术水平先进、具有自主知识产权的国产高档数控系统产品，打破国外高价垄断和技术封锁，是发展我国数控机床产业，保障我国产业安全和国防安全亟需解决的重大问题。

7.3 推动数控系统行业发展的政策建议

1. 创新发展，夯实基础研究

1）加大力度支持新一代信息技术引领下的"智能机床"研发和创新发展。机床是"国之重器"，加快推进新一代信息技术与智能机床的深度融合，缩小我国机床水平与国外的差距，破解高端装备"卡脖子"难题，实现从"跟跑"到"领跑"的转变；顺应新一轮科技革命和产业变革趋势，抓住"换道超车"的战略机遇，提前部署，集中攻关，抢占先机。

2）加大力度支持高档数控系统核心部件的研发和创新设计。数控系统是机床的"大脑"，关键功能部件是机床的"四肢"，围绕高档机床的功能扩展、性能提升、可靠性及精度稳定性提高，组织核心技术联合体联合攻关，突破关键共性技术，实现数控机床产业链上的核心技术和产品自主可控。

2. 顶层设计，构建创新生态

1）建立国家级数控系统创新平台和创新中心，实施应用牵引的"深度融合、联合攻关、协同创新"新型联合体研发机制；建立机床大数据中心、云服务平台，开展"共享、共用、共创"的应用和服务，建立数控系统创新体系。

第 7 章
我国数控系统产业发展政策分析及战略思考

2）制定工业信息安全、互联通信等数控机床标准体系。以机床智能化为抓手，加快组织实施制定包括工业信息安全、互联通信等的标准体系。充分利用我国在新一代信息技术领域的先发优势，在设备级、车间级、企业级、行业级、国家级等各个层面，推进标准制定和体系建立，打造数控机床和数控系统的中国标准和规范。

3. 示范应用，保障产业安全

1）多变的国际形势，新冠疫情，我们面临百年未有之大变局。高端装备被发达国家"卡脖子"将是常态。加大数控系统在航空航天等领域的示范应用和推广，实现国家战略产业装备的自主可控。

2）企业转型升级需要利器，行业高质量发展需要动力。加大国产数控系统在汽车、轨道交通、船舶、发电设备制造、消费电子和5G等国民经济重点领域的示范应用和普及推广。同时结合珠三角、长三角和中部城市群等区域的制造业发展特点，推动制造转型升级，建立数控系统智能化技术共享、共用、共创的应用生态圈。

4. 政策引导，保障可持续发展

1）建议在国家各级重大项目、重大工程层面重点支持数控系统发展。建议将高档数控系统作为国家科技重大专项重点支持方向，加大对数控系统研发、性能攻关与对标测试、第三方测试平台建设方面的支持。建议通过国家创新中心、国家重点研发计划、国家科技重大专项等各类科技计划多渠道组织实施数控系统持续研发计划。继续推动"制造业高质量发展""两化融合""强基工程""智能制造"等工程，明确将数控系统国产化率列入考核指标，鼓励各个行业采用国产数控系统。

2）建议加快制定数控系统发展规划和相关政策。从政策层面围绕区域经济发展特征，重点扶持一批技术含量高、市场前景较好的数控系统企业。从国家、省、市各级层面给予数控系统项目支持，带动全社会投入，推进数控系统产业加快发展。加强科技政策与财税、进出口和产业政策的协同，充分利用反垄断和反倾销等法律手段，切实保证我国数控系统研究机构与相关制造企业在自主创新中受益。

3）开展数控系统学科体系和人才培养体系建设，完善从教学、研发、转化、生产到管理的各级人才培养体系。加强数控系统相关人才发展统筹规划和分类指导，组织实施制造业人才培养计划，加大拥有新一代信息技术与数控系统技术知识的复合型技术人才、经营管理人才和技能人才的培养力度，完善从研发、转化、生产到管理的人才培养体系。以数控系统领域高层次、急需的紧缺专业技术人才和创新型人才为重点，实施专业技术人才知识更新工程和先进制造卓越工程师培养计划，在高等学校建设一批工程创新训练中心，打造高素质的专业技术人才队伍。鼓励企业与学校合作，培养数控系统领域急需的科研人员、技术技能人才与复合型人才，积极推进产学研合作。

4）积极开展与数控系统及智能化技术相关的国际合作。在数控系统标准制定、技术合作、人才培养、产品开发等方面广泛开展国际交流与合作。支持国内外企业及行业组织开展技术交流与合作，做到引资、引技、引智相结合。探索国内企业利用产业调整、变局的机遇，走出去，实施海外投资并购等。

第 8 章

我国数控系统产业发展路线图

高档数控系统技术既是卡脖子关键核心技术，又是提高产品市场竞争力的技术。高档数控系统产业链上下游的核心产品具有技术复杂度高、用户需求多样、关键技术众多、成套性要求全面、可靠性要求高的特点，其核心控制技术的实现需要多领域技术融合，开发难度大，产品测试验证要充分，生产需要高端的制造装备和更高的工艺水平，需要有雄厚的资源做支撑，需要巨大的投入。

"十二五""十三五"期间，在国家科技重大专项的大力支持下，国产高档数控系统的功能、性能和可靠性都取得了巨大进步，为国产高档数控系统的应用打下了很好的基础，国产高档数控系统已在国防军工、航空航天和汽车等制造领域开始批量示范应用，产业化也取得了一定进展。但是在技术成熟度、应用和产业化水平上与国外主流高档数控系统相比，仍存在差距。

解决机床产业链中高档数控系统产业基础短板问题，发展技术水平先进、具有自主知识产权的高档数控系统，打破国外企业的价桥垄断和技术封锁，是推动中国机床产业高质量发展、保障我国产业安全和国防安全亟需解决的重大问题。

8.1 数控系统产业链分析

数控系统是数控机床的灵魂和大脑，对于国民经济发展具有重大的战略意义。整个数控系统一般由三大部分构成，即控制系统、伺服驱动系统和位置测量系统。控制系统主要由总线、电源、存储器、操作面板和显示屏、位控单元、可编程序控制器逻辑控制单元以及数据输入输出接口等组成；伺服驱动系统主要包括伺服驱动装置和电动机；位置测量系统主要是采用长光栅或圆光栅的增量式位移编码器。

数控系统产业链从结构上看，可分为上、中、下三大产业体系，它们之间紧密联系，共同构成了一条利益共享、风险共担的产业链，如图8-1所示。上游是

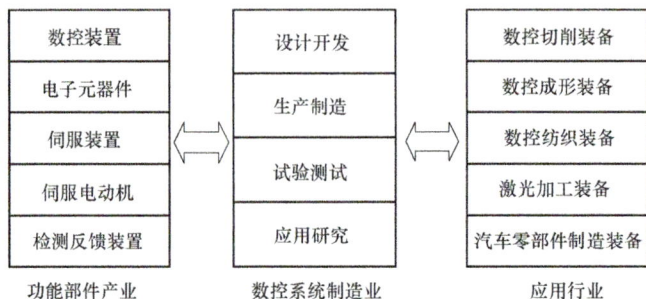

数控装置	设计开发	数控切削装备
电子元器件	生产制造	数控成形装备
伺服装置	试验测试	数控纺织装备
伺服电动机	应用研究	激光加工装备
检测反馈装置		汽车零部件制造装备
功能部件产业	数控系统制造业	应用行业

图 8-1 数控系统产业链结构示意图

功能部件产业，中游是数控系统制造业，下游是应用行业。

数控系统产业的上游：主要是指数控系统的功能部件，由数控（NC）装置、伺服装置、伺服电动机、光栅尺、编码器以及其他电子元器件等组成。

数控系统产业的中游：主要是指数控系统制造业，包括从事数控系统设计开发、生产制造、试验测试及应用研究的相关产业等。

数控系统产业的下游：主要是指广泛使用数控机床、加工中心的汽车、钢铁、机械、航空、航天、能源、军工、激光、通信、纺织等行业。

数控系统产业链整体结构如图 8-2 所示。

8.2 数控系统产业振兴路线图

8.2.1 产业振兴目标

1. 近期目标（5 年）

建设高档数控系统规模化生产、销售服务体系；建设高档数控系统及伺服电动机规模化生产的样板工厂；通过西门子模式、马扎克模式等的运用，使国产数控系统企业与一批骨干主机厂形成稳定的产品批量配套关系。

2. 中期目标（10 年）

构建高档数控系统国家创新中心和数控系统高端应用人才培养基地；高档国产数控系统形成与国外产品的竞争能力，满足机床产业高质量发展需求。

3. 远期目标（15 年）

在高档数控系统领域，建立产品产量国际排名领先的知名数控系统生产企业和产品品牌。在技术、产品、服务和创新能力上进入世界先进行列。

8.2.2 产业振兴技术路线图

1. 数控系统产业链各环节分析

数控系统产业链包括设计开发、系统制造、试验测试及应用研究四个环节。

（1）数控系统的设计开发　数控系统的设计开发包括数控装置设计开发、伺服装置设计开发、伺服电动机设计开发和在三者基础之上进行的数控系统基础平台开发设计，以及未来的新一代智能化数控平台的设计开发。

1）数控装置及伺服装置设计开发包括数控装置及伺服装置硬件设计、数控装置及伺服装置软件固件设计以及数控装置及伺服装置结构设计。数控装置及伺服装置硬件设计使用的工具软件有 Candence 公司的 Candenceallegro、Altium 公司的 AltiumDesigner、MentorGraphics 公司的 PADS。数控装置及伺服装置软件

数控机器人
喷型加工设备
精密加工设备

火焰、等离子、激光切割机
数控折弯机
数控金属成形机床

复合加工中心
数控金属切削机床

数控车、铣、镗、磨、钻加工机床
主轴进给系统
伺服驱动控制系统
CNC系统
数控转台摆铣头
夹具、动力刀架
防护罩体
直线导轨、滚珠丝杠

柔性制造单元FMC 柔性制造系统FMS
数控专用机械
数控整机
数控机床
数控功能部件

技术和人员
原材料、技术、人员、设备
原材料和设备

自动化、通信工程、计算机、测控、与控制、电子信息
机械设计机械制造

电子元器件、金属、塑料、石油制品、木材等原材料及其相关的机械加工设备

多功能、智能化、网络化、复合加工生产线

跨行业数控机械设备

汽车工业
航空航天工业
农业机械工业
冶金机械工业
纺织机械行业
铁路机械行业
医药机械行业
食品加工行业

国防工业
船舶工业
石油工业
电子电力工业
轻工机械行业
化工机械行业
微电子行业
印刷包装机械行业

提高产品水平和档次、提高装备制造业综合能力、推动工业自动化发展

提高加工效率、产品精度和质值、提高原材料利用率、

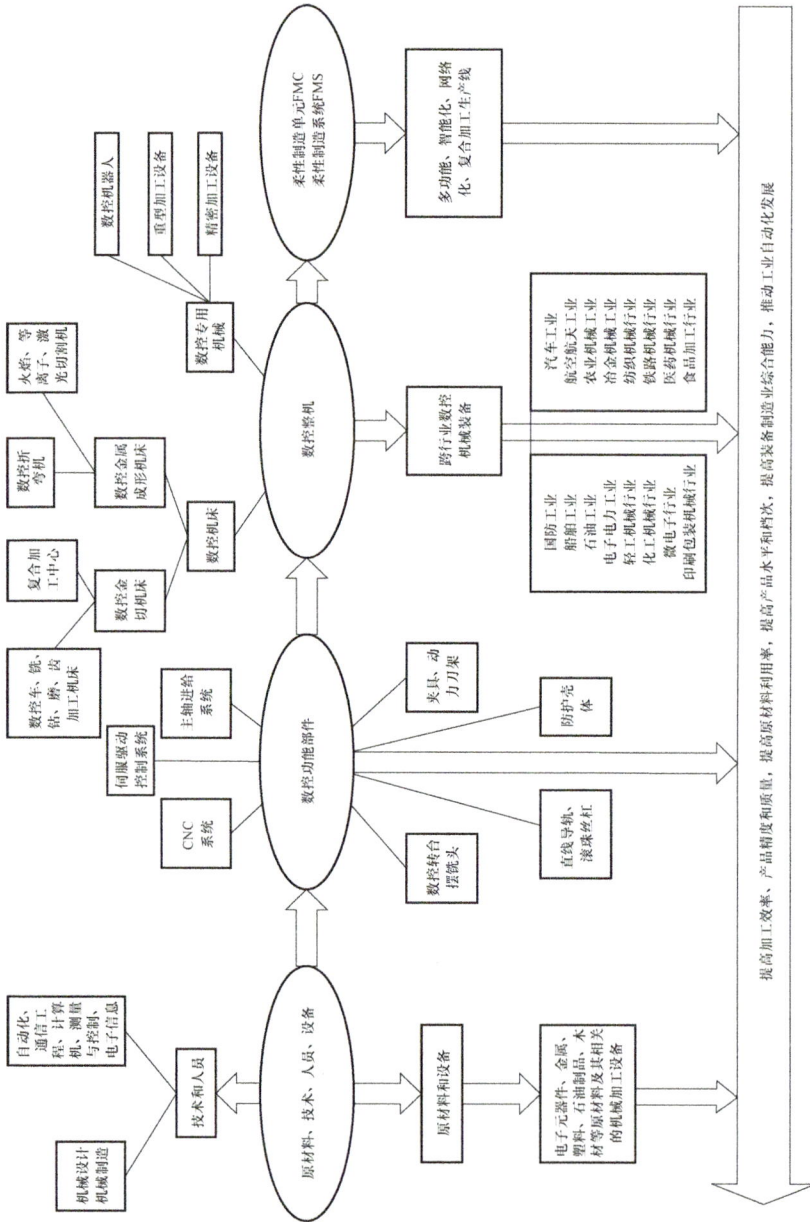

图8-2 数控系统产业链整体结构

198

固件设计使用的开发环境有 Qt 公司的 Qt。数控装置及伺服装置结构设计使用的工具软件有 PTC 公司的 Pro/E、Dassalt 公司的 SolidWorks、西门子公司的 UG 和 Autodesk 公司的 AutoCAD。

2) 伺服电动机的设计与开发包括伺服电动机结构设计与伺服电动机设计仿真。伺服电动机结构设计使用的软件有 Dassalt 公司的 SolidWorks、西门子公司的 UG 和 Autodesk 公司的 AutoCAD。伺服电动机设计仿真使用的软件有 Altair 公司的 Hyperworks 和 ANSYS 公司的 ANSYS 及 ANSYSMaxwell。

（2）数控系统的制造　数控系统的制造包括数控装置制造、伺服装置制造及伺服电动机制造。

1) 数控装置制造包括器件单元、数控软件、制造设备的制造。器件单元包括 Intel/ARM 公司的龙芯/兆芯 CPU、三星/镁光的 RAM、Intel/Xilinx 的 FPGA/CPLD、LG/群创的显示单元、菲尼克斯/施耐德的电气元件；数控软件的操作系统是 Windows/Linux，数控系统的算法软件包是系统厂家自主研发的。数控装置的制造设备有松下/三星的 SMT 焊接设备。

2) 伺服装置制造包括控制部分、功率部分、伺服软件及制造设备的制造。伺服控制部分的核心芯片包括 Xilinx 的 FPGA、TI 公司的 DSP；功率部分关键器件包括英飞凌的 IGBT、三肯/富士/三菱的 IPM、IR/SUNTAN 的整流桥及 NICHICON/NCC/凯奇佳/江海的电容；伺服软件的操作系统是 DSP/BIOS 及 FreeRTOS、伺服装置的算法软件包是系统厂家自主研发的。伺服装置的制造设备有松下/三星的 SMT 焊接设备。

3) 伺服电动机制造包括电动机材料、检测元件及制造设备的制造。电动机材料包括日本川崎/日本金属/日本新日铁/宝钢/鞍钢/上海愈佳实业的硅钢片、苏州瀚海新材料的磁性材料、杭州杰能动力的定子和转子、瑞典斯凯孚/日本 NSK/德国 FAG/瓦轴/洛阳轴承/哈轴的轴承、红旗集团的绕组；检测元件包括德国海德汉/德国倍加福/德国施克/日本多摩川/长春禹衡/无锡瑞普/上海翰堡的编码器及德国海德汉/德国 SIKO/西班牙法格/英国雷尼绍/意大利 LIKA/美国 PRE-CIZIKA/长春禹衡的光栅尺。伺服电动机的制造设备包括宝鸡机床的机床、日本 BESTEC 的绕线机、张家港精瑞真空的真空浸漆机、美国福禄克/美国泰克/日本日置/日本恒河/是德科技的功率分析仪、美国 Magtrol/奥地利 AVL/德国申克/日本 Horiba/上海启策动力/杭州易登科/杭州威格的磁滞测功机。

（3）数控系统的试验测试　　数控系统的试验测试分为单机测试和成套测试两个部分。

1）数控系统的单机测试包括数控装置、伺服装置及伺服电动机的测试。数控装置的单机测试包括数控装置的接口测试、人机交互测试、通信功能测试及内存压力测试，所涉及的测试设备一般是各个厂家自制设备；伺服装置的单机测试包括功能测试和性能测试，所涉及的测试设备有伺服厂家自制设备、日本菅原的电动机综合测试台及日本横河的功率分析仪；伺服电动机的单机测试包括制造质量、电动机性能及防护等级测试，所涉及的测试设备有日本菅原的电动机综合测试台和无锡苏瑞的沙尘试验箱、淋雨试验箱、盐雾试验箱。

2）数控系统的成套测试包括基础测试、可靠性测试、功能性能测试以及软件与信息安全测试。基础测试包括电磁兼容性测试、气候环境适应性测试、机械环境适应性测试及保护与安全测试，所涉及的设备有北京特测及上海索莘的静电放电发生器和快速瞬变脉冲群发生器、爱斯佩克的高低温湿热试验箱；可靠性测试包括硬件可靠性测试及软件可靠性测试，所涉及的设备有机床厂家的各类型机床、系统厂家的自制设备及联想的服务器和云平台数据采集器；功能性能测试包括功能测试及性能测试，所涉及的设备有机床厂家的各类型机床、苏州量子仪器的万能工具显微镜和应力测试仪、雷尼绍的激光干涉仪和球杆仪；软件与信息安全测试包括软件功能测试、软件辅助测试及信息安全测试，所涉及的设备有机床厂家的各类型机床和系统厂家的自制设备。

（4）数控系统的应用研究　　数控系统的应用研究主要包括在高档数控系统基础平台以及新一代智能化数控平台基础上研发高档型数控机床、标准型数控机床、经济型数控机床及专用型数控机床。

高档型数控机床的研发主要包括五轴联动数控机床、多通道车铣复合数控机床、高速高精密数控机床、超精密数控机床、重型/超重型数控机床及一脑双控双机共融数控机床的研发。

标准型数控机床的研发主要包括车削中心、立式/卧式加工中心、钻攻中心的研发。

专用型数控机床的研发主要包括齿轮加工机床、数控磨床（内外圆磨床、立式磨床、端面磨床、叶片磨床、珩磨机、工具磨床、坐标磨床、平面磨床及成形磨床等）、曲轴/凸轮轴加工机床、激光加工机床、复合材料制造机床、增减材制造机床、高速冲压机床、折弯机、锻压设备等的研发。

2. 数控系统产业振兴发展路线图

数控系统产业振兴分宏观与微观两个层面。宏观层面主要体现在政策引导、产业标准化融合、技术改进和产业规划方面。微观层面主要体现在设计开发、系统制造、试验测试和应用方面。

从宏观层面看，国家为加快数控技术行业发展，出台了一系列政策，包括国务院批准实施的《装备制造业调整和振兴规划》和"高档数控机床与基础制造装备"科技重大专项，为我国数控技术行业创造了良好的外部环境。《装备制造业调整和振兴规划》明确提出，要坚持装备自主化与重点建设工程相结合、坚持自主开发与引进消化吸收相结合、坚持发展整机与提高基础配套水平相结合的基本原则，提升数控系统等基础配套件的市场占有率，是落实装备自主化的重要内容。"高档数控机床与基础制造装备"科技重大专项提出，国产高档数控机床的市场占有率要实现较大程度的提高。数控系统产业振兴路线如图 8-3 所示。

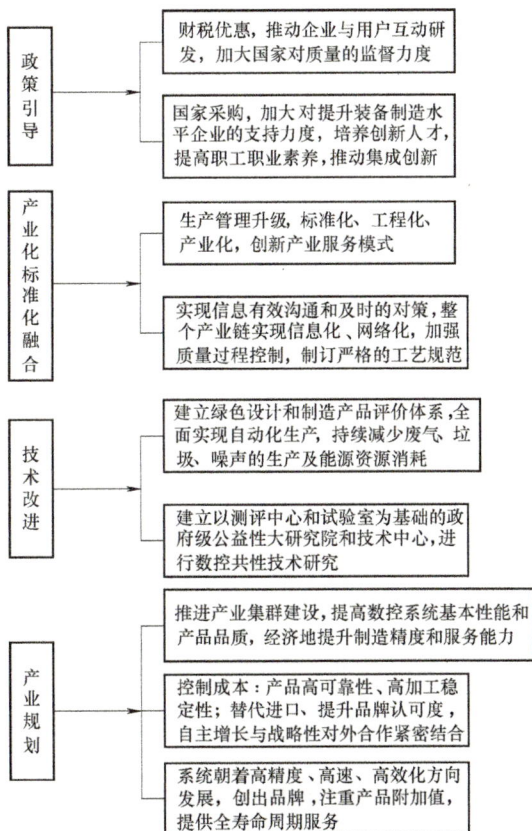

图 8-3　数控系统产业振兴路线图

从微观层面看，数控系统产业振兴包括数控系统从开发到制造、测试与应用全流程的振头。

数控系统产业链总体图如图 8-4 所示。

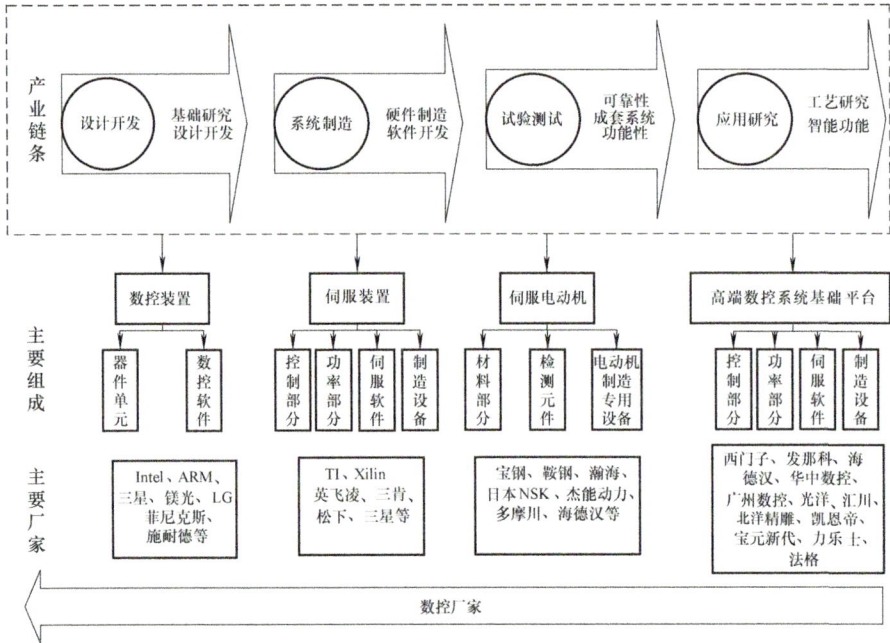

图 8-4 数控系统产业链总体图

数控系统产业链构成如图 8-5 所示。

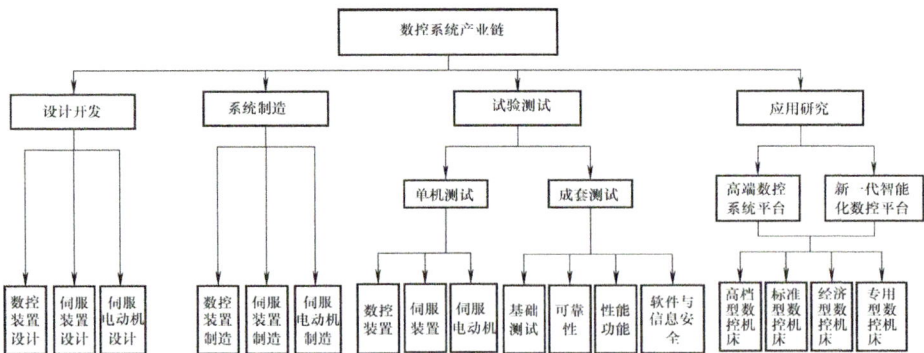

图 8-5 数控系统产业链构成图

数控系统产业链设计开发路线图如图 8-6 所示。数控系统产业链系统制造路线图如图 8-7 所示。数控系统产业链试验测试阶段路线图如图 8-8 所示。数控系统产业链应用研究阶段路线图如图 8-9 所示。

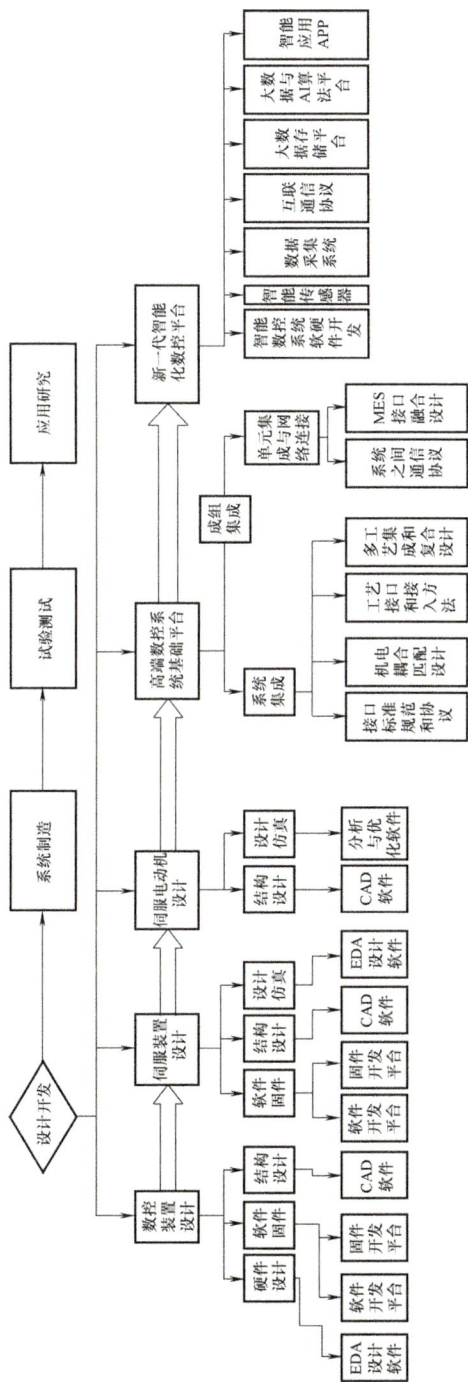

图 8-6 数控系统产业链设计开发路线图

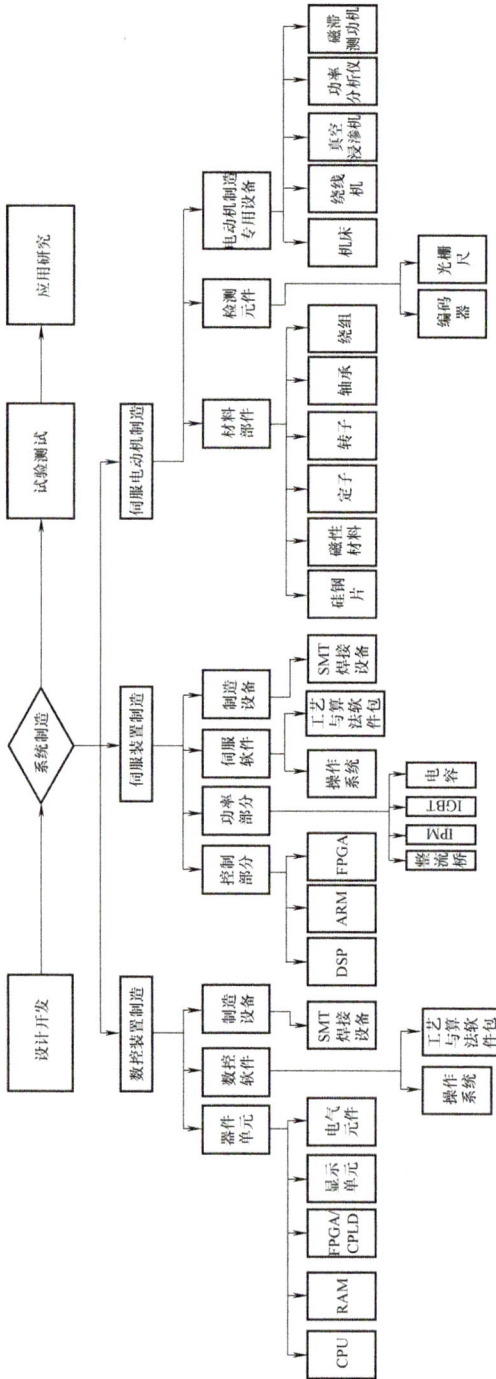

图 8-7　数控系统产业链系统制造路线图

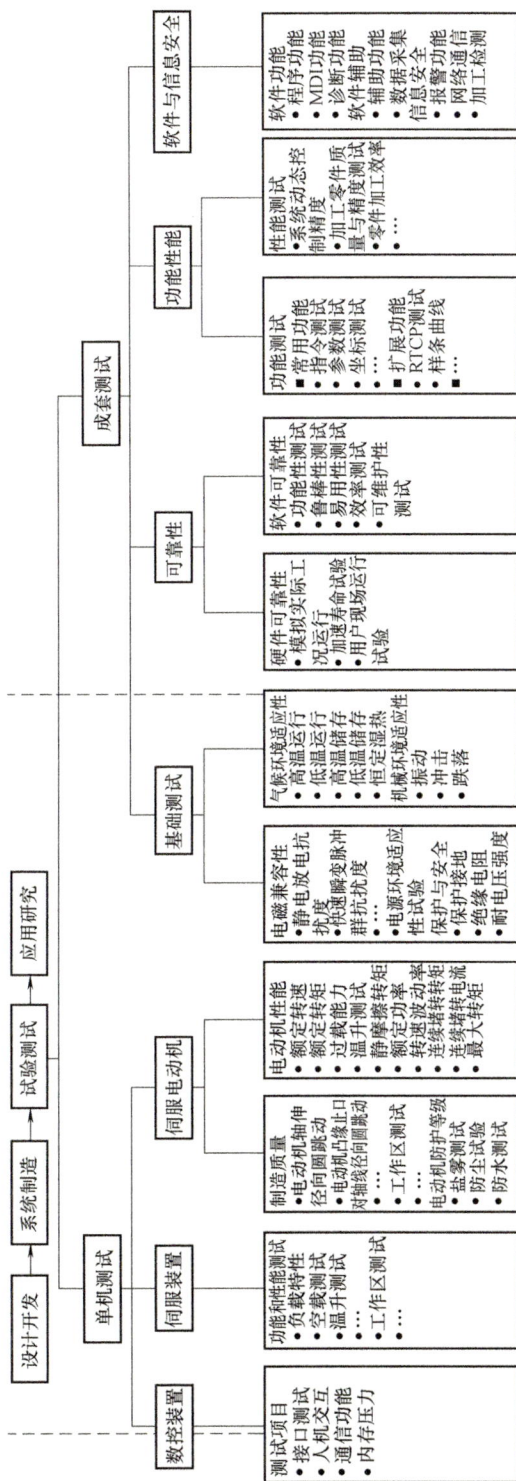

图 8-8　数控系统产业链试验测试阶段路线图

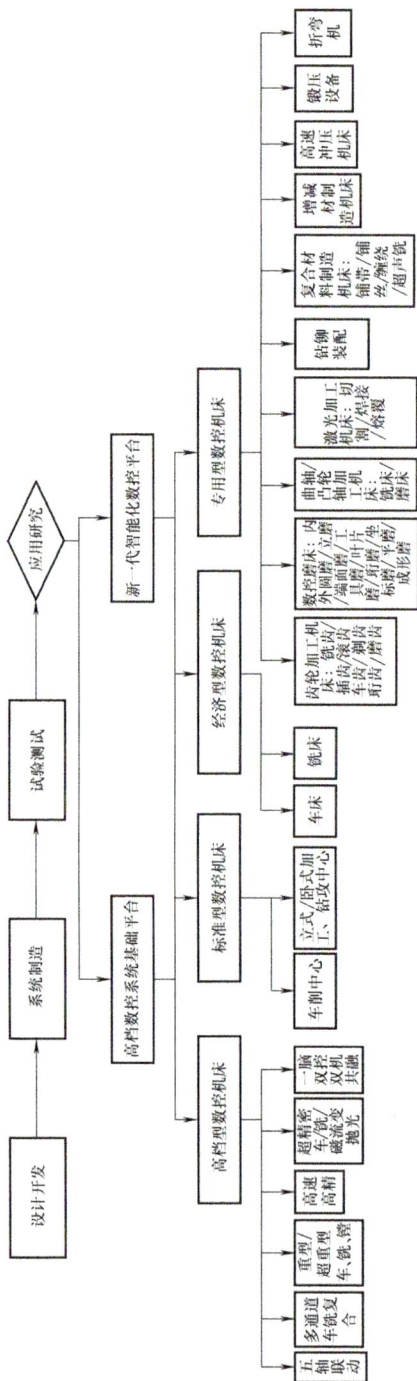

图 8-9　数控系统产业链应用研究阶段路线图

8.3 数控产业关键技术发展路线图

8.3.1 关键技术目标

1. 近期目标（5年）

在满足性能指标前提下，机床的刀具或工件的可靠性（MTBF）达到30 000h以上、机床刀具或工件的最高速度达到160 m/min；实现纳米插补；新一代智能数控系统完成原型机制造和验证。

2. 中期目标（10年）

机床刀具或工件的最高速度达到240 m/min；全面实现纳米插补；形成开放式、智能化数控系统平台，满足不同应用要求；主要元器件、操作系统基本实现自主可控。

3. 远期目标（15年）

新一代智能数控系统实现开道超车，形成与工艺融合的智能APP应用生态系统；自主通信标准成为国际标准；芯片/元器件、操作系统软件完全实现自主可控；全面保障制造强国战略对高档数控机床配套的需求。

8.3.2 关键技术发展路径

1. 数控系统设计开发技术

在做好数控装置、伺服装置和伺服电动机等单元技术和产品设计开发的基础上，通过重点开展若干核心技术攻关，做好系统集成技术研究开发，构建高档数控系统基础平台。结合各种工艺技术开发，通过产品应用技术考核验证，设计开发出各种类型、各种工艺、各种层次的数控系统产品。做好新一代信息技术、人工智能与数控制造技术的深度融合，研究开发智能传感器、智能控制、工业互联、大数据、云计算在数控制造中的应用技术，设计开发新一代智能数控系统。

（1）数控装置的设计　数控装置的设计包括硬件设计、软件设计和结构设计。硬件设计是基础，面向工业互联网，采取和研究开发基于总线的国际先进的数控装置架构体系，核心芯片和系统采用国内外高性能产品，注重电路结构布局和EMC设计技术，提高可靠性。

软件是数控装置的核心。新型实时多任务多通道系统架构设计至关重要，兼容不同工艺应用，先进的实时操作系统和应用系统设计是基础。插补算法是实现复杂曲面数控加工的关键，基于数据驱动的复杂曲面的高性能直接插补技术是重要趋势。研究工业大数据技术和人工智能技术，通过硬件加快自适应计算加速平台（ACAP）建设，构建片上系统，支撑数控软件功能的设计开发（工艺与二次开发技术）。

结构设计是数控装置可靠性的重要基础，要特别注意抗振设计、防尘防水设计和散热设计。

（2）伺服装置设计　伺服装置设计包括硬软件设计、结构设计与设计仿真。基于高速总线通信技术的伺服装置硬件架构设计是基础，先进的数字化电流、速度、位置环路控制设计是核心，研究开发矢量控制技术、高增益环路控制技术、高速脉宽调制技术、高速传感器接口技术、高次谐波抑制技术、非线性补偿技术、振动抑制技术，提高伺服装置的性能、可靠性和自适应性。

开展电气绝缘结构设计和散热与防尘防水设计，进行 EMC（电磁兼容）分析设计、布局优化和信号完整性仿真，进一步保障伺服装置的优化设计和可靠性。

（3）伺服电动机的设计　伺服电动机的设计主要包括结构设计与设计仿真。现代伺服电动机结构建模与设计是开发设计的基础，主要开展绕组设计、齿槽设计、永磁体设计、防尘防水冷却技术，通过磁通密度、转矩密度、齿槽转矩分析、损耗等仿真分析，提高伺服电动机的性能、可靠性和寿命。

（4）高档数控系统基础平台　在前述数控装置、伺服装置和伺服电动机设计开发基础上，通过单机集成和成组成线，构建高档数控系统基础平台。

单机集成主要开展系统集成技术、工艺集成技术和性能与可靠性提升技术开发。系统集成主要是设计接口标准、规范与拓扑关系，研究多物理量匹配与控制，开发多通道协同与控制。工艺集成主要是设计工艺接口与融合，实现不同的数控工艺加工，进行多工艺集成与复合，适应不同工艺复合功能，加强系统开放性，开发不同工艺包插件，实现即插即用。性能与可靠性提升主要是采取机电耦合整体设计技术，提升机电综合性能与可靠性。

成组成线主要开展单机之间的单元集成和网络连接成线技术，设计系统高速通信接口和算法，设计系统 CPS 模型，实现与 MES（制造执行系统）无缝融合。

（5）新一代智能化数控系统　基于高档数控系统基础平台，深入融合信息技术和人工智能技术，通过"互联网＋"和"智能＋"，设计开发新一代智能化数控系统。在高档数控系统基础平台基础上，构建智能数控系统软硬件开发平台，设计基于"互联网＋"和"智能＋"的数控系统体系架构，搭建嵌入 AI 芯片的数控系统智能硬件平台（数控装置、智能模块），开发高速高精度多轴控制模块（包括硬件和 IEC61131 的开发环境）和复杂曲面高速高精度直接插补模块，开展智能数控系统工业信息安全技术研究及验证。

加强智能感知系统的设计开发，研究新型高效智能传感器设计应用技术，如面向高频传感器、高容量传感器数据的接入技术，基于特征压缩的声发射数据采集方法和微弱信号提取方法等。

应用工业大数据技术，研究开发数据接入、存储、管理、驱动下的数控系统技术。解决系统与 5G 通信等多种数据接入和传输技术，运行大数据的边缘技术、标记和同步技术，高速实时工业流数据并发写入技术，实现系统数据采集。

建立大数据存储平台，通过多源异构数据的分布式并行处理，开发数据采集、分析挖掘的并行计算引擎技术，实现制造过程大数据可视化，建立数控机床及部件的数据字典，进行机床行业公共大数据中心建设。

基于工业互联网，建立系统互联互通模型，设计开发数控机床模型数据的通用访问接口，建立多层级数据安全和访问安全控制，实现数控机床的互操作模型及快速重构，建立中国版数控系统互联通信协议标准与国际标准。

加强人工智能技术在数控系统中的应用，设计云端 AI 算法平台的体系结构，研究开发智能机床全生命周期数字孪生关键技术及系统，实现数控机床远程运维、预测性维护。

研究开发数控机床的新一代人工智能建模方法，研究开发基于人工智能的质量提升、工艺优化、健康保障和生产管理技术，以及基于大数据和物理模型的机床动态响应预测技术，建立数控机床高质、高效、可靠、绿色制造等多目标智能优化。

2. 数控系统制造技术

数控系统（包括数控装置、伺服装置、伺服电动机）制造技术主要包括系统制造、软件固化及测试、集成检测和研发相应的工装设备。

数控装置制造要保障单板集成电路制造品质，建立质量保证体系，研发各类测试试验平台，通过多维、多变量、多域的全面系统集成测试，保证数控装置的可靠性和产品成熟度。

伺服装置要保障单板系统电路制造和工艺品质，建立质量保证体系，研发各类模拟测试试验平台，通过多维、多变量、多域的全面系统模拟集成测试，保证伺服装置的可靠性和产品成熟度。

伺服电动机要保障电动机机械制造、材料和工艺品质，建立质量保证体系，研发各类模拟测试试验台，通过多条件环境下的全面测试，保证伺服电动机的可靠性和产品成熟度。

3. 试验测试技术

试验测试技术主要是在数控装置、伺服装置、伺服电动机单机测试的基础上，重点加强数控系统成套系统的试验测试，研究开发基础测试、功能性能测试、可靠性和信息安全技术测试。

单机测试主要解决数控装置、伺服装置、伺服电动机各自的基本能力测试，通过电磁兼容、气候环境、机械环境、安全保护基础测试试验技术，建立系统性能功能评价方法、指标、规范和体系，特别要注意解决软件与信息安全试验测试技术，通过全面的可靠性试验测试技术研究开发和应用，建立一套科学、完整、规范、实用的可靠性试验测试方法、技术和体系。

4. 产品应用技术

在高档数控系统基础平台和新一代智能数控平台的基础上，专注各种产品工艺应用技术的研究开发，通过平台工艺功能的添加、组合、裁剪，构成不同类型、不同层次、不同版本、不同水平的应用产品。

应用产品分为高档型数控系统、标准型数控系统和专用型数控系统。

（1）标准型数控系统　包括车削中心/走心机，立式加工中心、卧式加工中心和钻攻加工中心。在提升和固化本身数控功能和性能的基础上，车削中心/走心机主要解决同步主轴/多边形车削技术、安全集成技术和伺服轴、主轴振动抑制技术，研究增加车削断屑功能，开发方便实用的在线对话式编程技术。立式/卧式加工中心主要解决动态前馈控制技术、速度平滑控制技术和伺服轴、主轴振动抑制技术，实现曲面精优加工，研究开发安全集成技术和在线对话式编程技术，提高产品性能，提高产品的可靠性、适应性和性价比。

（2）高档型数控系统　主要指与五轴联动数控机床、多通道车铣复合数控机床、高速高精机床、超精密数控机床、重型/超重型数控机床等机床，以及一脑双控双机共融机床配套的数控系统。

五轴联动数控系统：研究开发五轴样条平滑与插补算法和五轴机电特性匹配与优化方法，通过掌握多轴 RTCP 技术和虚拟轴控制技术，实现五轴机床结构误差标定与在线补偿，提高数控系统的精度、效率和动态性能指标。

多通道车铣复合机床数控系统：解决多通道同步控制和双主轴同步控制关键技术，研究开发高精度快速车铣转换技术，掌握车铣复合后置处理，解决干涉检查与防碰撞技术问题，实现不同层次和种类的车铣（包含滚齿）复合加工功能。

重型车/铣/镗数控系统：研究大、重型零件和重载加工特点与规律，攻克多电动机同步控制技术难点，研究双电动机消隙方法，开发挠度、热、空间误差补偿技术和摩擦补偿技术，提高重型车/铣/镗数控系统的性能、可靠性和可控制性。

高速高精度数控系统：研究高速、高加减速下精度理论，重点研究开发柔性加减速技术、指令平滑与压缩技术和高速、高精度、高刚性驱动控制技术，探索高响应、高能效、低转矩波动伺服电动机控制特性，应用人工智能技术，实现自适应控制，提升高速高精度数控系统的性能和智能加工水平。

超精密车/铣/抛光数控系统：研究其加工机理、精度控制和表面形貌特性，研究开发纳米插补控制技术和高分辨率运动驱动技术，找到机床主轴和伺服进给系统的动态精度保障办法，建立机床精度的测试、分析、补偿及评定技术体系，提高超精密车/铣/抛光数控系统性能和精度稳定性、保持性。

一脑双控双机共融数控系统：将机床和机器人等设备实现一机协同共融控制，通过研究结构共设计、数据共平台、控制共系统，使数控系统多通道控制数控机床和工业机器人，将机器人完全集成到工艺系统中，构成真正的柔性加工单元。

（3）专用型数控系统　基本上是在数控平台的基础上，通过开发专用的工艺软件包，利用数控插件，形成不同的专用数控系统。主要包括齿轮机床（铣齿机、插齿机、滚齿机、车齿机、剃齿机、珩齿机、磨齿机）、磨床（内外圆磨床、立式磨床、端面磨床、工具磨床、叶片磨床、珩磨床、坐标磨床、平面磨床、成形磨床），曲轴凸轮轴铣床、磨床，激光加工机床（切割、焊接、熔覆）、钻铆装配机、复合材料制造设备（铺带机、铺丝机、缠绕机、超声铣床）、增减材制造机床、高速冲压机、锻压机床、折弯机等的数控系统。

齿轮机床数控系统主要研究开发柔性电子齿轮箱、电子螺旋导轨、修形控制、齿形小循环误差补偿和全齿形大周期补偿、加工断电回退等技术，开发高速旋分车齿技术、齿轮高速展成磨削技术和强力珩齿技术等，提高齿轮机床精密加工技术水平，实现齿轮高速高精密加工。

磨床数控系统主要研究开发磨削机理和精度理论、跟踪磨削、砂轮在线修整与补偿、切线跟随等技术，通过解决小缝隙端面二次定位控制、砂轮动平衡、中心架自动补偿、Z轴高速振荡抑制等技术问题，提高磨削精度和质量。

曲轴凸轮轴铣床、磨床数控系统研究开发电子齿轮、曲线表插补、多项式插补、三次样条插补、同步轴控制等曲轴凸轮轴高效加工技术；采用基于速度的前馈控制、DSC（动态伺服控制）和温度、象限误差、悬垂、空间误差等综合补偿技术，开发综合减振功能，提高加工精度；开发参数化、图形化编程，通过采用 2D/3D 保护区域、安全检测持续监控、集成刀具监控和诊断等技术，提高数控系统的人机友好性和可靠性；扩展多个方式组、多通道、多个进给轴、分布式 I/O 等功能，提升系统的功能水平。

激光加工机床数控系统设计开发激光聚焦控制、能量控制、高加减速控制（$5 \sim 10\,g$）等基础技术，研究解决边角切割过程中激光功率自适应控制、激光焊接参数自适应控制、激光焊接/激光 – 电弧复合焊接接头气孔控制和高效率、高性能激光熔覆加工接头控制等关键核心技术，通过开发激光切割、焊接、熔覆加工 CAD/CAM 系统和具有工艺专家库、知识库的激光切割、焊接、打孔、熔覆等工艺技术，提高数控系统的性能水平和功能覆盖面。

钻铆装配机数控系统需要六通道及以上的控制技术，研究开发复杂运动多轴同步运动控制和可变动态位置环控制等技术，攻克双末端执行器协同控制和末端执行器位姿精确控制技术问题，采用孔位在线检测与误差补偿技术，提高控制精度、效率和适应性。研究开发装配规划和仿真、装配协调和容差分配等技术，提高工艺的普遍性和先进性水平。

复材制造设备数控系统要攻克双轴高速龙门同步技术和七轴及以上 RTCP 控制技术难题；研究开发自动铺放成形装备的运动精度评估与控制、丝束精密分切控制、电子束固化控制等关键技术；解决平行线、变角度等铺丝轨迹规划技术，采用运动过程模拟仿真、姿态优化动力学仿真、复合材料异形件纤维铺缠后置处理与加工仿真等技术，开发 CAD/CAM 编程系统；提升复材制造工艺能力、技术性能和设备使用水平。

增减材制造机床数控系统采用闭环控制技术，研究增减材制造工艺复合方法、原理和运动关系，攻克多光束搭接的动态聚焦系统和零件内部缺陷、应力、组织的在线检测与调控等关键技术，开发基于随形缸的多光束 SLM 增减材复合制造CAD/CAM 软件系统，提高增减材复合制造的技术水平，扩展应用场合。

高速冲压机、锻压机床、折弯机等成形机床数控系统在深入研究工艺应用特点的基础上，高速冲压机数控系统主要研究开发高速连续冲压精度提高技术、模具精度补偿技术和送料平稳度、步距精度与磨具导向精度提高技术，掌握模具磨损检测、寿命预测、故障自动监控等技术，提高冲裁断面质量。锻压机床数控系统采用压力、速度自动调节控制、偏移检测、机架变形补偿等技术，研究开发低速大转矩伺服电动机控制和锻压温度主动控制技术，提高锻压机床的效率、可控性。折弯机数控系统采用电液伺服控制技术，研究开发折弯回弹智能补偿、防碰撞检测、自设定材料参数和折弯工艺参数自动计算、折弯压力随工作台变形补偿等技术，提高数控系统的技术水平。

（3）经济型数控系统　　从控制方法来看，经济型数控系统一般是指开环数控系统。它具有结构简单、造价低、维修调试方便、运行维护费用低等优点。但由于受步进电动机矩频特性及精度、进给速度、转矩三者之间的互相制约，其性能的提高受到限制，故用于数控线切割机床及一些速度和精度要求不高的经济型数控机床中，同时也广泛应用于普通机床的数控化改造。经济型数控系统根据其应用场合不同，功能有所区别，但总体结构大致相同。它主要由微机、进给驱动系统、主轴驱动系统、开关量控制电路、通信接口及软件系统等组成。

随着科学技术的快速发展，经济型数控系统逐渐向计算机化方向发展，因为计算机的配置比较灵活，信息资源十分丰富，而且价格还比较低廉，因而具有较高的应用价值。通过这样完美的结合，使得经济型数控系统的使用价值进一步提升，将其用于普通机床以及机床的升级中可以提高机床的加工效率。

8.3.3　关键技术发展路线图

按照数控系统产品研发过程的四个阶段，可分别绘制出数控系统关键技术发展路线图。数控系统技术分为四部分：设计开发技术、系统制造技术、试验测试技术和产品应用技术。

数控系统设计开发关键技术路线图如图 8-10 所示。数控系统制造关键技术路线图如图 8-11 所示。数控系统试验测试关键技术路线图如图 8-12 所示。

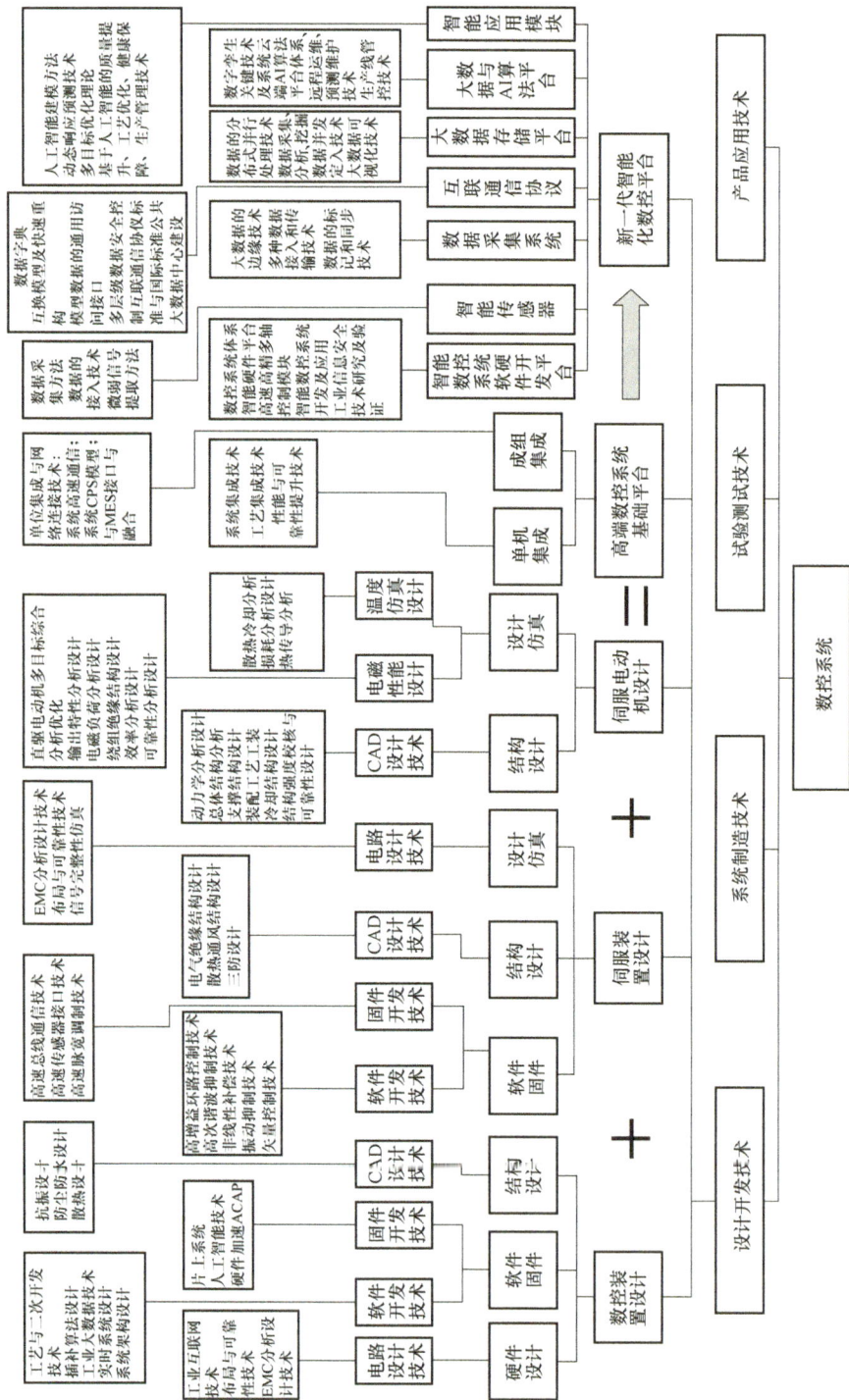

图 8-10　数控系统设计开发关键技术路线图

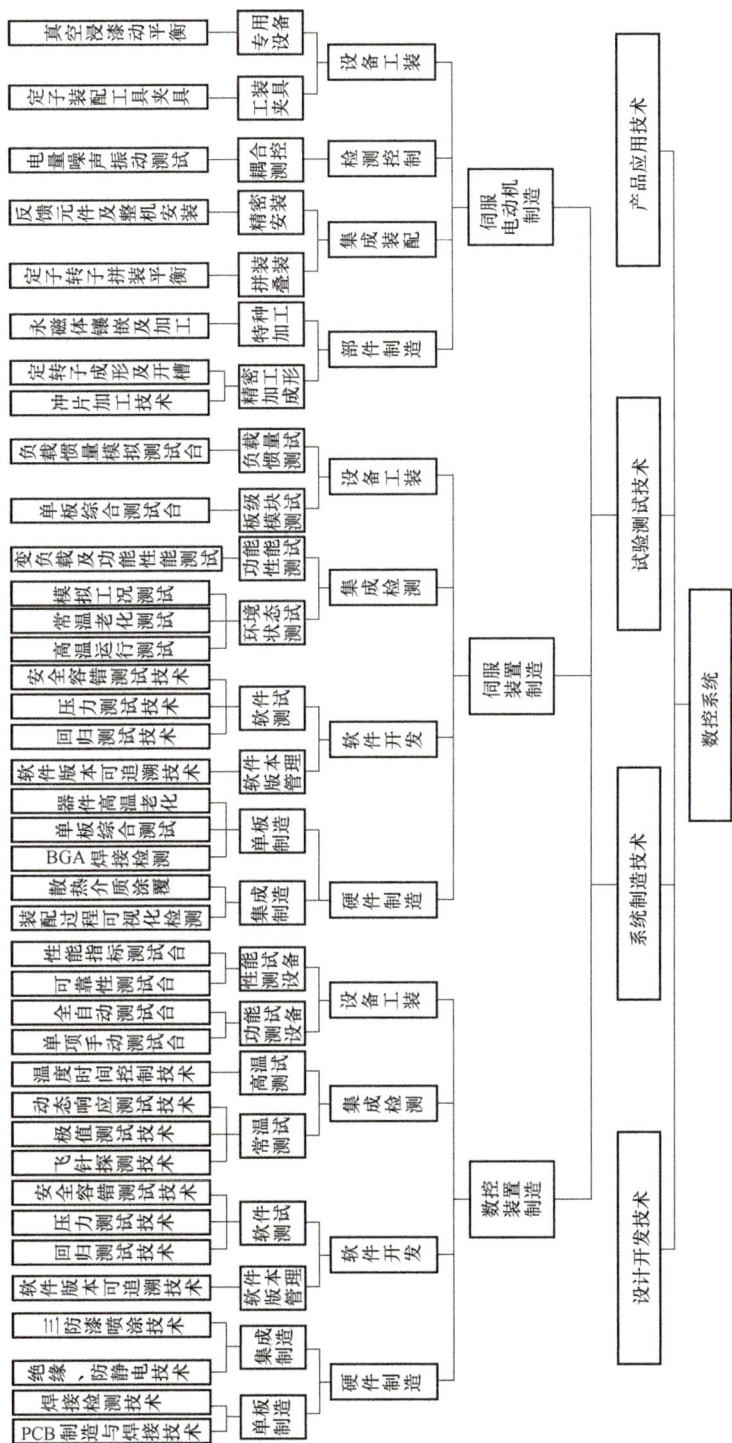

图 8-11 数控系统制造关键技术路线图

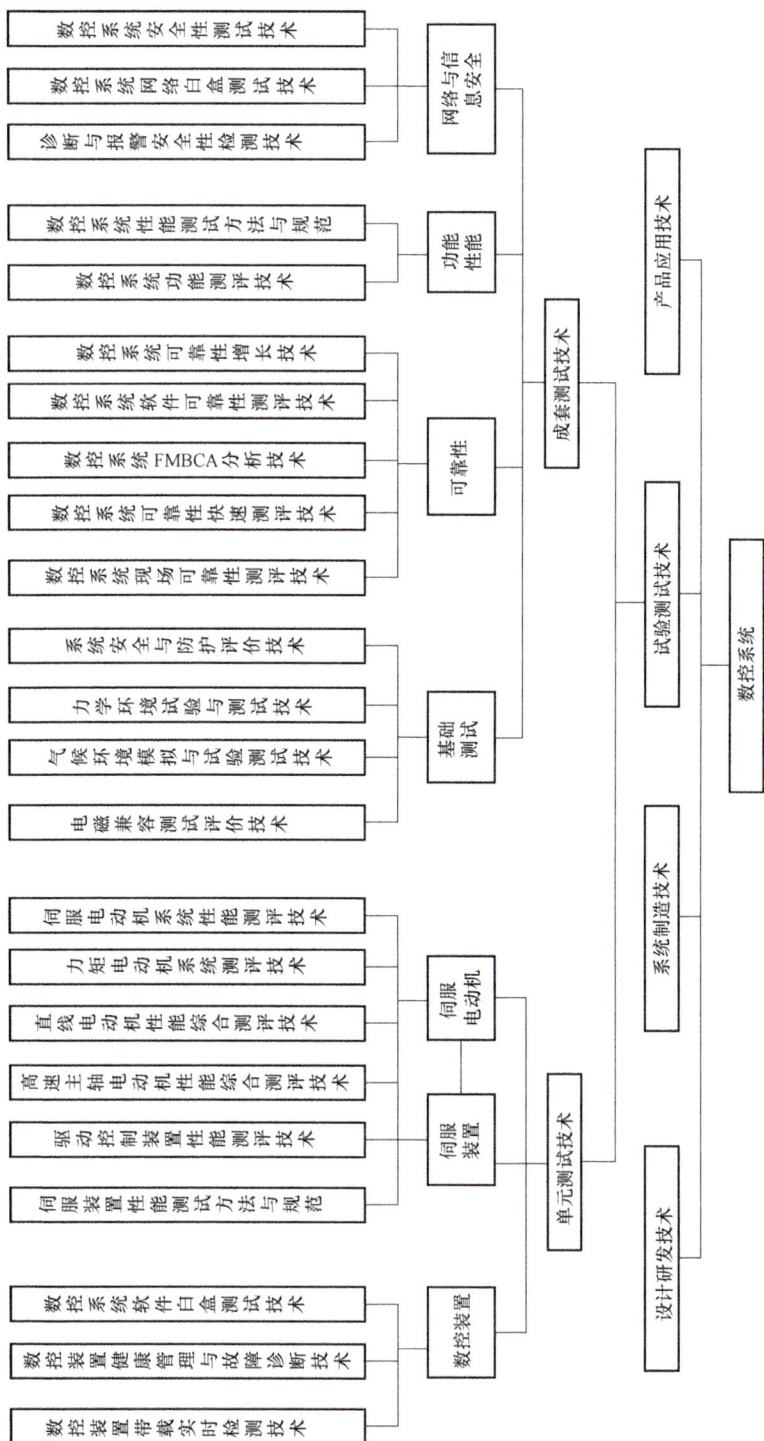

图 8-12　数控系统产品应用技术路线图

数控系统

- **产品应用技术**
  - **成套测试技术**
    - **网络与信息安全**
      - 数控系统安全性测试技术
      - 数控系统网络白盒测试技术
      - 诊断与报警安全性检测技术
    - **功能性能**
      - 数控系统性能测试方法与规范
      - 数控系统功能测评技术
    - **可靠性**
      - 数控系统可靠性增长技术
      - 数控系统软件可靠性测评技术
      - 数控系统 FMBCA 分析技术
      - 数控系统可靠性快速测评技术
      - 数控系统现场可靠性测评技术
  - **试验测试技术**
    - **基础测试**
      - 系统安全与防护评价技术
      - 力学环境试验与测试技术
      - 气候环境模拟与试验测试技术
      - 电磁兼容测试评价技术
  - **单元测试技术**
    - **伺服电动机**
      - 伺服电动机系统性能测评技术
      - 力矩电动机系统测评技术
      - 直线电动机性能综合测评技术
      - 高速主轴电动机性能综合测评技术
    - **伺服装置**
      - 驱动控制装置性能测评技术
      - 伺服装置性能测试方法与规范
    - **数控装置**
      - 数控系统软件白盒测试技术
      - 数控装置健康管理与故障诊断技术
      - 数控装置带载实时检测技术
- **系统制造技术**
- **设计研发技术**

8.4　数控系统产业发展规划与实施

8.4.1　数控系统产业发展总体原则

以加快发展先进制造业为根本任务，构建高档数控系统国家级创新平台，通过高档数控系统在主机厂批量应用、重点领域示范应用等重大工程，支持行业骨干企业进行集中力量、持续投入，解决国产高档数控系统成熟度不足、市场占有率不高、工艺融合度不深、智能化程度不够的难题，打造具备国际竞争力的核心企业。争取到 2035 年，国产高档数控系统整体水平进入国际先进行列，部分产品国际领先。

全面突破高档数控系统关键技术，实现高档数控系统产业化。围绕国家在高档数控机床方面的总体部署，研究面向高档数控机床的数控系统关键技术，实现高档数控系统关键核心技术的全面突破。应用国产芯片和器件、开源操作系统软件，开发系列化自主可控高档数控系统产品，实现高档数控系统自主可控。以机床、国防军工、汽车、轨道交通、船舶、发电设备制造、消费电子、5G 等重点领域的典型制造场景为对象，开展高档数控系统示范应用和验证推广，实现高档数控系统的产业化。

打造"共创、共用、共享"的智能机床 APP 应用研发平台和生态圈。基于新一代智能数控系统开放式平台，实现硬件平台、软件平台、开发工具、智能算法等多角度、多层次的开放，为智能机床定制化、个性化开发提供平台，建立面向智能场景和与工艺融合的二次开发环境。基于智能机床的网络化、智能化技术，打造智能机床的云服务平台和 APP 开发与部署平台，利用网络化与智能化技术，实现海量制造资源的有机连接，实现制造资源和工艺知识的高度共享，形成智能 APP 开发与应用的良好生态圈。

打造高档数控系统的"点-线-面-体"全方位创新体系和推广体系。以智能化技术研究为"点"，实现高档数控系统创新研发；以平台建设为"线"，建立高档数控系统关键共性技术创新平台，发展并制订工业信息安全、互联通信等标准体系和规范；以高档数控系统的推广应用为"面"，完成高档数控系统在机床、国防军工、汽车、轨道交通、船舶、发电设备制造、消费电子、5G 等重点领域的应用示范和推广应用，建立高档数控系统应用生态环境；以政策引导为"体"，实施高档数控系统发展的新型举国体制，实现国家政策、计划与资源的统筹协调和集聚。

8.4.2 数控系统产业发展重点任务

1. 高档数控系统性能与可靠性提升工程

开展高档数控系统工程化、产品化研究，完善功能，提升性能和可靠性。开展全面测试验证规模化推广应用，通过技术迭代，缩小与国外数控系统的差距，满足高端应用领域需求。数控系统（含伺服装置及电动机）重点解决数控系统及开放式软硬件平台性能提升、通用伺服驱动和电动机性能提升、大功率电动机成套性与抗电磁干扰、数控系统可靠性和工业信息安全等技术瓶颈。开发的通用伺服驱动、伺服电动机、主轴电动机产品系统，在性能指标、规格系列上覆盖国外先进产品系列，形成机床产业链的自主配套能力。

2. 高性能伺服电动机及其驱动装置性能/型谱提升工程

通过对伺服电动机及驱动装置性能/型谱的提升工程，提升我国伺服电动机及其驱动装置的性能水平，系统部件的关键核心性能指标达到国际先进水平，部分指标达到国际领先水平，实现国产高档数控机床系统部件的国产化替代；完善国产伺服电动机及驱动装置的型谱序列，使之覆盖现有高档数控机床的全部需求；提升我国伺服电动机产业的自主创新能力，带动行业的发展和进步，打破国外产品在高档数控装备上的垄断地位。

3. 新一代开放式高档数控系统技术平台开发与验证

以高性能数控加工、新一代人工智能应用、支持 5G 通信、扩展边缘端算力和提供万众参与的开发工具为目标，研究新一代开放式智能化高档数控系统平台，从新型体系架构、新型硬件平台、面向驱控一体的高速总线技术、新型实时操作系统、新型软件平台、标准模型驱动开发工具、智能算法和平台应用等层面开展研究，对标国外同类平台，为开发高档型、专用型、智能型和机床厂自主品牌的数控系统奠定基础。基于上述平台，开发高速总线驱控一体化高档数控系统产品，面向航空航天、船舶、汽车、能源、电子、轨道交通等重点领域推广应用。

4. 高速总线驱控一体化高档数控系统研发与应用

开发高响应、强同步、低延迟的现场总线，研制高速总线驱控一体化数控系统。攻克重型机床多驱全闭环控制、多通道同步控制、振动主动抑制、伺服自整定、超精密控制、动态误差补偿等技术瓶颈。满足高档数控机床对转矩/推力、转速/速度/转矩、惯量、安装方式、防护等级等多样化的应用需求。研发多轴高精度跟随控制（电子齿轮）技术在齿轮磨、凸轮磨上应用示范；研制多通道同步控制技术在壁板铣、曲轴磨床、车铣复合机床上应用验证。达到同时期的国际先进水平。

5. 与工艺融合的主机厂自主品牌数控系统开发与应用

基于 Mazak 模式高档数控系统开发及推广应用，开发融合了用户工艺的、机床厂自主品牌的高档数控系统。

6. 高档专用数控开发与应用

针对航空、航天、船舶、轨道交通、汽车等领域关键核心零部件加工对高档专用数控系统的特殊需求，研发具有自主知识产权的高性能专用数控系统软硬件平台，融合特定加工工艺技术，针对不同机床、设备、装备的工艺特点开发智能工艺包、个性化参数包、定制式插件包，开发相关专用数控系统，形成激光加工、电加工、高速车齿、高效磨齿、强力珩齿、曲轴和凸轮轴加工、复合材料制备、飞机铆接、飞机焊接、增减材复合加工、成形加工等系列高档专用数控系统产品，并实现相关专用领域的批量应用。

7. 数控系统产业链自主可控工程

瞄准数控系统产业链中的高档数控系统、伺服驱动、光电编码器、角度编码器、绝对式光栅尺、高性能永磁材料和磁体相关产品和技术的自主可控需求，采用国产芯片和国产操作系统，进行高档数控系统、伺服驱动关键技术研究和产品开发，采用国产解码器芯片和自主可控通信协议，进行光电编码器、角度编码器、绝对式光栅尺关键技术研究和应用，开发高性能永磁材料和磁体的新混合材料制备技术、可控磁场方向的烧结技术和辐射充磁型永磁体制备加工技术，并针对国产芯片、通信协议和制备工艺技术的特点进行可靠性设计与增长技术研究，最终实现产品的批量化应用，提升数控系统产业链的产品成套性和自主可控水平。

8. 数控装备互联通信协议、标准、信息安全与公共大数据中心建设

实现中国版数控装备互联通信协议标准，依赖物联网、移动物联网和 5G 技术，提供兼容雾计算和边缘计算的更广泛和高效支持数字孪生的技术；同时利用区块链、可信计算等信息安全技术来解决数控系统数据交换的网络安全和数据安全问题。依托工业互联网标识解析体系和中国版数控装备互联通信协议标准，建立面向高端制造业的行业（或国家）级公共大数据中心，实现质量回溯、生产管理、远程运维等智能制造云服务，并进行大范围的中国版数控装备互联通信协议标准的应用和推广。在此基础上，通过实现中国版数控装备互联通信协议标准与 MTConnect、UMATI 等协议的互联互通，进而制定国际化的数控装备互联通信协

议标准。

9. 面向智能制造的生产线总控系统关键技术与应用

针对智能制造柔性生产线，研究生产线上全要素的管控系统，实现无人化关灯工厂的制造模式。总控系统实现对生产加工设备、资源、加工对象从上线到下线的全生命周期流程管控，包括生产设备指令分布式执行、生产资源的调配流转、调度排产优化、动态调整。总控系统建立统一标准构架下的总控器及适合多种现场总线、多种工业无线网络的 IPC 控制器，以及可视化的看板设备，实现虚拟三维可视化仿真及维护管理。

10. 基于新一代人工智能的高档数控系统

在新一代开放式智能化高档数控系统平台的基础上，结合新一代人工智能技术、5G 通信技术、大数据云计算与边缘计算、AI 芯片嵌入技术等先进算法与技术，研究开发新一代智能化高档数控系统，打造开放式智能化的数控系统软硬件平台、大数据平台、二次开发平台；开发并集成质量提升、工艺优化、健康保障和生产管理这四大类数控系统智能化应用；以航空、航天、船舶、电子、核电、汽车、轨道交通、机床等国民经济重要领域的典型工件为应用对象，建立应用验证环境，完成新一代智能化高档数控系统的工程化、产品化和可靠性验证。

11. 高档数控系统创新平台

围绕智能制造发展需求，以开放式数控系统平台为基础，研究和开发数控系统创新平台，支持高速高精控制、多轴联动（含五轴）、多通道（如车铣复合）、开放式数控系统软硬件体系架构，多源异构数据接入，大数据汇聚、管理、分析、边缘端、雾端、云端能力平台开发，5G 技术在数控系统中的融合，以及新一代人工智能算法应用等方面的共性技术研究，建立数控系统创新平台应用试验环境，完成平台相关功能测试和验证，为数控系统创新平台技术及产品的推广应用奠定基础。

12. 数控系统功能、性能、可靠性全过程测评体系建设和实施应用

对标国外最新的高档数控系统（如西门子 840D sl 等）的性能，以解决高端应用领域存在的瓶颈技术为目标，提高高档数控系统及开放式软硬件平台性能，全面提升数控装置、伺服驱动装置、交流伺服/主轴电动机、直线电动机、力矩电动机、电主轴等的性能和可靠性指标，建立机床综合性能测试平台，满足高档数控机床和高端应用领域的需求，达到当前国际主流高档数控系统（含数控装置、伺服驱动与电动机）的功能、性能、成套性、可靠性的水平。

13. 数控系统共性技术

数控系统共性技术包括：与 CAD/CAM 集成的 i 代码，智能数控机床的数字孪生关键技术及系统，智能机床传感技术及系统应用开发，面向新一代网络环境的数控系统边缘计算与控制技术，基于 5G 移动物联网及大数据的云数控核心技术及系统开发，基于失效机理的数控系统可靠性增长技术研究及应用，数控系统计算与控制精度理论与提升技术，数控系统驱动下的智能机床共性技术。

14. 数控系统测试对标

对标西门子 840D sl 高档数控系统性能指标建立数控系统测试指标体系，并对数控系统进行性能、可靠性测试。包括：国产高档数控系统可靠性第三方对标测评及试验验证，高档数控系统性能测试指标体系、评测技术和测试平台建设，高性能伺服电动机及驱动装置性能、可靠性测试与评价，数控系统软件可靠性测试与评价，新一代数控系统功能安全测试与评价。

15. 国产数控系统在机床企业的批量配套工程

开展五轴联动加工中心、车/铣削立式加工中心、车/铣削卧式加工中心等批量配套国产数控系统的应用工程，完成国产数控系统的功能、性能、可靠性和配套性的批量应用验证。鼓励机床企业在数控系统厂提供的软硬件平台上研发自主品牌的数控系统，并与自产的数控机床配套销售（马扎克模式）。支持面向用户个性化数控系统的研制。

16. 国产数控系统在航空航天等重点领域的应用示范工程

航空航天等重点领域在役四轴联动数控机床、五轴联动数控机床、重型机床及部分三轴联动机床（应具备高速、高精、复合等特点）实施国产数控系统进口替代。开展以国产数控系统在航空航天等重点领域零件加工中的适用性、可靠性、智能化等关键技术深度开发和验证提升，形成国产数控系统面向重点领域制造的整体解决方案，为重点领域装备的自主可控提供保障。

8.4.3 数控系统产业发展路径

以提升高档数控机床产业基础能力为目标，围绕重点任务，通过加大基础研究、突破核心关键技术、加大工程化和产品化投入、加大推广应用力度和方式，打造高档数控系统产业发展路径。

1. 加强支持工程化和产品化（1～10 阶段）的力度

高档数控系统产品需要经过技术研发（0～1 阶段）、工程化和产品化（1～10 阶段）、产业化和应用示范（10～100 阶段）的技术迭代和成熟发展的过程。其中，工程化和产品化（1～10 阶段）过程非常重要，需要通过大量的测试验证和应用验证才能提高和完善产品的技术成熟度。自主研制几台高档数控系统并完成在实验室和实际生产中的各种测试验证并不难，难的是实现国产数控系统大批量、长期的应用验证。一台数控系统不出问题，不意味着批量不出问题，一年不出问题不意味着十年不出问题。只有在测试验证和应用验证中发现问题，并根据发现的问题进行持续改进，才能形成技术迭代和改进完善。这需要一步一个脚印地追赶，不可能一蹴而就，不要幻想"弯道超车"。这就需要有时间、有耐心地长期坚守。

国外数控系统早期的技术成熟度也不太高。但由于以我国航空航天企业为代表的大量高端用户，大规模的、长期的批量实际生产应用，帮助国外数控系统进行了全面的测试验证和长期的应用考核，为国外数控系统发现、反馈了大量的问题，才促使国外数控系统的技术成熟度不断提高，并同步提升了市场认同度。

国产高档数控系统总体上对工程化和产品化（1～10 阶段）的重要性和难度认识不够，投入强度不够，导致数控系统厂家研制的高档数控系统产品尚未进行过充分的内部测试验证，技术成熟度尚存在差距，就直接进入用户进行示范应用，导致大量问题在用户使用过程中暴露，用户体验差，影响了用户对国产数控系统的认同度，甚至影响到国产数控系统的良性健康发展。

2. 强化伺服驱动与伺服电动机的性能和成套性

高速高精是高档数控机床的重要发展方向，力矩电动机、直线电动机、电主轴在高档数控机床上的应用越来越广泛。目前，国产伺服驱动与电动机在与用户的配套实施中，存在着系统功能不深入、成套性差、验证不充分等问题，数控机床厂和用户若要配套国产高档数控系统，需要和多个企业合作，特别是需要购买国外的力矩电动机、直线电动机、电主轴等关键功能部件才能形成一套完整的高档数控系统，导致协调困难、电气和机械接口不一致等问题的出现，严重影响了数控机床厂和用户使用国产高档数控系统的信心。

因此，开发系列化、成套性、规格齐全的伺服驱动装置以及交流伺服电动机、主轴电动机、电主轴、力矩电动机、直线电动机等产品，以满足机床厂与用户的配套要求，提高我国高档数控系统在高档数控机床中的占有率，是研制成套国产高档数控系统急需解决的重大问题。

3. 强化工艺技术、共性技术在国产数控系统产品上的集成应用

数控系统是工艺技术、共性技术应用和推广的最好载体。前期国产数控系统尚处于技术研发阶段，技术成熟度不够，市场应用占有率不高，且尚不能提供成熟的数控系统开放式二次开发平台，工艺技术、共性技术等无法与国产数控系统深度集成。而国外数控系统的开放程度不够，又反过来制约了工艺技术、共性技术的研究和应用。工艺技术、共性技术与国产数控系统的研究，需要形成相互促进、利益共享及协同发展的研发团队，特别是形成高校、系统厂和机床厂协同发展共同体，这样才能更好地推动国产数控系统的进步和发展。

4. 充分调动机床厂参与数控系统深度开发的积极性

数控系统厂源源不断地为主机厂提供数控系统平台技术，形成主机厂和系统厂共同开发与应用的产业联盟和利益共同体，是主机厂发展数控系统产业最适合的模式。结合我国国情和一些经验，未来国家要引导机床厂和系统厂建立紧密的战略合作关系，积极主动参与数控系统的开发和推广应用，推动数控系统的研制和开发，并与机床的设计、制造、装配技术深度融合。在研究开发的组织机制上，机床厂和系统厂需要更加切实有效的协同机制，实现主机厂、系统厂和用户的多方共赢，推动数控系统产业的发展。

附 录

附录 A　数控系统档次定义

根据中华人民共和国机械行业标准 JB/T 11989—2014《机床数控系统　术语与定义》，将数控系统档次定义如下：

1. 简易型（经济型）数控系统

具有基本的直线和圆弧插补控制功能的机床数控系统。

注：简易型数控系统仅有较窄适用度的软硬件装置，一般为开环或者半环控制，通常不具有用户 PLC 编程能力，具有结构简单、造价低等特点。

2. 高性能型（高档型）数控系统

具有多种功能或复合功能的机床数控系统。

注 1：高性能型数控系统具有较宽适用度的软硬件装置，一般为闭环控制，通常具有多通道、同步控制、五轴及以上的插补联动、斜面加工、样条插补、双向螺距误差补偿、直线度和垂直度误差补偿、刀具管理及刀具长度和半径补偿、高静态精度和高动态精度、高速度及完备的 PLC 控制功能等。具有结构复杂、造价高等特点。

注 2：高性能型数控系统一般用于高性能数控机床，即通常具有五轴联动插补功能，可实施高速、高精、柔性、复合加工的机床，定位精度一般不大于 0.005mm/m。除具有人机对话、通信、联网、监控等功能外，还具有专用高级编程软件及后置处理平台，可进行多维曲面加工。

3. 普及型（中档型）数控系统

介于简易型与高性能型之间的机床数控系统。

附录 B　国产数控系统应用案例集

案例 1："高档数控"为航天制造插上翅膀

由于航空航天产品对质量和性能等方面有着近乎苛刻的要求，因此，航空航天产品对制造技术提出了更高的要求，现代制造技术在该领域得到了大量的应用。数控技术与装备作为现代制造技术的重要组成部分，是航空航天制造业的关键制造技术之一，也是每个航空航天制造业企业必须要高度重视的制造技术。

作为中国航天科技集团公司第八研究院下属的大型骨干企业，上海航天设备制造总厂主要承担运载火箭和空间飞行器的研制任务。经过不断发展和创新，该企业在高端工艺装备研发、大型构件精密数控加工、热表处理、特种焊接、大型钣金整体冲压成形、系统集成总装总测、电装调试试验、复合材料加工等领域的技术能力处于国内领先地位。

自2010年以来，该厂就联合国内有关单位开展了"航天复杂结构件高档数控加工示范工程"课题联合研发，并批量应用了武汉华中数控股份有限公司（以下简称华中数控）的华中8型数控系统。目前，已有大连机床集团等企业配套华中8型数控系统的DLH-20高速车削中心（附图1）、DLM-16/DLM-20精密车削中心（附图2）、VDBS-65高速立式加工中心（附图3）等近10台高档数控机床在上海航天设备制造总厂开展了示范应用。

附图1　DLH-20高速车削中心

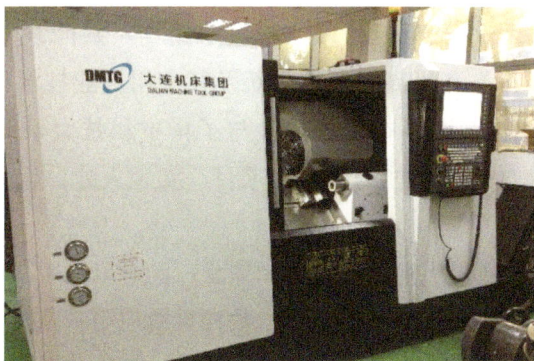

附图2　DLM-16/DLM-20精密车削中心

附图 3　VDBS-65 高速立式加工中心

DLH-20 高速车削中心具有高速、高精度、高刚性等特点。双主轴控制，具备 C/S 切换和刚性钻攻循环功能；Z 轴采用直线电动机，切削进给速度 60m/min；测量反馈配置高精度绝对值光栅尺/圆光栅。

在这些设备上，应用了 HNC8 型数控系统的关键技术：高速、高精运动控制技术；双主轴控制技术；NCUC 现场总线；第三方进给轴和电主轴伺服驱动匹配技术；车铣复合加工控制技术；主轴 C/S 切换控制技术；双驱同步控制技术；高精度编码器、光栅尺、圆光栅接入技术；机床运行状态大数据的采集和应用开放式数据接口技术等。

此外，上海航天设备制造总厂和华中数控等企业还开展了搅拌摩擦焊设备以及特种伺服驱动、伺服电动机和控制系统产品在特种装备上的配套应用，提升了特种装备自主配套能力。

围绕国产数控系统示范应用和推广，双方建立了战略合作伙伴关系，于 2013 年 8 月共同成立"示范应用联合攻关小组"，共同参与了"航天制造装备产业技术创新联盟"和"高档数控系统及其应用产业技术创新战略联盟"项目。2014 年，上海航天设备制造总厂参与了华中科技大学牵头承担的"高档数控系统关键共性技术创新能力平台"项目，实现人才、设备和技术资源双方共享。

值得一提的是，通过上海航天设备制造总厂的示范作用，已有多个航天领域的企业结合自身的需求，相继开展了国产数控系统应用示范。这些单位累计配套 200 多台 HNC8 型数控系统，为新一代运载火箭、探月工程等航天装备的研制生产提供了装备能力与技术水平方面的保障。

案例 2：3C 加工"利器"：效率提高几倍

传统旋转电动机组成的数控机床伺服系统一般包含伺服电动机＋轴承＋联轴器＋丝杠＋构成该系统的支撑结构等，这样的系统组成零件比较多，也比较复杂，其惯性质量大，动态性能的提高受到了很大的限制。更重要的是，这些中间结构在运动过程中产生的弹性变形、摩擦损耗难以消除。随着使用时间的增加，该弊端会越来越突出，造成定位的滞后和非线性误差，从硬件上严重影响了加工精度。

永磁直线同步电动机这种近乎理想的进给传动方式渐渐取代了传统的旋转电动机，得到了快速的发展，打破了传统的"旋转电动机＋滚珠丝杠"传动方式，实现了"零传动"。通过电磁效应，将电能直接转换成直线运动，不需要任何的中间机构，消除了转动惯量、弹性形变、反向间隙、摩擦、振动、噪声及磨损等不利因素，极大地提高了伺服系统的快速反应能力和控制精度。

在 3C 产品领域，由于新材料、新技术、新工艺的研究和应用集中度较高，产品及零配件生命周期短、更新换代快，设备定制化程度较高，因此，从产品的设计创新和技术创新等出发对生产加工设备提出了更高的质量要求，特别是近些年，随着 3C 产品的"日新月异"，加工工艺和装备随之快速发展，一些关键加工装备对 3C 产品的发展起到了"举足轻重"的作用。

广东省惠州一家专注于高端新型智能设备开发应用的高新科技企业 —— 惠州市誉东沅智能设备有限公司（以下简称誉东沅），其产品广泛应用于航空航天、船舶、汽车、轨道交通、3C 通信、医疗器械、精密模具和精密测量等领域，提供从关键零部件到整机的整套解决方案和全过程的服务。经过多年的发展，公司在运动控制、伺服驱动、直线电动机、智能算法和高端机床设计等领域拥有丰富的技术积累，能够提供从数控系统、直线电动机、伺服驱动、机械设计到整机生产能力的垂直一体化解决方案。

2019 年，针对企业自身的设备情况和市场发展的需要，誉东沅与华中数控开始了长期战略合作，效果非常显著。如 HNC8 型数控系统在誉东沅 DMC-300、DMC-200 等机型上进行了批量配套（附图 4），集中使用了 HNC8 型多轴多通道控制、高速高精控制、直线电动机控制等关键技术，极大地提高了加工效率和加工精度。实践证明，1 台誉东沅设备的加工效率相当于市场上 3 ～ 4 台钻攻中心的加工效率。

附图4　批量配置 HNC8 型数控系统的生产车间

DMC-200（附图5）、DMC-300（附图6）加工中心是为 3C 加工领域开发的新产品，主要用于加工 5G 时代便携式计算机、移动办公产品的相关零件。

附图5　DMC-200 加工中心

附图 6　DMC-300 加工中心

DMC-200 加工中心的技术特点：

● 采用双主轴、双刀库、双工作台的独立设计。

● 2 个独立的大工作台，单个尺寸为 480mm×800mm。

● 最高快移速度为 80m/min。

● 最高加速度为 2.2g。

DMC-300 加工中心的技术特点：

● 多轴控制，直线轴 7 轴，主轴 3 个，刀库 3 个，共计 13 个轴。

● 高速直线电动机驱动，最高快移速度为 60m/min，最快加速度为 2g。

● 多主轴控制，3 主轴设计。

● 高速切削电主轴系统，主轴最高转速 30 000r/min，可实现高光度切削。

● 高精度控制技术，各轴重复定位精度小于 0.003mm。

在誉东沅的车间，所有机床配置 HNC8 型高性能数控系统，应用了包括多轴多通道控制、高速高精控制、直线电动机控制、数控云管家 iNC-Cloud 等智能化功能。

● 高速高精加工技术（附图7）

该技术可以实现高性能加工全局速度规划，针对变速区间进行速度整形，减小高速加工过程中的速度波动，保证相邻轨迹刀路速度一致性，提升加工质量，提高加工效率。提供高精模具、汽车零部件、3C产品优化方案。

附图7　高速高精加工技术

● 多轴多通道控制技术（附图8）

多通道控制技术能够满足数控机床的复杂加工工艺及控制要求，解决了复合加工机床、柔性生产线等的多轴协同控制难题。

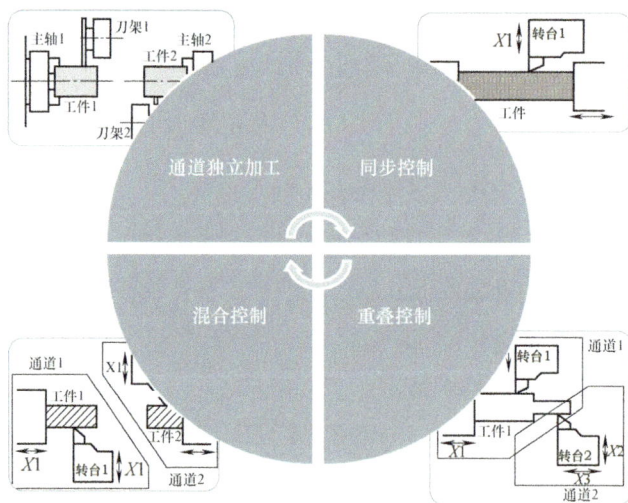

附图8　多轴多通道技术

● 直线电动机控制技术（附图9）

通过配置高速总线技术，采用线性导轨支持及高精度光栅尺，搭配高性能的直线电动机，进给速度可达60m/min，实现高光加工。

直线电动机的应用，可以帮助国产机床实现加工效率和精度的大幅度提升，未来，华中数控将与誉东沅一起，携手与共，致力于在数控系统、直线电动机控制、智能算法等方面，为客户提供直线电动机系列高速铣削及精密加工领域的一体化解决方案，为 3C 行业金属加工量身打造高效率的先进加工设备。

● 数控云管家 iNC-Cloud（附图 10）

华中数控 iNC-Cloud 是面向数控机床用户、数控机床/系统厂商打造的以数控系统为中心的智能化、网络化数字服务平台。誉东沅现场已有 200 余台机床介入 iNC-Cloud 数控元管家。

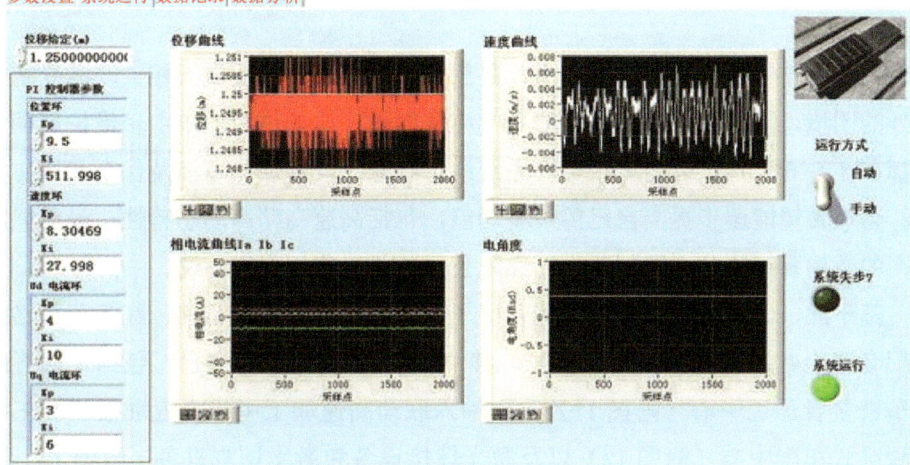

附图 9　直线电动机控制技术

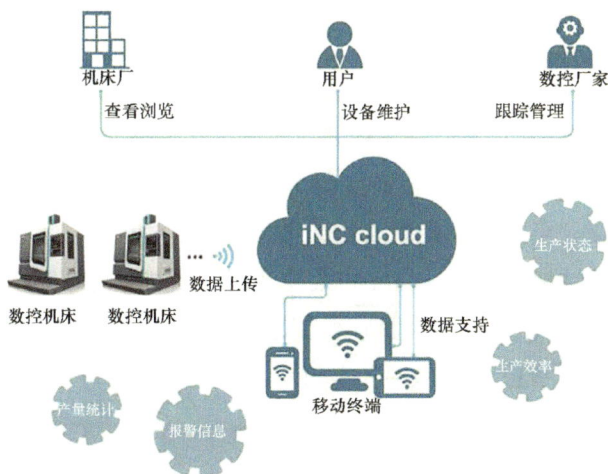

附图 10　数控云管家界面

案例 3：国产数控：奏响红阳"主旋律"

在航空航天领域，高性能制造工艺装备是其实现高可靠性、长寿命、低成本的保障。现代制造技术的进步与发展极大地促进了新型飞机、运载火箭和航天飞行器的研制成功和投入使用。自主可控的高档数控机床装备作为"四个新一代"发展的技术引领者和推动者，代表着我国高档装备的整体技术进步与发展水平，也是衡量一个国家装备水平的尺度。

湖北三江航天红阳机电有限公司（以下简称红阳公司）是国内一家大型航天企业，航天产品研制和生产的重要性使该公司对国产高精尖加工装备有着迫切的需求。

"公司与华中数控合作的初衷，是想利用国产装备改变航天相关产品受制于国外的困境。国外的设备昂贵、服务响应周期长，比如进口的电主轴维护周期一般都在 3～6 个月，公司上报数控系统维护维修比较麻烦，还涉及保密和国防安全。公司希望能逐步提高自己的设备功能，包括高速高精高动态特性，最终能用国产的数控系统装备中国制造。"红阳公司副总工艺师王华侨说。

基于此，红阳公司与华中数据开展了密切的合作。截至目前，红阳公司已累计配套华中数控系统数十台（套）。其中：新研制机床 20 余台，包括七轴五联动车铣复合加工中心（附图 11）、六轴六联动高速加工中心、五轴摇篮加工中心和卧式车削中心（附图 12）以及激光焊接设备和激光切割设备（附图 13）；改造机床 4 台，包括立卧转换加工中心、四轴缠绕成形装备和四轴加工中心。所有这些配套华中数控系统的设备，均在红阳公司的产品生产中发挥了重要作用。

通过双方的紧密合作，华中数控为红阳公司解决了很多工程中的实际应用难题，如大型七轴五联动车铣复合加工中心受温度变化影响而出现的零点漂移问题、立卧加工中心立式/卧式的切削转换问题、六轴联动的六坐标高速加工中心钻孔与刚性攻螺纹问题。针对八轴七联动铺缠设备，华中数控开发了六轴 RTCP 和七轴 RTCP 功能，使铺缠的效率、精度和柔性大幅度提高；针对五轴联动高速缠绕设备加工几十吨重的工件所提出的高速动态控制或急加速、急减速控制要求，华中数控开发了四驱同步控制和 Fgroup 专用功能。

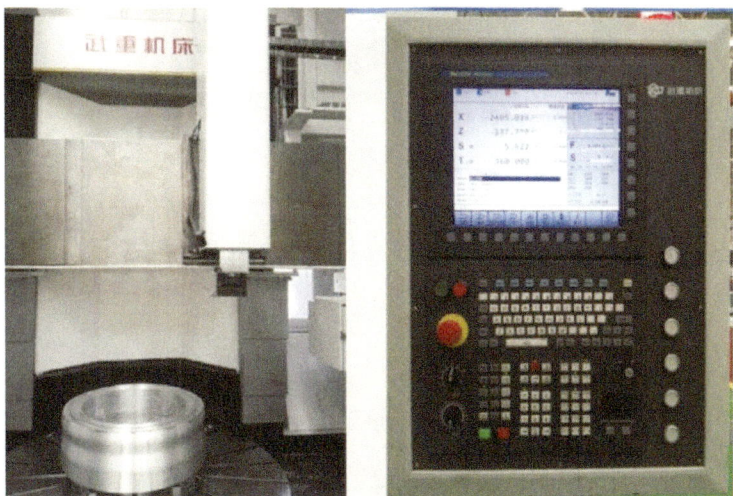

附图 11　车铣复合加工中心

附图 12　车削中心

随着功能的不断完善和性能的不断提高，华中数控系统在三轴加工中心、四轴立卧转换加工中心、五轴摇篮式加工中心、六轴六联动高速加工中心以及七轴五联动车铣复合加工中心、八轴控制七轴联动铺缠成形装备和双头铺放设备、机器人激光切割和激光焊接设备中得到了广泛应用，基本满足了当前航天装备制造中的一些特殊功能要求。

附图 13 激光焊接与切割设备

值得一提的是，合作双方克服重重困难，系统地解决了车铣复合加工中心、六轴双模式五坐标龙门加工中心和桥式双驱摇篮五轴加工中心等高档数控机床在主机结构及运动配置、主轴头的设计与选型、车铣复合数控双驱转台、高速及重载铣削摆头、高速铣削复合摆头及车铣刀柄共用、除尘系统和液压系统设计等方面的技术难题，为国产华中数控系统首次在国产大型立式车铣复合加工机床上的成功应用奠定了基础，实现了国产数控系统与国产功能部件同时成功应用于车铣复合装备主机的突破！

红阳公司配套华中数控系统的国产大型车铣/铣车复合加工中心，可以采用3 种不同的结构型式，配备适应的国产铣削主轴头及配套的铣削/车削复合刀柄，分别用于加工钛合金、铝合金和复合材料，其技术先进性主要表现在：

1）横梁双驱确保了大型车铣复合主轴系统的稳定性。

2）静压双驱转台满足了高速旋转车削及五轴精密铣削的双功能切换需求。

3）国产华中数控系统实现了七轴五坐标联动铣车/车铣复合加工控制。

基于此，这台配套华中数控系统的国产大型车铣/铣车复合加工中心研制（附图 14）取得了圆满成功。采用不同构型的大型车铣复合加工中心使红阳公司系列零件的加工效率提高了 30% 以上，大型铣车复合加工中心弥补了该公司在钛合金、复合材料等航天常用材料切削加工方面的能力不足（附图 15），填补了国产大型立式车铣复合及铣车复合加工中心的技术空白，为红阳公司的产品转型升级提供了自主可控的支撑和保障。

附图 14　铣车复合加工中心

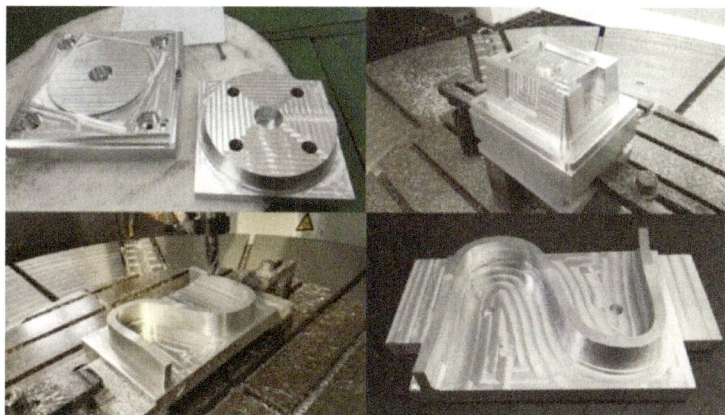

附图 15　验证机床动态性能的试切部件

　　红阳公司副总工艺师王华侨说："双方的合作具有显著的示范意义。通过几个项目的实施，产品加工效率得到了大幅提升，数控系统的功能日趋完善。无论是在三轴加工中心、四轴立卧转换加工中心、五轴摇篮式加工中心和六轴六联动高速加工中心的应用中，还是在七轴五联动车铣复合加工中心、八轴控制七轴联动的铺缠成形装备和双头的铺放设备以及机器人激光切割激光焊接等的应用方面，华中数控近年来取得了很大的进步，产品基本能满足现在航天装备制造过程中对一些特殊功能的需求。"

总之，通过双方的紧密合作，红阳公司的国产装备支撑能力提升了 20% ～ 30%。目前，无论是金属切削类机床、特种程序类机床，还是复合材料成形类机床，全国产的装备已逐渐成为该公司产品研制和批量生产中的主力军，而激光焊接和激光切割装备也在大型薄壁件的焊接中发挥了重要作用。

可以说，国产数控正在"奏响"红阳公司产品研发制造的"主旋律"。

案例 4：国产数控如何？ 且听用户"分解"

长春市有一家专业从事汽车零部件生产和研发的公司 —— 吉林省通用机械有限责任公司（以下简称吉通）。该公司始建于 1965 年，总厂区位于长春市净月经济技术开发区，占地面积 12 万 m²；新厂区位于长春市双阳经济开发区，占地面积 20 万 m²。公司下设 1 个机电研究设计院、1 个计量理化中心、12 个分公司、1 个子公司、2 个合资公司。

吉通于 2014 年 4 月开始与华中数控开展合作，主要配套机型包括车床、铣床、四轴和五轴加工中心等（附图 16）。配套华中数控的机床主要用于加工乘用车换挡操纵机构、轮毂轴、车轮支架、万向联轴器、控制臂、驻车制动及各类冲压件等乘用车零部件产品（附图 17）。由于这些产品技术含量与产品质量要求极高，因此，对数控系统和数控设备性能和可靠性的要求也极为苛刻。

早期，双方合作的重点是解决国产系统对复杂汽车零部件生产高节拍、高可靠性适配的需求，华中数控能够根据用户需求快速开发出用户想要的功能。

吉通的一名操作工曾因操作失误导致几台设备撞机，刀具、夹具和机床主轴等都出现不同程度的损坏，损失很大。通过该事件，吉通人提出了"撞机保护"问题。于是，吉通立即与华中数控沟通，一起着手设计了具有针对性的撞机保护功能，此后，再出现撞机时，仅损失 1 个刀片。

为了保证用户的生产需要，无论问题大小，华中数控总能站在用户的角度，急用户所急，高效地给予解决。

附图 16　配置华中数控系统的机床

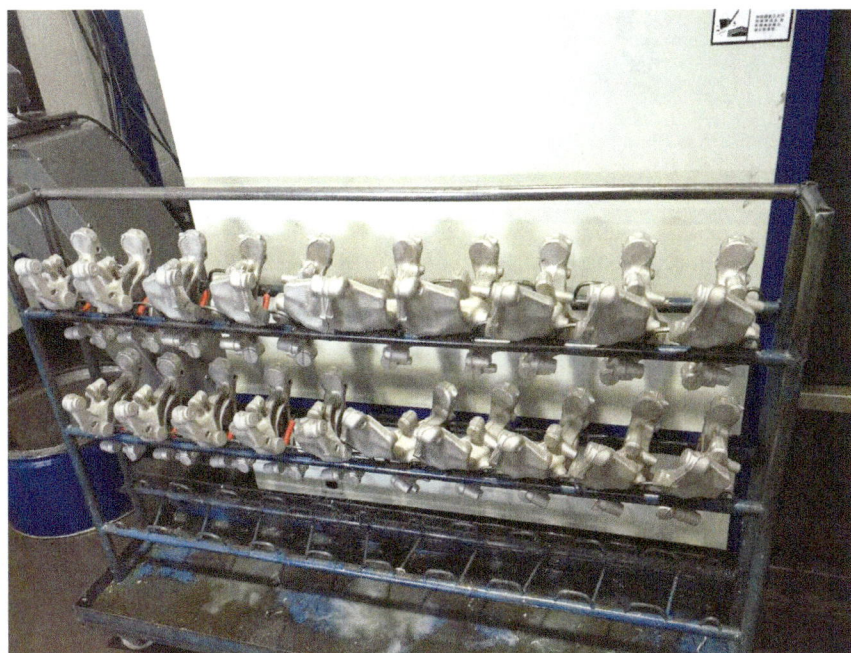

附图 17　吉通机床主要加工产品

有一次国庆节期间，吉通的1台设备损坏无法正常工作，华中数控的客服人员立即驱车赶到现场，与吉通的工程技术人员一起分析并解决了问题，使生产恢复了正常。

通过对汽车零部件加工功能适配的不断迭代升级，配置了华中数控系统的机床所加工的工件表面粗糙度和加工精度均能满足吉通需求，机床质量可靠、性能稳定、起动速度快、控制精度高、对电网和运行环境的适应性强，为吉通节约了生产成本，极大地提高了生产效率。

截至目前，吉通累计配套华中数控系统 500 多台（套）（附图 18），其中五轴系统 79 台（套）、四轴系统 280 台（套），部分系统投入使用已达 5 年，系统稳定可靠。可以说，华中数控系统经受住了汽车零部件生产高强度、高可靠性使用的考验。

附图 18　配置华中数控系统的机床

国产五轴数控系统的规模化应用，大幅提高了加工效率，降低了设备使用成本。原来需要多机、多工序的制造，现在 1 台五轴机床就可以完成。吉通原来进口 1 台哈默五轴机床要 400 多万元，通过自主生产，1 台五轴机床只需要 80 万元。在满足相同生产要求下，国产五轴机床加工零部件成本比进口五轴机床少 6.54 元 / 件。五轴系统和主机的国产化，大大降低了吉通在汽车零部件加工生产中的设备采购成本，提高了产品竞争力。

目前，吉通已建立了几十条采用华中数控系统的设备组成的生产线，完成了很多重要的订单任务，包括一汽大众、上海大众等客户的订单。

吉通现场已建立了华中 iNC_Cloud 云服务平台，实现了对现场生产设备使用情况、加工信息的统计、监控和分析，提升了车间生产管理的能力和水平。

iNC_Cloud 云服务平台为系统厂、机床厂的服务人员提供了远程服务平台，大大提高了服务的效率和质量。通过车间智能生产线的建设，为吉通面向未来工厂的转型升级奠定了坚实基础。

吉通人表示"两家真正做到了战略合作伙伴关系，下一步就是实现对进口数控系统的超越！"

案例 5：国产五轴数控系统的里程碑

智能手机时代，手机壳的材料和工艺决定了手机的外观和手感，决定了手机的品牌吸引力，手机不只是功能型产品，更是艺术型产品（附图 19）。

附图 19　智能手机

5G 时代，在手机外观结构件加工中，玻璃、陶瓷、金属等组件的研磨抛光是必不可少的重要环节，高端手机外壳的精密抛光在技术指标、精度和美观等方面的要求更高，需要高端的研磨抛光设备。我国在 20 世纪 90 年代逐步实现研磨抛光机的规模化生产，但目前国内产品与国外高端产品在精密控制和加工效率等方面尚存在一定的差距。

宇环数控机床股份有限公司（以下简称宇环数控）是专业从事数控磨削设备及智能装备的研发、生产、销售与服务，为客户提供精密磨削与智能制造技术综合解决方案的装备制造业企业。公司产品主要为数控磨床、数控研磨抛光机和智能装备系列产品，应用于汽车工业、内燃机、消费电子、轴承、密封件等国民经

241

济各领域。

近年来，消费电子行业发展迅猛，产品更新换代速度不断加快，行业整体处于景气周期。宇环数控准确把握时机，在产品研发和售后服务等环节准确、快速地响应市场需求，迅速将客户需求转化为产品订单，并为客户提供及时的专业技术支持和系统的解决方案，赢得了客户的信任，扩大了产品的市场占有率。公司凭借强大的自主研发实力、高品质的产品、全方位的技术支持和服务以及对客户需求的快速响应能力，获得了包括富士康、捷普集团、蓝思科技等国内外多家在消费电子、汽车工业、机械制造等领域具备较大影响力的知名企业认可，树立了良好的企业品牌形象，并与上述苹果产业链高端客户建立起长期稳定的合作关系，承接客户的高附加值订单。

华中数控与宇环数控在2016年开始合作，宇环数控公司的抛光机、数控磨床等机型上配套了HNC8型数控系统。从2019年开始，华中数控与宇环数控再次合作共同开发了五轴抛光设备（附图20），截至目前，已累计配套约1 000余台（套），主要用于苹果等知名品牌手机的金属、玻璃等零部件的打磨抛光。

附图20　宇环数控批量配置HNC8型系统的五轴抛光机

宇环数控抛光机共有15个轴，配置HNC8型数控系统，采用双通道控制方式，应用了数控系统五轴联动RTCP功能。从系统控制层面，该机型属于多轴多通道的五轴联动机床，国产数控系统在这样的机床上成功得到批量应用，实属不易（附图21）。

附图21　机床电柜里配置的15台华中数控伺服驱动

在合作初期，配置HNC8系统的五轴抛光机存在着一系列问题，为此，合作双方在实验室经历了无数个不眠之夜，逐一攻克这些"拦路虎"！在双方团队的心里始终有一个坚定的信念——没有什么困难能阻止合作双方勇敢前行的步伐！在3C加工领域，加工效率决定利润。如针对抛光效率问题，为了解决加工中效率偏低的不足，华中数控将系统内部速度规划行程与插补行程计算方式修改后，提高了由于旋转轴运动量导致的效率问题。经过算法的优化后，用户打磨抛光金属手机边框（附图22），效率可以提升25.6%（附图23），增强了用户对国产数控系统的信心（附图24）。

此次国产多轴、多通道、五轴联动（带RTCP）抛光机的成功批量应用，标志着华中数控已经完全领跑3C行业的打磨抛光。可以说，能为高端手机品牌制造商提供优质的解决方案，本身就是对国产数控系统的最好"诠释"。这意味着华中数控能完全胜任高端手机品牌的生产需求，给国产五轴联动机床树立了新的

"里程碑"，给国产多轴数控机床和国产五轴联动数控系统注入了更多的信心。

在前期良好合作的基础上，为进一步在磨床、抛光机领域领跑国内行业，逐步达到世界领先水平，宇环数控成立了宇环数控—华中数控智能控制技术联合实验室（附图25）。

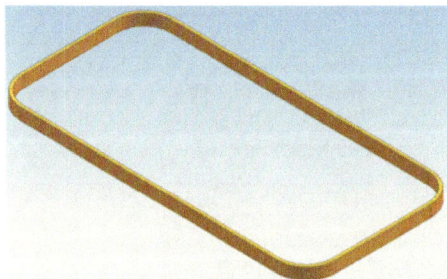

	粗抛节拍	精抛节拍	总计
未开启恒进给速功能	910s	421s	1331s
开启恒进给速功能	676s	314s	990s
提升率	25.7%	25.4%	25.6%

附图 22　经打磨抛光金属手机边框　　　　附图 23　实际应用效果对比

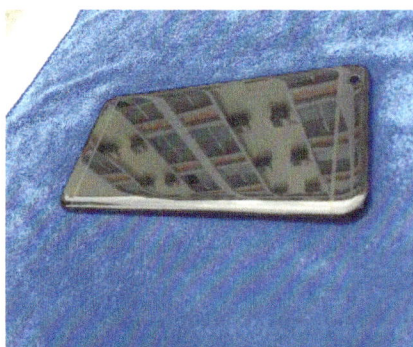

附图 24　打磨抛光的各类手机组件

试验室将建设成为集技术研发、人才培养于一体的创新服务平台，面向宇环数控及湖南省数控装备升级创新工程的需求，开展数控系统二次开发、高档数控装备研发与测试、智能制造技术开发与应用等系统研究。这将进一步推动宇环数控的数控装备产品的创新升级，增进宇环数控与华中科技大学、华中数控之间的深度融合、联合攻关、协同创新，加强移动互联网、云计算、大数据、物联网、人工智能等新技术在数控装备中的融合与应用，为推动湖南省装备制造业的技术发展与进步贡献力量。

附图 25　"宇环数控 - 华中数控智能控制技术联合实验室"成立

案例 6：汽车关键部件：智能显"魅力"

时间追溯到 2018 年 12 月 28 日上午，在东风楚凯（武汉）汽车零部件有限公司（以下简称东风楚凯）的现场，来自相关行业的专家和代表们正在紧张而热烈地讨论着⋯⋯

这是"面向汽车关键零部件加工的自动化生产线控制系统及工业机器人示范应用"项目验收现场。

该项目由东风楚凯牵头，联合华中数控、宝鸡忠诚机床股份有限公司、上海机床厂有限公司、上海莱必泰数控机床股份有限公司、深圳华数机器人有限公司和襄阳华中科技大学先进制造工程研究院等 6 家单位共同承担的研发项目。

经过专家组的认真考评和实地考察，该项目受到专家组的一致好评，成为汽车领域"国产化程度高、研发时间短、成果成效显著"的典型代表，也是汽车关键零部件行业实现提质增效的优化智能制造方案。

该项目由 55 台国产数控机床、24 台机器人、4 台检测设备、2 条装配线、1 条高频淬火线组成，集成了制造、检测、装配、热处理等多工序的生产线，充分示范了精密加工中心、高速车削中心、数控双端面磨床、HNC8 型数控系统、机器人等成果。按照所加工的产品来分，主要有轮毂单元智能生产线和高压液压泵驱动单元生产线。

轮毂单元智能生产线包括：2 条前轮毂法兰智能产线（附图 26，附图 27），1 条轮毂单元外法兰盘热前加工智能产线，1 条轮毂单元外法兰盘热后智能产线（附图 28），1 条轮毂单元外法兰智能磨超线（附图 29），1 条轮毂单元智能检测装配线。

附图 26　宝鸡机床和华数机器人组成的前轮毂法兰智能产线

附图 27　前轮毂法兰智能加工岛

附图 28　华中桁架机械手和莱必泰机床组成的轮毂单元外法兰智能磨超线

附图 29　轮毂轴承单元装配线

　　高压液压泵驱动单元生产包括：1 条壳体加工生产线（附图 30），1 条凸轮轴热前加工产线（附图 31），1 条凸轮轴热后产线，1 条高压液压泵单元智能装配线（附图 32）。

附图 30　宝鸡机床和华数机器人组成的壳体加工生产线

附图 31　凸轮轴热前生产线

附图 32　高压液压泵驱动单元装配线

　　汽车零部件企业、大学、主机厂和系统厂紧密合作，项目组建的生产线应用了动态误差补偿、远程监控与故障诊断等共性技术成果，实现了机床健康保障、工艺参数优化和机床精度提升等一批智能化功能的应用，实现了智能制造，彰显了智能制造的"魅力"。智能产线总控系统如附图 33 所示。华中数控云服务平台如附图 34 所示。数控云管家 Web 端如附图 35 所示。数控云管家 APP 手机端如附图 36 所示。基于指令域示波的"加工心电图"如附图 37 所示。数控机床健康保障界面如附图 38 所示。

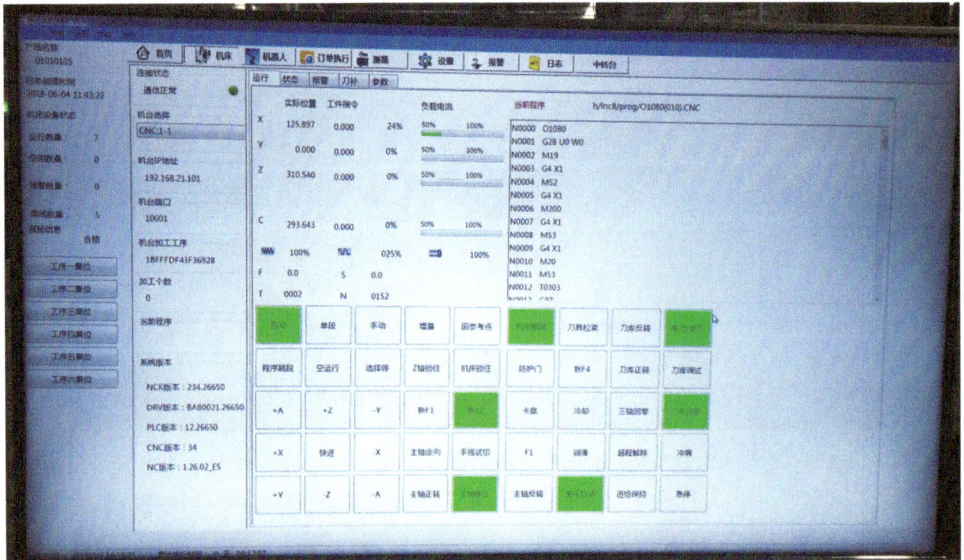

附图 33　智能产线总控系统

附图 34　华中数控云服务平台

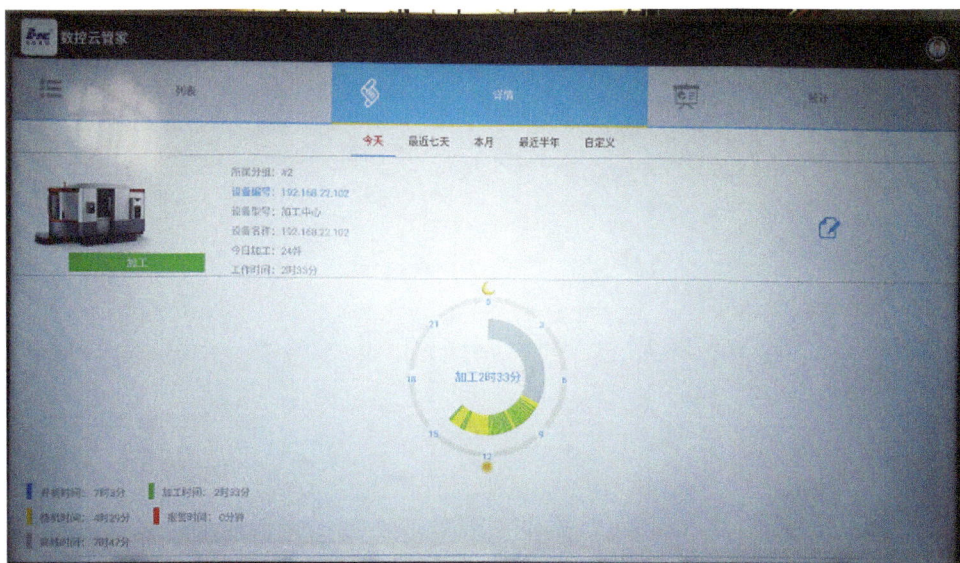

附图 35　数控云管家 Web 端

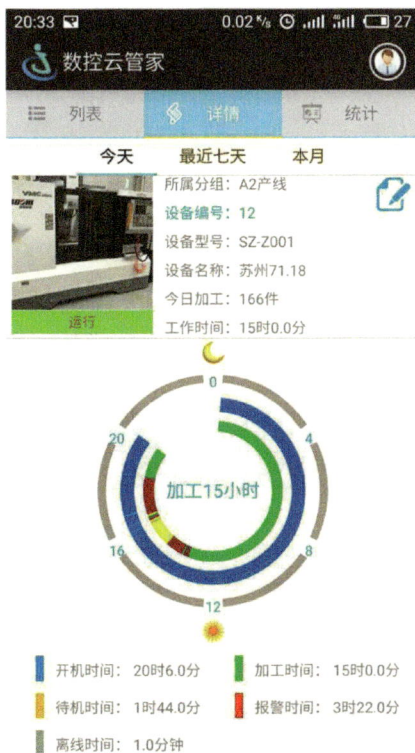

附图 36　数控云管家 APP 手机端

251

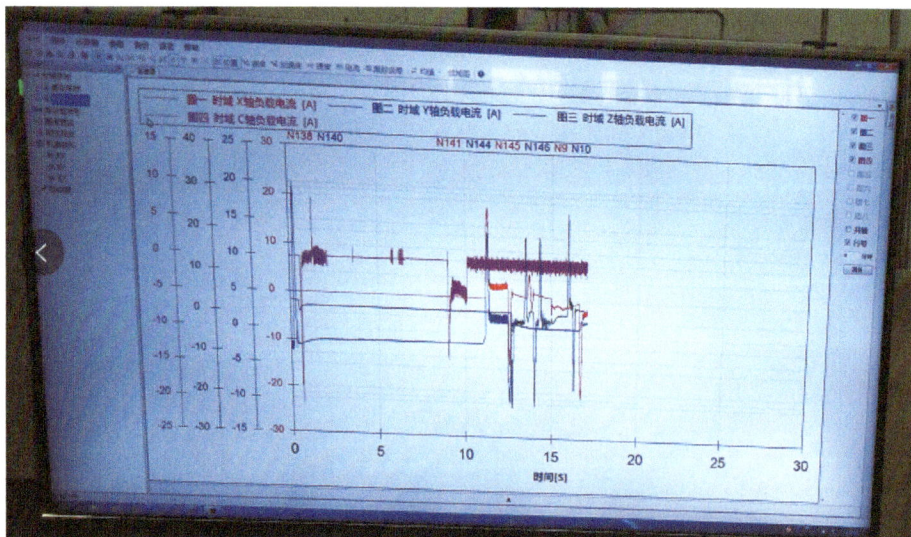

附图37　基于指令域示波的"加工心电图"

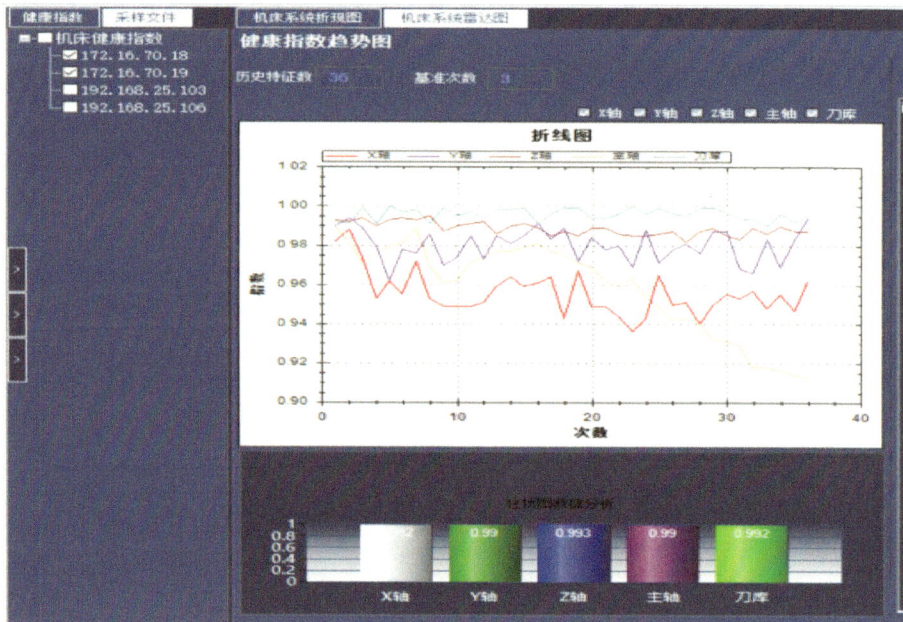

附图38　数控机床健康保障界面

三、智能"魅力"，成效显著

东风楚凯牵头与其他企业联合研发的这两条生产线，给东风楚凯带来了显著的经济效益和社会效益，同时，也为汽车零部件行业带来了"智能制造"的新风向，为行业树立了典范！主要有以下几个方面。

1）提高了效率，节约了能源。对比同样规模的传统产线，该产线综合生产效率提高了 15%，能源利用率提高了 10%。

2）节约了成本。对比同样规模的产线，如果采用国外设备，投资约 1.6 亿元，而本项目总投资仅为 7 739 万元，节约了 8 000 多万元资金。同时，该产线还减少了 75% 的人力成本，降本效果相当显著。

3）提高了承接订单能力并获得客户的高度认可。通过该产线的实施，不仅提高了东风楚凯的订单产品加工能力，而且还得到了东风楚凯供应链客户的高度认可，吸引了更多用户前来洽谈并签订订单。

4）社会效益显著。自产线建成以来，接待了 20 多批次参观、调研和观摩（附图 39），包括中国工程院院士专家组代表团、中国（武汉）智能制造大会参会专家及成员、武汉市汽车及零部件行业智能制造交流会代表团和上海交通大学校友会代表团等，共计 1 200 多人次，在汽车及零部件制造领域发挥了很好的示范作用，带来了具有现实意义的社会效益！

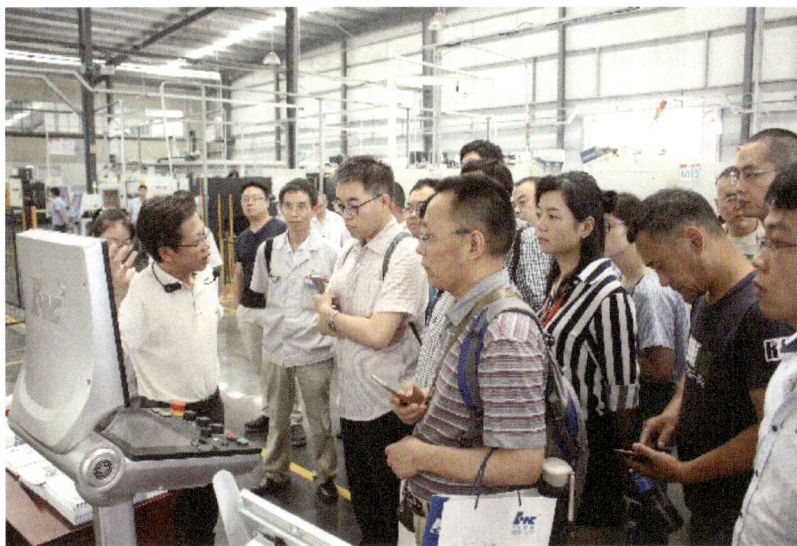

附图 39　部分代表团参观东风楚凯现场照片

总之，东风楚凯与华中数控、宝鸡机床和襄阳华科工研院等单位通过联合攻关、协同创新，掌握了"高压液压泵驱动单元"和"轮毂单元"汽车关键零部件工艺成套组线技术，形成了汽车零部件行业自动化产线示范的典型成果，实现了国产机床与国产数控系统功能、性能和可靠性的全面验证和提升，满足了汽车零部件企业的制造需求，不仅为企业当下的智能制造提供了保障，而且为企业未来智能制造的发展奠定了基础！

案例 7：提质增效：国产数控"显身手"

提质增效是当下每个企业的永恒追求！但是，对于每一个生产企业来说，影响效率和产品质量的问题也总是伴随着企业的发展而不断出现。因此，采取有效的措施，快速解决各种问题，保证企业的产品质量和效率，满足客户的需要，占领更多的市场则是企业经营之"必须"。本文将以深圳创世纪机械有限公司（以下简称创世纪机械）通过与武汉华中数控股份有限公司（以下简称华中数控）携手合作为案例，诠释在以国产数控技术"武装"下，如何助力企业提高质量和效率，节省资金，创立品牌，开拓市场。

创世纪机械成立于 2005 年，是一家集智能装备的研发、生产、销售和服务于一体的国家高新技术企业。目前，创世纪机械旗下拥有 Taikan 台群、Yuken 宇德等品牌，产品品种齐全，包括钻攻机、零件加工中心、模具加工中心、车床、龙门加工中心、玻璃精雕机、雕铣机、激光机和高光机等系列精密加工设备。经过多年发展，创世纪机械已成为国内数控装备领域的龙头企业之一。

公司总部位于深圳市宝安区新桥街道，在深圳、苏州和宜宾拥有 3 个现代化的生产基地，厂房面积几十万平方米，员工 2 000 多人，月产能达 3 000 多台，销售和服务网络遍及全球，在各地都设有专业的售后服务中心。

多年来，创世纪机械秉持"科技质量，创新服务"的宗旨，以稳健踏实的经营作风和全面的专业技术，树立了良好的市场形象与信誉，受到了新老客户的肯定与信赖，产品成为用户采购的首选。特别值得一提的是，其钻攻机单品的销售量居于世界前列。

（1）精诚合作，共度时艰　为进一步加强合作，互补共赢，促进产、学、研、用的有效结合，为我国装备制造业和国民经济的发展做出更大贡献，创世纪机械与华中数控、国家数控系统工程技术研究中心强强联手，合作制造了完全国产化的系列数控机床，包括玻璃机、立式加工中心、高速钻攻中心（附图 40）、高精度数控车床和五轴数控机床等多种机型。

早在 2015 年，创世纪机械就在玻璃机上批量配套了 HNC8 型数控系统（附图 41），主要配套机型有 B-350/2、B-400H 和 B-600A 等系列的单头（附图 42）、双头（附图 43）和多头玻璃机（附图 44，附图 45）。针对该公司玻璃机机械手上下料系统存在的缺陷，以及为了提高机床的自动化加工水平，华中数控成立了针对玻璃机应用的 6 人专业团队，针对终端客户的需求进行产品定制化生产，同创世纪机械的应用工程师一起吃住、一起办公，第一时间解决出现的问题。协同机床厂家的机械研发改进，共同开发了一套基于 HNC8 型数控系统的带自动上下料的玻璃雕铣机系统，充分发挥了 HNC8 型高档数控系统的多通道功能和强大的宏编程功能优势，使用一套数控装置实现了对所有机床和机械手的控制，为用户节省了大量的成本，提高了生产效率和加工的稳定性，具有易学易操作、故障断点可恢复以及集成 PLC 开发环境和运行环境等优点。

附图 40　完全国产化的高速钻攻中心

2020 年初，为应对新冠肺炎疫情对机床制造业的影响，华中数控与创世纪机械深入合作，向市场推出了配置 HNC-818 数控系统的数控机床 2 000 台。考虑到华中数控处于疫区中心，原材料采购成本、物流成本和人员成本增加，为减轻企业负担，创世纪机械主动在原有采购价格基础上，将华中数控 HNC-818 系统的价格每套上浮了近千元，鼎力支持了华中数控的复工复产。创世纪机械夏军董事长表示："创世纪机械与华中数控有着长久的优良合作基础，疫情当下，双方更应该坦诚相待，共克时艰，携手发展。"

附图 41　批量配置 HNC8 型系统的玻
璃机生产车间

附图 42　配置 HNC8 型系统的
单头玻璃机

附图 43　配置 HNC8 型系统的
双头玻璃机

附图 44　配置 HNC8 型系统的三头
玻璃机

　　目前，由于美国对华为手机芯片的"卡脖子"行为，使中国芯成为全国上下关注的焦点。因此，各行各业有前瞻性的企业都在考虑 B 计划，以中国芯取代进口芯片，减少对外依赖。2020 年下半年以来，创世纪机械携手华中数控正式推出了配置国产华中数控系统的立式加工中心 T-V856S（附图 46）。目前，配套华中数控系统的立式加工中心已批量生产销售。

　　（2）功能强大，成效显著　自 2015 年以来，通过双方有效合作，已累计生产出配置华中数控系统的各类型数控机床数千台（套）。其中，为玻璃机配套数量全国领先，是国产化玻璃机第一品牌；同时，金属切削数控机床配套数量和种类也在逐年增加，从高速钻攻中心逐步扩大到其他机型。与配套进口数控系统相比，配置 HNC8 型数控系统后每年可为创世纪机械节约数千万元资金。

附图 45　配置 HNC8 型系统的四头玻璃机

附图 46　批量配置华中数控系统的 T-V856S 立式加工中心

　　HNC8 型数控系统具有强大、灵活的多通道控制功能以及丰富的宏程序编程功能，用户可以根据机床实际的动作和功能，方便地配置多通道系统，并编制所需要的多通道协同工作宏程序。

　　在实际加工过程中，HNC8 型数控系统体现出多通道的良好协同性和稳定性，大量节省了加工辅助时间，提高了加工效率，减少了由于装夹导致的玻璃崩边、烧边和破裂等问题，成品率大于 99.7%，得到了用户的一致认可。目前，双方合作生产的玻璃机已广泛用于 3C 加工重点企业，如苹果手机供应链体系的蓝思科技公司等，得到了用户的广泛好评。

　　（3）新的合作，新的愿景　　创世纪机械、华中数控与国家数控系统工程技术研究中心一起，在原有合作基础上，继续加强合作，共同成立"智能机床联合实验室"，利用三方在数控机床技术、智能数控系统技术等方面的优势，联合研制智能机床（附图 47）。围绕数控系统智能化技术，在创世纪机械的数控机床上开展智能化技术的应用验证，提升智能化水平。同时，继续联合研制、推广国产化的高速钻攻机、玻璃机、立式加工中心和龙门机床等系列数控机床产品，进一步推动我国数控机床产品的技术升级。

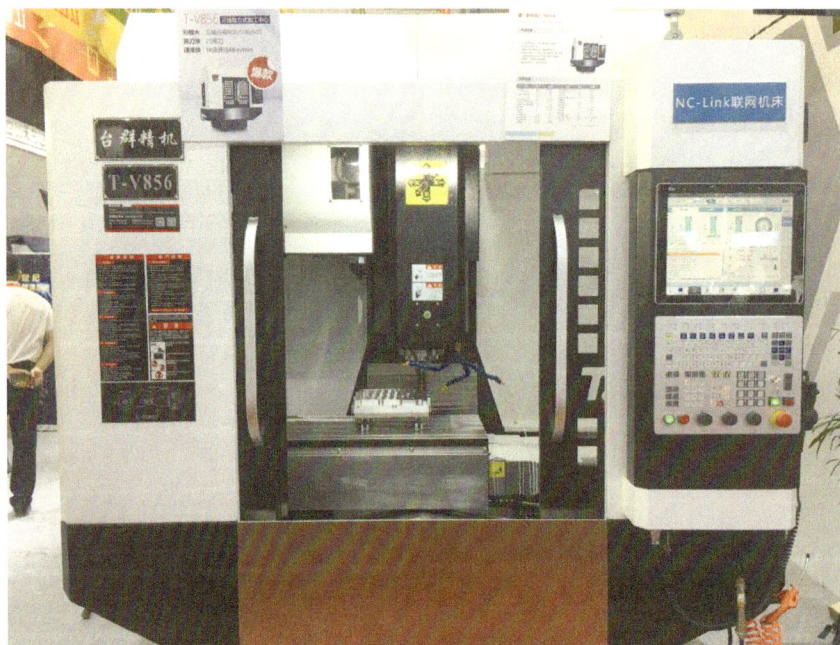

附图 47　配置 HNC8 型智能数控系统的智能机床

案例 8：研发新模式，匠心制造中国好机床

机械制造行业是最早应用数控技术的行业，它担负着为国民经济各行业提供先进装备的重任。"数控技术"作为制造装备中的核心技术，特别是高档数控技术，一直是各国重点发展的关键制造技术之一。数控机床是一种高度自动化的机床，它对于解决复杂形面和高精度零件的加工、小批量零件的加工和复杂零件的加工都有十分重要的意义，是数控装备制造企业提高市场竞争力的关键要素之一。

早在 2016 年 8 月，宝鸡机床集团股份有限公司（以下简称宝鸡机床）与华中数控签署了《宝鸡机床—华中数控战略合作协议》，并于同年 9 月成立了国家数控系统工程技术研究中心陕西分中心，通过这种深度合作研发模式，发挥各自优势；通过联合攻关，共同研发新一代的高档智能数控系统，实现用"中国脑"装备中国机床的目标，打破国产高档数控机床对进口数控系统的依赖，推进国产高档数控系统在国产数控机床上的广泛应用。

通过上述研发合作模式，双方共同推出了体现宝鸡机床技术特色的宝机 B80 系列智能数控系统。目前，这款与机床深度融合的智能化数控系统已批量配套于宝鸡机床的数控机床产品上，配套数量近 500 台（附图 48）。

该数控系统自投放市场以来，使机床整体性能稳定可靠，加工质量和加工效率达到同级别进口产品的水平。

截至目前，双方已研制完成 B60、B80 和 B800 共 3 个系列的数控系统，涵盖了中档、中高档和高档 3 个层次、5 个种类的产品，适合高速、精密车削和铣削加工。这 3 个系列的数控系统已在宝鸡机床的 SK 系列数控车床、CK 系列数控车床及 VMC 系列立式加工中心上得到了配套应用，应用的机床种类达 10 余种。配置 HNC8 型数控系统的五轴车铣复合加工中心，如附图 49 所示。

值得一提的是，自 2012 年以来，经过多年的密切合作，华中数控的主导产品 HNC8 型系列数控系统已大量配置应用于宝鸡机床的数控机床产品上，主要包括 CK/CH7516GS 高速数控车床及车削中心、BM63150C 精密数控车床、BM63150X 车削中心和 BMC-500TV 五轴联动加工中心。配置 HNC8 型数控系统的车铣复合加工中心如附图 50 所示。

附图 48　批量配置 HNC8 型系统的宝鸡机床加工中心车间

附图 49　配置 HNC8 型数控系统的五轴车铣复合加工中心

附图 50　配置 HNC8 型数控系统的车铣复合加工中心

实践证明，HNC8 型数控系统在机床实际加工运行中突破了高速、高精加工及大功率主轴驱动等技术难题。

通过围绕"智能数控系统研发"而展开的合作，宝鸡机床与华中数控开创了联合研发的新模式，打造了一支数控系统技术研发队伍，培养了一批数控系统技术研发人才，促进了技术资源的共享和技术成果的快速转化，值得机床制造企业借鉴。

宝鸡机床应用 HNC8 型数控系统的关键技术包括：高速、高精运动控制技术；NCUC 现场总线；第三方进给轴和电主轴伺服驱动匹配技术；车铣复合加工控制技术；主轴 C/S 切换控制技术；动力头 C/S 切换控制技术；高精度编码器、光栅尺和圆光栅接入技术；机床运行状态大数据的采集和应用开放式数据接口技术。

不可否认的是，国产数控系统在高档功能研制和应用方面依然存在一些技术难题亟待解决。例如，由于国产基础元器件制造水平和可靠性还需要进一步提高，导致国产数控系统在硬件技术上不可避免地存在一些缺陷。此外，与国外知名数控系统产品相比，国产数控系统的可靠性仍有待进一步提高。

目前，宝鸡机床与华中数控已达成一致，双方将继续加强合作，加大对国产数控系统智能化功能的研究，不断提高国产数控系统的性能水平，提升国产数控系统的配套应用率，以此来提升国产数控机床的技术水平。

案例 9：这样的智能制造工厂"真好"

在距离沪宁高速苏州新区出口 5 km 处，有一间 7 000 m² 的厂房，看不到众多员工、杂乱的货物，也听不到嘈杂的机器声，取而代之的是一个个有条不紊的机器人和一台台自动化生产设备、检测设备和自动运输车等。

这就是苏州胜利精密智能制造示范项目的现场。苏州胜利精密制造科技股份有限公司（以下简称"胜利精密"）创建于 2003 年，是国内产销规模最大、研发能力最强的专业精密结构模组制造服务商之一，主要从事精密结构模组的研发、设计、生产和后续改进等全流程服务，主要产品包括精密金属结构件、精密塑胶结构件和精密模具等。在当下产业工人严重短缺、人力成本不断增高的形势下，随着智能制造技术的发展，将智能制造落地并践行智能制造之理念，对于企业来说既是机遇也是挑战！有道是：因势而谋占先机，顺势而为赢主动。胜利精密不仅占了先机赢得了主动，更是取得了显著的效益！对未来智能制造的生产模式充满了信心！

（1）智能制造系统组成　针对企业产品生产的实际需求，胜利精密的这个智能制造示范项目包括 200 台（套）高速高精钻攻中心（配置国产数控系统），106 台国产机器人、在线视觉检测设备、智能型去毛刺飞边与自动打磨设备和 AGV 智能立体仓库等物流输送装置，形成了高度柔性化的自动生产线系统，在国产 3DCAPP、PLM、MES 和云数控系统等工业软件支持下，实现了便携式电子产品结构模组在批量定制环境下的高质量、规模化和柔性化生产。胜利精密智能工厂业务框架如附图 51 所示。苏州胜利精密智能制造示范项目车间现场（一）如附图 52 所示。苏州胜利精密智能制造示范项目车间现场（二）如附图 53 所示。现场配置的华中数控和苏州富强联合开发的钻攻中心数控系统和华数机器人如附图 54 所示。

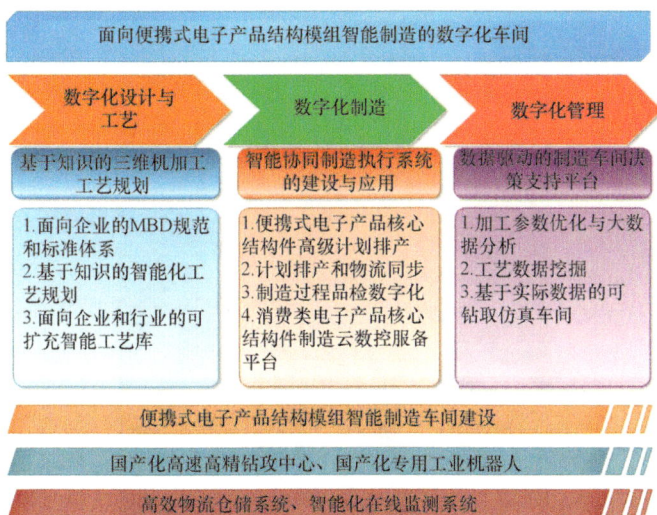

面向便携式电子产品结构模组智能制造的数字化车间

数字化设计与工艺	数字化制造	数字化管理
基于知识的三维机加工工艺规划	智能协同制造执行系统的建设与应用	数据驱动的制造车间决策支持平台
1.面向企业的MBD规范和标准体系 2.基于知识的智能化工艺规划 3.面向企业和行业的可扩充智能工艺库	1.便携式电子产品核心结构件高级计划排产 2.计划排产和物流同步 3.制造过程品检数字化 4.消费类电子产品核心结构件制造云数控服务平台	1.加工参数优化与大数据分析 2.工艺数据挖掘 3.基于实际数据的可钻取仿真车间

便携式电子产品结构模组智能制造车间建设

国产化高速高精钻攻中心、国产化专用工业机器人

高效物流仓储系统、智能化在线监测系统

附图 51　胜利精密智能工厂业务框架

附图 52　苏州胜利精密智能制造示范项目车间现场（一）

附图 53　苏州胜利精密智能制造示范项目车间现场（二）

附图 54　现场配置的华中数控和苏州富强联合开发的钻攻
中心数控系统和华数机器人

　　（2）技术特点　该智能制造系统具有"三国""六化""一核心"的特点（附图 55）。"三国"是指智能工厂全部使用国产智能装备、国产数控系统和国产工业软件。"六化"是指装备自动化、工艺数字化、生产柔性化、过程可视化、信息集成化和决策自主化。"一核心"是指智能工厂大数据,包括工厂的人员数据、物料数据、设备数据、工艺数据和质量数据等,通过对这些数据的集成、统计分析和应用,最终实现工厂的数字化和智能化。

附图 55 "三国""六化""一核心"

(3)成效显著 众所周知,产业工人的短缺是目前制造业面临的最大问题,给企业带来了诸多的困扰。胜利精密通过智能制造系统的实践,在此方面取得了显著的成效。例如,一个工厂配置了智能制造系统设备后,员工从原来的 3 200 名减少至 1 800 名,将 1.4 亿元的工资投入转为 1 亿元的设备投入,净节省 0.4 亿元。全车间共有约 20 名技术人员,其主要职能是在控制室对自动化生产物流的监控决策以及智能装备、软件的维护保养和技术问题处理。

理想的智能制造是突出人在制造系统中的核心地位,同时在智能机器和软件的高度融合下,更好地发挥人的潜能,从而达到一种相互协作的关系,使二者在不同层次上各显其能,相辅相成。因此,未来三年,胜利精密技术人员的配置将从 20% 提升至 60%,而工人所占比例将从 80% 降低至 30%。

智能制造不单单是"机器人上岗"或者"机器人替换人",而是装备硬件和软件高度融合的自动化、智能化和数字化的智能系统。智能制造可以把一部分人从简单重复、繁重和危险的工作中解放出来,此外,还将通过智能化降低产品研发和生产过程对人的依赖度,提高产品的质量和生产效率,降低能耗和成本。

在"胜利智造未来"的公司战略下,胜利精密通过建设国家智能制造示范工厂,在 3C 产品制造行业中引领制造升级,在推动产业升级的同时,也推动着产业工人和技术人员的升级。

参 考 文 献

[1] 徐鸿书.基于 DSP 的多轴运动控制器的研究 [D].大连：大连理工大学，
2005.

[2] 罗敏.FANUC 数控系统设计及应用 [M].北京：机械工业出版社，2014.

[3] 李勇，李伟光.机械设备数控技术 [M].北京：国防工业出版社，2010.

[4] 黄卫.数控技术与数控编程 [M].北京：机械工业出版社，2004.

[5] 李佳特.NC 技术的回顾与展望 [J].设备管理 & 维修，2000(10)：10-11.

[6] 北京发那科机电有限公司.数控系统的发展 [J].制造技术与机床，
2001(8)：52-53.

[7] 李佳特.迅速发展的数控技术 [J].机械工人（冷加工），2001(4)：4-7.

[8] 朱显新.基于 DSP 高速高精运动控制器研究 [D].武汉：武汉理工大学，
2005.

[9] 李斌，李曦.数控技术 [M].武汉：华中科技大学出版社，2010.

[10] 吴凯，符兴承.数控系统 [M].北京：北京理工大学出版社，2010.

[11] 于新光，陈羽.模具设计与数控编程一体化 [M].北京：化学工业出版社，
2014.

[12] 周桂红.基于多 Agent 的数控机床远程故障诊断系统研究 [D].长春：吉
林大学，2008.

[13] 李朝辉.电火花线切割机床运动控制系统研究 [D].武汉：华中科技大学，
2015.

[14] 顾超.基于国产 PKUnity-3CPU 的高档数控装置硬件平台开发 [D].武汉：
华中科技大学，2011.

[15] 丁加军.数控技术 [M].南京：东南大学出版社，2001.

[16] 陈德道.数控技术及其应用 [M].北京：国防工业出版社，2009.

[17] 丘家秀.如何选用数控系统 [J].机床，1993(12)：45-46.

[18] 秦大同，谢里阳.现代机械设计手册（单行本）：机电系统设计 [M].北京：
化学工业出版社，2013.

[19] 王晓忠.数控系统选用与维护 [M].2 版.北京：北京理工大学出版社，2019.

［20］ 郑晓峰．数控原理与系统 [M]．北京：机械工业出版社，2005．

［21］ 郑晓峰．数控技术及应用 [M]．3 版．北京：机械工业出版社，2016．

［22］ 游有鹏，张礼兵，何均．高速高精度数控系统若干控制技术的原理分析和应用进展 [J]．航空制造技术，2010(11)：60-63．

［23］ 方晨曦，叶佩青．面向高速高精加工的高性能数控系统展望 [J]．航空制造技术，2014(3)：44-47．

［24］ 周晓铭．CNC 线切割自动编程的算法研究与系统开发 [D]．南昌：南昌大学，2007．

［25］ 秦承刚．开放式数控系统的实时操作系统优化技术研究与应用 [D]．沈阳：沈阳计算技术研究所，2012．

［26］ 朱明星．研抛专用装备数控系统体系结构的研究 [D]．长春：吉林大学，2007．

［27］ 刘伟，孙以泽，马西沛．多 CPU 结构数控系统的研究 [J]．东华大学学报（自然科学版），2009，35(6)：706-709．

［28］ 魏仁选，周祖德，陈幼平，等．CNC 并行多任务调度算法及其实现 [J]．高技术通讯，1998(10)：3-6．

［29］ 尹玲．机床热误差鲁棒补偿技术研究 [D]．武汉：华中科技大学，2011．

［30］ 陈明．基于 NCUC-Bus 现场总线多功能网络互联装置的研究与实现 [D]．武汉：华中科技大学，2012．

［31］ 李浩，吴文江，陈渌萍，等．适用于高速高精加工的椭圆弧平滑压缩插补算法 [J]．小型微型计算机系统，2018，39(3)：600-606．

［32］ 谭华卿．数控系统前瞻控制技术研究与实现 [D]．南宁：广西大学，2012．

［33］ 陈丽，吴海，刘长有．数控机床高速高精度化的实现方法及发展趋势 [J]．沈阳工业大学学报，2003(6)：459-462．

［34］ 仲振亚．基于华中 8 型系统机床误差快速测量方法研究 [D]．武汉：华中科技大学，2016．

［35］ 邱宏峰，刘小芳．MVC-500 数控机床误差检测与补偿的应用 [J]．职业，2012(3)：169．

［36］ 陈国华，闫茂松，向华，等．基于 HNC-8 数控系统的机床热误差补偿方法 [J]．机床与液压，2018，46(2)：21-24；32．

［37］ 蔡锐龙，李晓栋，钱思思．国内外数控系统技术研究现状与发展趋势 [J]．

机械科学与技术，2016，35(4)：493-500.

[38] 韩昊铮.数控机床关键技术与发展趋势[J].中国战略新兴产业，2017(4)：118-124.

[39] 李芮秉.嵌入式多轴联动插补系统控制策略研究[D].武汉：湖北工业大学，2018.

[40] 唐堂.面向复合加工的数控系统多轴多通道控制技术的研究[D].沈阳：沈阳计算技术研究所，2014.

[41] 刘峰.五轴车铣复合加工功能关键技术的研究[D].沈阳：沈阳计算技术研究所，2014.

[42] 杜鹏飞.多轴片砂带磨削轨迹生成技术研究[D].武汉：华中科技大学，2009.

[43] 鲜飞，蔡飞，胡响军，等.可靠性设计提升数控系统产品质量[C]//[S.l:s.n.].2019中国高端SMT学术会议论文集，2019.

[44] 夏军.机床智能化提升终端系统支撑平台的动态可配置技术研究[D].重庆：重庆大学，2014.

[45] 陈吉红，李斌，朱志红，等.由汉诺威EMO2005看数控系统的发展趋势及思考[J].世界制造技术与装备市场，2006(1)：96-110.

[46] 赵蕴华，李志荣，张涛.主要发达国家数控机床产业特点及促进政策[N].科技日报，2013-06-14(8).

[47] 丁伟明，徐武军，刘春阳，等.浅谈机械装备发展进程和未来五年我国主要金属切削机床的发展方向[J].组合机床与自动化加工技术，2020(12)：1-5.

[48] 童海滨.请看世界各国政府如何扶植本国机床工业[J].装备机械，2004(1)：4-5.

[49] 西门子（中国）有限公司.西门子携数字化生态力量赋能机床制造业更进一步[J].现代制造，2021(07)：18.

[50] 西门子（中国）有限公司.机床数字化制造——正当时![J].制造技术与机床，2019(5)：2.

[51] 穆东辉，娄晓钟.智能科技驱动未来生产——来自EMO2019的报道（下）[J].世界制造技术与装备市场，2020(5)：90-98.

[52] 耿建光，姚磊，闫红军.数字孪生概念、模型及其应用浅析[J].网信军

民融合，2019(2)：60-63.

［53］ 三菱电机新品亮相 DMP 展 [J].今日制造与升级，2019(11)：14.

［54］ 海德汉：TNC640 数控系统＋新一代驱动、LCX16 系列光栅尺等 [J].金属加工（冷加工），2021(4)：26-27.

［55］ CIMT2021 展品预览 [J].金属加工（冷加工），2021(3)：8-15.

［56］ 李海霞.巧用 VERICUT 解决数控加工中的工艺问题 [J].CAD/CAM 与制造业信息化，2007(10)：91-93.

［57］ 陈吉红.自主创新是发展国产数控系统的必由之路 [J].装备制造，2016(9)：56-63.

［58］ 高锦宏，王殿君.数控技术 [M].北京：机械工业出版社，2017.

［59］ 王晓宇.浅谈"智能化"在数控系统中的深层发展 [J].现代制造，2019(4)：8-9.

［60］ 翟鹏远，吴玉广，杜强，等.特种车辆领域国产数控系统应用效果分析与评价 [J].新技术新工艺，2021(3)：5-8.

［61］ 徐正平.看技术创新变幻，赞中国机床进步：CIMT2017 加工中心评述 [J].制造技术与机床，2017(6)：10-15.

［62］ 华中 9 型新一代人工智能数控系统助力中国机床"开道超车"[J].自动化博览，2021，38(5)：41-43.

［63］ 王雷.桌面式小型五轴数控机床的升级改造 [D].北京：北京工业大学，2020.

［64］ 李方甫.全电动注塑机专用数控系统的关键技术研究与实现 [D].武汉：华中科技大学，2013.

［65］ 中国科学技术协会.2008—2009 机械工程学科发展报告（机械制造）[M].北京：中国科学技术出版社，2009.

［66］ 胡占齐，杨莉.机床数控技术 [M].北京：机械工业出版社，2007.

［67］ 谭慧.世界制造技术的发展方向 [J].数控机床市场，2007(4)：6-13.

［68］ 陈蔚芳，王宏涛，薛建彬等.机床数控技术及应用 [M].北京：科学出版社，2005.

［69］ 张耀满.高速机床若干关键技术问题研究 [D].沈阳：东北大学，2006.

［70］ 罗振璧，朱耀祥，张书桥.现代制造系统 [M].北京：机械工业出版社，2004.

［71］ 陈吉红．自主创新是发展国产数控系统的必由之路［J］．装备制造，2016
（9）：56-63.

［72］ 陈吉红，胡鹏程，周会成，等．走向智能机床［J］.Engineering，2019，
5(4)：186-210，679-690.

［73］ 李曦．国产数控系统应用技术丛书［M］.武汉：华中科技大学出版社，
2017.

［74］ 数控系统产业研究报告（一）[J].金属加工（冷加工），2012(11)：8-10.

［75］ 夏剑杰．大族彼岸数字控制软件技术有限公司发展战略研究［D］.长春：
吉林大学，2018.

［76］ 张颖．湖北大重型数控机床产业技术路线图研究［D］.武汉：华中科技大学，
2010.

［77］ 周恩德，刘吉立．湖北新能源汽车产业技术路线图研究[J].湖北社会科学，
2016(10)：53-58.

［78］ 向燕．湖北省装备制造业结构优化研究［D］.武汉：武汉理工大学，2007.

［79］ 陶良虎，向燕．基于技术创新的湖北省装备制造业产业结构优化[J].中
国水运（理论版），2007(11)：180-182.